Karen Guillorel

De l'aventure au voyage intérieur

Paris-Istanbul-Jérusalem

PRESSES
DE LA
RENAISSANCE

www.presses-renaissance.com

ISBN 978.2.7509.0481.4

Un grand monsieur poursuit la route avec moi.
Mon grand-père Gustave était marin.
Il aimait profondément la nature.
J'aime à croire qu'il n'en aimait pas moins les hommes.
Mon goût du voyage, depuis que je suis enfant,
est loin d'être étranger à sa silhouette bienveillante.
Ce livre, tout comme mon voyage, lui est dédié.

À Chloé, partie elle aussi vers les étoiles.

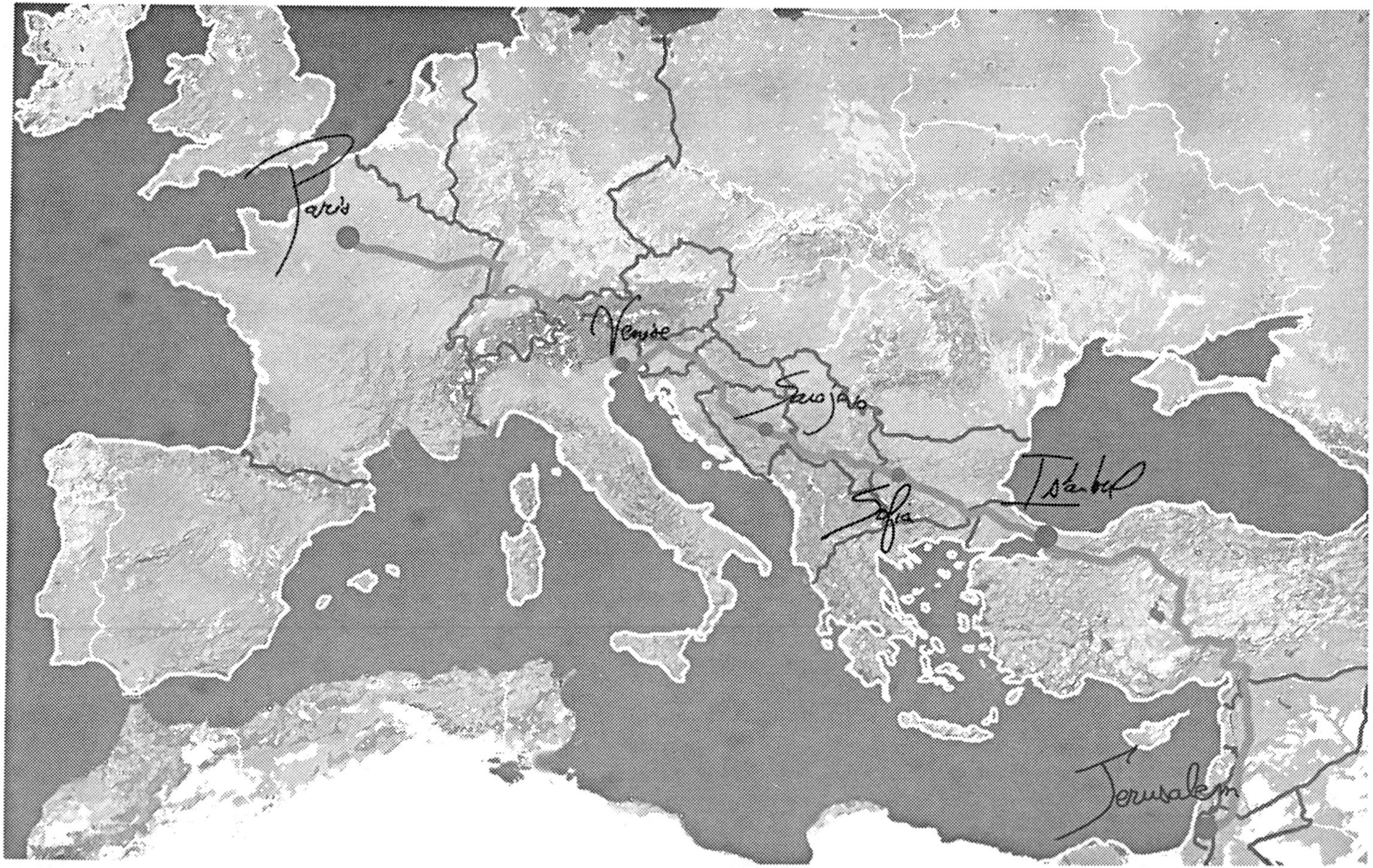
Paris
Venise
Sarajevo
Sofia
Istanbul
Jerusalem

Prologue

Une cause au départ

1997-2005
Progrès de l'inquiétude

Je suis en terminale au lycée lorsque je commence à entendre de plus en plus de remarques pleines de défiance vis-à-vis de l'islam. Un à un, certains des esprits les plus éclairés de mon entourage se mettent à assumer ouvertement leur intolérance à l'égard des musulmans.

Il est pourtant mal vu d'avoir des propos définitifs dans la classe moyenne dont je suis issue. Il est plutôt de bon ton de se positionner dans ce qui est considéré comme un juste milieu et de reléguer le racisme à d'autres sphères, souvent montrées du doigt. Mais les horizons semblent prendre une autre couleur et j'ai l'impression d'assister avec inquiétude au moment où les gens se mettent à avoir peur.

Je vois apparaître une nouvelle façon de condamner des groupes entiers. Bien des fois, j'entends dire : « Ils sont tout de même très *cons* ! » Le « tout de même » sous-entend une entrée en la matière bien précise : « Je ne suis pas raciste, mais ils sont *tout de même…* »

Lorsque la remarque arrive à mes oreilles, venant de cercles de plus en plus proches, je ressens comme un étouffement ce jugement de valeur ou cette tentative d'enfermement d'un groupe sous un qualificatif unique. La phrase que me répète souvent mon père résonne d'autant plus dans ma tête : « La politique est avant tout l'art du vouloir vivre ensemble. » Je ne la comprends pas très bien, mais je pressens qu'elle a trait à un sujet crucial.

Pendant dix ans, je constate cette montée exponentielle du rejet de l'autre. J'en ai mal au ventre au quotidien, car, observatrice de la chose, je participe sans doute à mon insu à ce mouvement d'intolérance. L'imprégnation de mon milieu est telle que j'imagine mal comment je pourrais échapper à un nivellement qui s'annonce toujours plus irréversible, digne d'une *zombification* : vais-je moi aussi me transformer ?

Ce n'est pas un hasard si la chanson de Murray Head, *Say it ain't so Joe*, me touche autant : je me reconnais dans son profond désarroi face aux temps qui s'annoncent. Le refrain tourne en boucle dans ma tête :

Dis-moi que ce n'est pas vrai, Joe,
je t'en prie, dis-moi que ce n'est pas vrai…
Ce n'est pas ce que je veux entendre…
et j'ai le droit de savoir…
Je suis sûr qu'ils nous racontent des mensonges…

Durant ces années, j'ai le temps de découvrir une petite dizaine de professions dans lesquelles je ne reste pas longtemps : pigiste, téléphoniste, assistante monteuse dans la publicité, coordinatrice artistique, coéditrice d'un livre d'art fantastique…

Je me balade d'un milieu à l'autre.

J'observe.

En octobre 2004, j'entre comme *level designer* chez Nevrax, dans un studio de conception de jeux vidéo multijoueurs. Cela signifie que je conçois de petits scénarios de missions, dont j'imagine les acteurs et les dialogues, pour l'un de ces jeux vidéo nouvelle génération. Leur particularité est de mettre des centaines de milliers de joueurs en lien pour vivre ensemble des aventures imaginaires par le biais de l'Internet. Cette révolution permet depuis quelques années à de nombreuses personnes de se rencontrer virtuellement avant de se rencontrer dans le monde réel. Pour ma part, je travaille avec passion sur l'unique titre de Nevrax, *Ryzom*, qui vient alors tout juste de sortir. En l'espace de quelques mois, je passe de *level designer* à assistante du créateur officiel de l'univers du jeu et passe des heures exaltantes.

La mort de mon grand-père en février 2005 laisse dans mon cœur un vide immense et me donne une force colossale pour continuer à avancer.

Après des mois passionnants, soucieuse de changer d'air, de prendre de la distance, je pose un congé de quinze jours en septembre 2005, pour marcher un peu et me ressourcer en compagnie d'une amie, Catherine. Quelques jours auparavant, j'ai lu un article dans *Courrier international* qui m'a fait réfléchir : la Turquie renouvelle son souhait d'entrer dans l'Union européenne.

16-20 septembre 2005
Vers Bruxelles

Nous marchons vers Bruxelles, au cœur du débat qui agite cette entité curieuse et pétrie de paradoxes qu'est l'Europe. Une phrase de ma mère reste imprimée dans mon esprit avec une précision déconcertante, depuis mon enfance : « Quand tu seras grande, tu te sentiras sans doute plus européenne que française. »

Les nuits s'avèrent glaciales. Notre tente, vendue pour deux personnes, est juste assez grande pour une seule. Pire, notre respiration se condense en une humidité glacée qui nous dégouline dessus. Au bout de cinq jours, d'un commun accord, nous arrêtons le voyage à Soissons.

Il ne me reste pourtant de ce magnifique fiasco que les moments heureux : marcher avec Catherine est un grand bonheur. Mais surtout, je prends une décision importante à l'issue de cette courte marche en direction de Bruxelles : j'irai à Ankara, puis à Jérusalem.

La hantise des « pourquoi »

Ceux qui me connaissent savent bien que mon souhait de partance est inexorable ; que plus je me trouve empêchée d'accomplir un désir qui m'est cher, plus je trouve de force à le réaliser. Se télescopent en moi une détermination certaine et quelque chose de l'enfant frondeur. Leur addition est connue des miens. Pourtant, ils continuent de me demander : *pourquoi ?*

Je redoute cette question. Alors prendre mes interlocuteurs de vitesse me permet de fournir une réponse qui contrecarre la question fatidique.

— Je pars à cause d'un article que j'ai lu dans *Courrier international.* Ankara renouvelle son souhait d'entrer dans l'Union européenne.

— Et ?

— Personne ne veut que la Turquie entre dans l'Europe. S'il y a un référendum et que je dois voter, je ne sais pas quoi choisir. J'ai peur de voter « non » alors que je ne suis jamais allée en Turquie. D'ailleurs, l'Europe, c'est quoi ? Je ne sais pas ce que c'est.

— Tu pars parce que tu ne sais pas quoi voter ?

— J'ai envie d'avoir le droit de pouvoir avoir un avis. Je ne veux pas juger ce que je ne connais pas. C'est pour cela que je pars.

Les « pourquoi » des proches me blessent. Ne s'agit-il pas d'une forme de brutalité, le plus souvent inconsciente ? Les « pourquoi » me ligotent en m'obligeant à me justifier avec des arguments raisonnés. Tout ce qui a trait à l'intuition est aisément considéré comme du « rien ».

Bien sûr, l'interrogation est légitime. Mais il faudrait sans doute réinventer la manière de poser la question pour qu'elle devienne une invitation et non une obligation. Ne plus dire « pourquoi » mais « si quelque chose de particulier te pousse au voyage et que tu souhaites nous en faire part, tu auras notre oreille et notre cœur ». Merci.

Un départ sous des auspices favorables

En attendant, mon compagnon, Yann, est bienveillant vis-à-vis de mon voyage. Il a l'habitude de me voir partir.

— Combien de temps vas-tu t'absenter ?

— Je ne suis pas sûre, entre sept et neuf mois sans doute.

— Pour moi, c'est possible. Plus de douze mois, ce sera difficile, ce sera trop, je serai malheureux.

— Tu seras d'accord pour me rejoindre un peu ?

— On verra, répond-il en souriant.

J'ai une chance inespérée. Cela fait six ans que j'aime un homme qui sait ce qu'accomplir une œuvre représente. Mon projet de route lui apparaissant de cet ordre, Yann participe à un départ aisé en le concevant comme naturel. Bien entendu, nous nous manquons l'un à l'autre. Ce serait mentir que de dire le contraire.

Mais Yann est comme moi, un voyageur : réalisateur, il peint et sculpte des univers numériques au croisement de la science-fiction et de l'érotisme. Et, en aventurier de la création, il comprend parfaitement que je parte durant de longues équipées. Lui-même s'en va pour de longs voyages digitaux dont il ne réapparaît souvent que plusieurs jours, plusieurs mois après.

De retour chez Nevrax, je ne suis pas très à l'aise d'annoncer à ma productrice Jessica Mulligan la nouvelle de mon départ. À ma grande surprise, elle m'encourage avec bienveillance et enthousiasme.

Je reste encore trois mois dans l'entreprise, mettant de l'ordre dans mon travail. Je ne peux pas rêver meilleur départ.

Puis je prends contact avec François-Xavier de Villemagne, un gentleman discret qui a réalisé le voyage à pied de Paris à Jérusalem entre 2000 et 2001. Son livre[1] sert alors de référence à nombre de futurs voyageurs et pèlerins. Son site regorge d'informations sur la route et, surtout, montre par sa présence sur la toile que le voyage est possible.

Par un courriel, François-Xavier me met en contact avec Isabelle, une jeune femme qui souhaite elle aussi partir à Jérusalem à pied cette année. Nous nous rencontrons dans un café à Opéra. La sympathie est immédiate. Nous avons un point commun troublant : nous avons toutes deux écrit un mémoire sur Jacques le Majeur en histoire médiévale.

Nous montrons également une détermination similaire et de vives interrogations quant au monde. Ces interrogations ne sont pas de la même teneur, mais elles sont tout aussi puissantes et ce sont elles qui nous font partir sur la route. À l'issue de notre première rencontre, nous sommes déjà persuadées que nous allons faire au moins une partie du chemin ensemble. Voilà qui devrait rassurer un peu mes parents, me dis-je alors.

L'annonce à mes parents

Je tarde à faire part de mon équipée future à mes parents. Je suis effrayée à l'idée de les peiner. Ce n'est pas la première fois que je pars plusieurs mois en voyage, mais celui-ci se présente sans filets, à plusieurs niveaux. Il est voulu comme tel.

Un beau jour, je leur raconte tout d'une traite : Ankara, Jérusalem, la raison du voyage… Un silence suit mes derniers mots. Curieusement il n'est pas pesant comme je le redoutais. Ma mère me dit doucement :

1. *Pèlerin d'Orient*, Transboréal, coll. « Sillages », 2004.

— As-tu vraiment besoin d'aller en Turquie à pied pour cela ?

— Oui, bien sûr ! J'ai besoin d'un ancrage matériel. « Savoir » intellectuellement quelque chose ne me suffit pas. Il faut que je le vive dans mon corps.

C'est un trait de ma personnalité : l'intellect doit trouver confirmation dans la matière, sinon il reste une vue de l'esprit. Bien entendu, à l'époque, je ne pensais pas le moins du monde qu'il existait aussi une « vue du corps ».

— Et Jérusalem ?

— Je ne comprends pas ce qui se passe là-bas. C'est pour cela que j'ai besoin d'y aller.

Il est délicat d'expliquer ce qui me pousse jusqu'à Jérusalem. Je finis par ne plus imaginer cette cité mythique autrement qu'avec des images de violence, de sang, d'émeutes, de femmes en larmes au-dessus de cadavres empoussiérés dans des rues à moitié détruites. Ces images me hantent et réduisent ma perception des choses. J'ai l'impression désagréable d'avoir embastillé le Proche-Orient et j'ai peur que l'opération continue à mon insu.

— Quand souhaites-tu partir ?

— Le 17 avril, pour fêter mon anniversaire juste avant avec vous.

En réalité, mes parents montrent un profond soulagement. Excepté quand je leur dis que je passe par Sarajevo. Là, je vois mon père pâlir comme je ne l'avais jamais vu. Chercheur en sciences politiques, l'un de ses étudiants étudie de près la guerre qui a suivi le démantèlement de l'État yougoslave. Ma mère, qui n'a rien remarqué, explique :

— Nous nous attendions à pire.

— À quoi ?

— Eh bien… Va savoir…

Je ne relève pas. Mes parents s'attendent toujours, semble-t-il, à ce que j'agisse de manière excentrique, ce en quoi ils ne doivent pas avoir complètement tort. Le fait est que je suis plutôt heureuse de ne pas leur causer de peine : je n'aurai pas besoin, durant la préparation qui s'impose, de gérer leurs angoisses.

Leur prière est la suivante : ils souhaitent que je donne des nouvelles régulières par e-mail ou par mon blog. De mon côté, je promets que j'arrêterai mon voyage si la nécessité s'en fait sentir. De fait, cela est à moitié vrai. Si je suis mise en danger pour des raisons extérieures – régions en guerre ou instables –, certes je m'arrêterai.

Mais j'ai pris soin de ne pas répondre pour ce qui est de la dimension la plus importante à mes yeux : l'aventure intérieure. Cesser un voyage s'il me met en danger n'a pas de sens. Par essence, il me semble qu'un voyage *doit* me mettre en danger. Si je me laisse aller à un certain confort, insensiblement je glisse vers une complaisance inconsciente dans ce que je peux croire savoir du monde et des gens.

Le cri de Zénon, le voyageur alchimiste de *L'Œuvre au noir* de Marguerite Yourcenar, résonne alors aussi puissamment en moi que la phrase de ma mère : « Qui serait assez insensé pour mourir sans avoir fait le tour de sa prison ! »

Si l'auteur décrit un portrait de voyageur s'interrogeant sur le monde d'une manière dans laquelle je me reconnais, Zénon présente cependant une silhouette tragique que je n'envie pas.

Je pars donc en ermitage dans une grotte bien particulière : le monde.

Lutter contre le regard des autres pour continuer de grandir est une chose qui crée beaucoup de souffrance en moi. Le voyage me permet de me transformer, pas uniquement dans des limites à découvrir, mais également dans sa continuité, dans le fruit qui en découle, dans une perspective essentielle, au sens propre. Je me dis que personne ne se permettra de vouloir que je sois identique à mon retour. Personne de sensé ne souhaitera retrouver la Karen du passé.

Une double vie onirique

Il m'apparaît vite évident que la démarche de ce voyage inclut la transcription de mes rêves. Je ne sais dire pourquoi avec exactitude. Cette démarche s'inscrit dans un art global de vie qui consiste à considérer l'aventure à l'extérieur tout autant qu'à l'intérieur de mon épiderme. Une vision de vases communicants entre moi-même et le monde affleure et s'impose de plus en plus à ma conscience.

Je décide donc de partir avec l'idée de noter mes rêves au quotidien. L'exercice ne m'est pas étranger, mais nécessite une gymnastique de l'esprit à laquelle je me suis préparée intensément un an plus tôt, sans pour autant connaître l'utilisation que j'allais en faire. Je vais donc écrire mes songes durant sept mois, chaque jour. Cette étrange expérience nécessite une rude discipline. Mais je sais également que je vais aimer l'appliquer.

Dès le départ, je souhaite réaliser l'intégralité du voyage à pied. Le désir de marcher pas à pas permet de prendre le temps de vivre les transitions entre les cultures selon un rythme propice à la nuance. J'essaie de me situer de manière à mieux appréhender les chocs culturels. Dans cette enceinte géographique appelée Europe, supposant des logiques communes, j'ai hâte de savoir si tout cela n'est que fiction ou si la frontière géographique s'arrêtant à Istanbul s'accompagne également d'un autre genre de frontière, décisive, à laquelle je ne veux pas croire.

La seconde partie du voyage a pour espoir de détruire la prison dans laquelle mon esprit avait enfermé le Proche-Orient. Que vais-je découvrir là-bas ? Est-ce qu'il ne s'y trouve que violence, comme les images du 20 heures ne cessent de le répéter ?

Je règle les soucis administratifs, je range mes affaires, je dis au revoir à mes amis.

Je me prépare mentalement à la longue durée, tout en démarrant un programme quotidien de sport très léger : trente minutes de jogging par jour pendant trois mois. Cela me permet d'être en pleine possession de mon corps. J'entre en contact également avec d'autres pèlerins, qui ont déjà effectué le voyage – et il y en a alors somme toute assez peu en France, ou qui sont tout comme moi sur le départ ou déjà en route.

Avant de partir, ma plus grande interrogation concerne essentiellement ma capacité à supporter la solitude qui accompagne ce périple. D'un côté, je la désire profondément, de l'autre, je sais que je vais passer les cinq premiers mois dans un isolement certain et que je vais devoir traverser bien des chocs culturels. J'en discute avec quelques voyageurs au long cours, qui me regardent alors avec un air perplexe. Je lis dans leurs yeux de quoi me faire réfléchir : le voyage suppose la solitude, suis-je vraiment faite pour partir ? Je reste ébranlée quelques jours, puis déclare intérieurement : je suis apte à la solitude.

Je suis prête.

PREMIÈRE PARTIE

ROMANTISME DE LA MARCHE

EUROPE DE L'OUEST

17 avril 2006
Mauvais départ

Chez moi, les murs sont blancs et le lit prend la majeure partie de l'espace de ce studio de dix-huit mètres carrés. Quelques livres traînent par terre. À côté d'une kitchenette, une table composée d'une planche sur deux tréteaux accueille l'ordinateur portable sur lequel je travaille. Il est trois heures du matin. Mon compagnon sommeille, semblable à un être magique en vacances dans une couette bien de ce monde. Je pianote sur le clavier avec assiduité afin de terminer un film vieux de quatre ans et partir le cœur léger. Soufflant, reniflant, en plus d'avoir le cœur lourd à l'idée que ce sont les dernières heures partagées avec Yann avant longtemps, j'ai les sinus bouchés. Un atroce torticolis perdure depuis deux jours. Yann aussi a la nuque coincée. La drôlerie réside dans le fait que nous avons chacun un torticolis dans un sens opposé. Côte à côte, soit nous nous regardons, soit nous nous ignorons.

Qu'est-ce qui a bien pu me prendre d'organiser une soirée quelques jours avant mon départ ? Cette belle fête m'inquiétait un peu : je me demandais qui allait venir. En fait presque tous mes amis étaient là, avec leurs morceaux de musique préférés que je voulais transférer sur ma clef MP3 pour penser à eux en voyage.

Je regarde l'horloge. Je ne vais pouvoir m'assoupir que cinq heures avant mon départ pour Jérusalem.

En me réveillant, fatiguée, je suis consciente que j'abrège quelque peu mon départ. Je range les derniers effets dans mon sac. Il est enfin prêt et pèse sept kilos, vérifiés de nouveau la veille : j'ai raccourci ma brosse à dents et découpé aux ciseaux les tablettes en aluminium de paracétamol et de Spasfon. Je n'emmène pas de duvet. Je porterai au cou un chèche bleu qui me servira aussi de serviette de bain et que j'utiliserai pour m'allonger sur l'herbe en journée. Une petite peluche de cheval brun pend sur la poche du devant du sac, cadeau de mes parents. Et je dorlote un cube de plexiglas dans lequel est gravé le portrait tridimensionnel de mon compagnon. Nous avons chacun un portrait l'un de l'autre que nous avons fait réaliser bien avant mon départ.

Les carnets de voyage vierges ont une place bien précise : ils sont rangés avec le caméscope sur la partie haute de mon sac pour rester proches de ma tête, lorsque je marche. Le second carnet a déjà une page découpée. Je voulais que quelques proches y inscrivent un mot que je puisse relire durant ma marche. L'un d'entre eux ayant écrit que j'allais encore causer de l'inquiétude à tout le monde, cela m'a tellement troublée et mise en colère que j'ai découpé la page et l'ai brûlée dans l'évier. Il s'agissait de la quatrième personne à laquelle j'avais demandé d'écrire. J'ai donc cessé de solliciter mes amis ou ma famille pour éviter d'être blessée par des reproches. Les mots ont une telle puissance.

Je prends mon petit déjeuner à la hâte : je suis déjà en retard. Je confie mes clefs à mon ami Adrien. Il est prévu qu'il me rejoigne dans quelques mois. Yann et moi marchons jusqu'au parvis de la Défense. L'heure n'est pas encore aux adieux : nous avons rendez-vous à midi à la cathédrale Notre-Dame au kilomètre zéro avec d'anciens collègues devenus mes amis et Isabelle, qui va marcher sept jours avec moi. Elle a dû partir depuis deux ou trois heures de chez elle, à Versailles.

Je remonte le flux pressé des hommes et femmes d'affaires en costume, en m'attardant sur leur visage : chacun se précipite vers son aventure. Moi aussi. Tout ce béton de science-fiction qui m'environne fait de l'arche de la Défense une cité lumineuse la nuit venue. Avec mon allure excentrique de voyageuse, j'éprouve un sentiment d'étrangeté et pourtant, je suis prête. Enfin, j'espère. Sur ma hanche, une gourde en plastique ballotte et je dois l'ajuster pour marcher à l'aise. Pour le reste, tout semble à sa place. J'ai pris soin de concevoir le pantalon que je porte sur la base d'un modèle de pantalon de pêcheur asiatique. J'ai fait fabriquer des poches aux bons endroits et à la taille exacte dont j'ai besoin : une poche effilée pour un stylo et un crayon, même format mais en un peu plus court pour le couteau, deux emplacements de la taille de la paume pour accueillir d'un côté ma boussole, de l'autre ma clef USB et mon appareil photo, enfin et surtout, un emplacement dissimulé dans le pan du vêtement pour mes papiers d'identité et ma carte bleue.

Premiers mètres puis premiers kilomètres, de la Défense jusqu'à Charles-de-Gaulle. Hâtant le pas, je constate que j'ai oublié un morceau de musique favori, *Everloving* de Moby, qui porte bien son nom. Il signifie « aimant envers et contre tout » ou « aimant toujours plus », mais il est vrai que j'ai la fâcheuse tendance de traduire les paroles de musique anglo-saxonne à l'emporte-pièce, selon le sens qui m'arrange. J'ai oublié ce morceau, davantage occupée à transférer ceux de mes amis sur ma clef que les miens. Avec un petit pincement de cœur, je sens qu'il me manque déjà. Je suis en retard pour mon rendez-vous. Qu'importe. Les voitures filent.

Enfin, j'y suis : je vois les silhouettes chères de mes patients amis au loin, sur le parvis de Notre-Dame. Étreintes. Isabelle est venue avec sa sœur. Avec ses premiers dix kilomètres dans les jambes, elle est rayonnante. Nous décidons de déjeuner dans une brasserie. Yann ne cesse de prendre des photos, à mon grand désespoir : je voudrais passer les dernières minutes avec lui.

Il est temps de partir. Kilomètre zéro. Nous nous embrassons. À bientôt. À dans huit mois pour une grande fête tous ensemble !

— Ne parle pas de cette fête maintenant, profite de ton voyage, m'est-il répondu avec un mélange de gravité et de gaieté.

Nous suivons la Seine par Ivry, passons au travers des cités de béton, ces grands cubes surmontant des terrains de football et de basket, suscitant la surprise de groupes de gosses avec notre dégaine inhabituelle.

Pour la première nuit, il est prévu que nous dormions à Valenton chez mon ami Nicolas et sa douce Muriel. Nous perdant à travers des entrelacs de routes goudronnées, nous marchons plus qu'il n'est nécessaire, ajoutant six kilomètres à une journée déjà rude. Isabelle est pâle. Aujourd'hui, nous aurons arpenté quarante-cinq kilomètres de bitume, sans chemin de terre. La nuit tombe lorsque nous arrivons chez Nicolas et Muriel. Nous nous endormons vite, après avoir dîné.

Première nuit. Pas de souvenirs de mes rêves.

18-19 avril 2006
Monotonie des plates étendues d'Île-de-France

Nous n'espérons pas avoir un regard, ni une main secourable dans cette banlieue-dortoir. Cependant, alors que nous quittons Valenton, tentant de nous orienter, une dame originaire des Caraïbes, à l'embonpoint généreux, arrête sa voiture :

— Bonjour les filles, je peux vous aider ? dit-elle avec un sourire démesuré.

— Nous cherchons notre chemin, répondons-nous de conserve.

— Allez, montez, je vous emmène !

— Nous ne pouvons pas, nous marchons, dis-je.

— Et puis, nous allons à Jérusalem ! ajoute Isabelle.

La matrone rit, étonnée :

— C'est une blague ?

Elle rit encore, lorsqu'elle redémarre après nous avoir souhaité chaleureusement une bonne journée. Isabelle se tourne vers moi, avec un air embarrassé :

— Tu ne voulais pas dire que tu vas à Jérusalem ?

— Non, pas pour le moment. Je préfère pas.

— Pourquoi ?

Je n'ai pas envie de répondre à cette question trop complexe pour moi. D'une part, nous venons juste de partir. Nous sommes loin de notre but. J'ai peur de ne pas être capable d'encaisser des sourires perplexes, surtout dans l'état de fatigue dans lequel je suis partie.

D'autre part, je ressens dans le ton sur lequel Isabelle parle de Jérusalem comme une obligation faite aux gens de nous venir en aide. Enfin, suis-je claire moi-même sur mes objectifs et la manière dont je veux accomplir ce projet ? Je ne veux pas demander l'hospitalité car je ne veux pas forcer la main des gens au nom d'arguments d'ordre spirituel.

Le relief plat de l'Île-de-France est une invitation à la catatonie. Nous traversons cependant de petites forêts, dans lesquelles je ne cesse de photographier des objets abandonnés : télévisions, pneus, une ribambelle de scories industrielles qui créent ce sentiment de solitude particulier aux signes de civilisation sans présence humaine. Ma démarche crée un profond étonnement chez ma compagne de voyage.

Le désintérêt croissant pour le paysage nous offre l'occasion de partager de curieuses conversations durant lesquelles nous nous découvrons. Nous nous connaissons si peu.

Ma compagne de voyage est issue d'un milieu traditionnel où la religion est de mise ; je viens d'une famille athée. Je donne cependant au spirituel une large place dans mon existence – j'ai donc un chemin pourvu de quelques expériences, mais de peu de cadres. En l'écoutant parler si passionnément des monastères et de sa piété, je lui demande si le chemin monastique n'est pas sa vocation. Apparemment non, elle souhaite fonder une famille, se marier, avoir des enfants…

Le soir, épuisées, à l'entrée du village de Coubert, nous réalisons que nous avons parcouru quarante kilomètres à nouveau. Il fait nuit. Isabelle espère trouver l'hospitalité ici, ce qui me rend perplexe. De manière très pragmatique, la nuit étant tombée, les gens risquent d'être peu ouverts. Je lui fais part de mes réticences. Isabelle abandonne vite son idée. Nous sommes en Île-de-France, au tout début du voyage. Nous n'avons pas encore cette intuition susceptible de nous mener aux endroits où nous pourrions être accueillies, appelons ça le sens de la chance et du hasard.

Nous approchons d'une villa illuminée d'où sortent des rires et de la musique. Une fête. Lorsque nous demandons aux adolescents présents où nous pouvons trouver un lit, ils haussent les épaules avec un sourire désolé. L'un d'eux nous indique finalement un hôtel-restaurant.

Les hôteliers consentent à nous prendre, après avoir fait un rapide calcul. Quarante-cinq euros pour une chambre sans douche encore en réparation, il y a de quoi sourire, mais nous n'avons pas le choix. L'hôtel n'accepte pas la carte bleue et comme nous n'avons pas assez d'argent, il nous faut négocier l'envoi de cinq euros par la poste pour obtenir une chambre. N'ayant plus un sou, nous nous nourrissons chichement de fruits secs et d'un peu de pain. Isabelle a un air triste.

Et voilà. Nous avons traversé deux journées déjà rudes et nos os sont endoloris au-delà du raisonnable. C'est ce qui s'appelle un mauvais démarrage.

Deuxième nuit. La guerre a eu lieu. Nous vivons Yann et moi-même dans une grande bâtisse dans la nature, loin des cités dévastées. Je me trouve dans notre jardin, lorsque je vois *arriver une bande d'une vingtaine d'hommes inquiétants, qui me fait craindre le pire : ils ont des armes de poing, des pistolets, des kalachnikovs, des couteaux, des coups-de-poing américains, des matraques et des bâtons. Ils portent des chaînes et du cuir et ont des chapeaux de toute sorte, qui les font ressembler aux héros d'*Orange Mécanique. *Effectivement, les loubards commencent à investir la maison par le rez-de-chaussée en m'entourant, menaçants. Je discute cependant sans perdre mon sang-froid, amicalement, en leur demandant leurs prénoms pour qu'ils ne me fassent pas violence. Et cela marche : leur chef, « Marcelino », me trouve sympathique et discute calmement aussi. Hélas, il repère qu'il y a un étage ; je l'accompagne, inquiète à l'avance de la réaction de Yann. Mon homme est allongé, pâle, le visage émacié et une barbe de trois jours. Il a les yeux vitreux. Je me précipite vers lui tandis que Marcelino reste sur le pas de la porte. Je lui explique très vite la situation. Yann me reproche sourdement d'avoir laissé les loubards tout prendre : « Il fallait te défendre ! » Marcelino s'énerve, derrière moi. Je calme le jeu et dis au bandit de tout prendre, sauf les créations de Yann, et montre du doigt les rushes dans les boîtiers gris qui nous environnent. Marcelino est d'accord.*

J'ouvre les yeux. Isabelle a le regard embué de larmes. Elle s'assoit sur le lit. Avec une voix d'une tristesse qui m'émeut profondément, elle me dit :

— Karen, je crois que je vais m'arrêter, je ne me sens pas à ma place ici, je n'aurais pas dû marcher ces premiers jours.

Je ne sais pas quoi dire. Partager cette première semaine était son idée. Qu'importe. À cet instant précis, j'ai l'impression qu'Isabelle ne me dit pas : « Je vais m'arrêter là », mais : « Je ne ferai pas ce voyage avec toi. » Je ne sais si j'en éprouve de la tristesse ou un secret soulagement. La jeune femme est pleine d'allant, mais j'ai des doutes sur sa constitution physique et je ne connais rien de son mental.

Subitement, le voyage prend possiblement une autre voie. Une voie de complète solitude. Malgré la pensée qui vient de s'installer dans mon esprit, je réconforte Isabelle, le cœur secoué :

— Nous allons trouver une gare sur le chemin en fin de matinée à Verneuil. Tu repartiras en train et me rejoindras quand ce sera le moment pour toi.

— D'accord, répond-elle d'une petite voix.

L'hôtelière nous offre le café, soudain devenue sympathique – peut-être uniquement pour récupérer ses cinq euros. Ou parce que nous allons à Jérusalem. Je suis heureuse de partir de cet endroit.

Nous arpentons sentiers et routes goudronnées sur le très plat, champs de blé verdoyants, sous un ciel bleu grisâtre. J'entrevois comme un air de défaite sur les visages aperçus derrière les pare-brise des voitures.

Verneuil. Avec son caractère post-apocalyptique, la gare, accolée à un silo gris évoquant l'ex-URSS, plonge le village dans un hors-temps indescriptible. Nous déjeunons au bar lui faisant face. Isabelle est redevenue joyeuse. J'appelle la petite peluche qui me sert de mascotte du nom du village de la nuit : Coubert. Il ne s'agirait pas de s'arrêter là.

Isabelle me serre fort dans ses bras sur le quai.

Je marche jusqu'à tard ce jour-là, comme pour exorciser ma crainte d'abandonner à mon tour la route. J'écoute des heures durant ma clef USB, songeant à mes amis. Arrivant de nuit à Nangis en passant par une nationale, j'observe de loin la beauté ferrugineuse de la centrale électrique au soleil couchant. Je m'évanouis dans les draps de la chambre que je trouve enfin, les pieds encore vibrants des chocs répétés sur le bitume.

Jeudi 20 avril 2008
Comment garder les yeux grands ouverts ?

J'ai noté peu de chose de mes rêves de la nuit, me réveillant au petit matin avec un torticolis sévère. Pourtant, il me faut impérativement avancer pour être à l'heure ce soir : un ami m'attend avec sa famille, et lui rendre visite est un ancrage symbolique.

Les champs s'étendent face à moi. La terre est de couleur fade et triste. Je rêve de forêts, me languissant des toiles d'araignée qui, au petit matin, me chatouillent le visage dans les bois, lorsque je détruis à mon insu leurs édifices, tissés dans la nuit.

Des dépouilles animales me navrent le cœur depuis le jour précédent où, ayant aperçu le corps d'un oiseau reposant sur le goudron, j'ai cru qu'il vivait. Pas une goutte de sang sur l'asphalte, mais la pupille était terne. J'ai été réceptive à ce premier choc, bien que mes yeux soient fixés droit devant moi.

Dès lors, les cadavres se succèdent sur le bitume, comme pour souligner que quelque chose d'essentiel n'a pas été honoré par les hommes. Adoucissant cette peine, une grande peluche de girafe me fait un clin d'œil à travers la fenêtre d'une maison, aimable sentinelle postée là pour surprendre une fillette dont l'anniversaire a lieu ce jour. Plus tard, un autre jouet d'enfant, minuscule oiseau bleu de tissu aux lignes simples, gît dans la terre battue, ramollie par une ondée récente.

Sur un long sentier qui traverse de grands champs jusqu'à Provins, je tombe nez à nez avec le cadavre d'un chat, près d'une immense botte de foin jaune et rousse. Sa poitrine putréfiée est ouverte, laissant voir entre les côtes des débris d'entrailles qui brunissent sous le jeune soleil d'avril. Le félin est recroquevillé, les pattes autour du museau, semblable à un nouveau-né, les paupières à demi closes.

Les cadavres d'animaux sont le plus souvent jetés sur le côté de la route, sans égards. Pas même un peu de terre déposée sur les corps. Le cœur retourné, je prends la décision de photographier ces animaux morts, leur offrant ainsi une sépulture symbolique et me gagnant un équilibre qui me permet de continuer le voyage.

Quatrième nuit. Je suis dans une voiture, à la place du mort. Nous sommes quatre ou cinq dans le véhicule. Je ne discerne pas plus le conducteur que les autres passagers. Nous passons dans un village de province, mais il est habité par des « sauvages » armés de gourdins, archétype de ce qui épouvante les enfants : des êtres petits, bruns, avec des yeux fixes, vides, et des airs mauvais et fous. Ils attendent sur la route. Quelqu'un dans la voiture chuchote qu'il nous faut tous rester attentifs. Lorsque nous passons, l'un des sauvages tape violemment la portière de notre voiture blanche et froisse de la taule. Mais nous passons. En nous retournant, nous apercevons une autre voiture similaire à la nôtre, attaquée tout aussi brutalement par les sauvages. Ils en défoncent la portière et en sortent une femme, qu'ils découpent en morceaux.

Au début de ce voyage, je porte en moi des craintes irrationnelles dont je ne suis pas consciente. Être dévisagée systématiquement en arrivant dans les villages, depuis le second jour, est un peu éprouvant.

22 avril 2008
De l'eau en fait de mots

Les étendues se succèdent, aussi plates et monotones que la veille, champs de couleurs allant du vert au brun, que je traverse en diagonale, la boussole au poing. Lorsque les champs me sont infranchissables, je retrouve le bitume, que je découvre jonché de cadavres plus ou moins entiers, hérissons, tortues, chiens, chats, oiseaux en tout genre, rongeurs, saisis parfois avec des expressions étonnées ou douloureuses. J'aperçois aujourd'hui aussi des dépouilles lilliputiennes d'escargots écrasés et de papillons soufflés.

Une voiture freine à côté de moi alors que je marche, concentrée, ruminant de nouveau l'absence de sépulture, même symbolique, pour ces animaux.

— Vous êtes en voyage ?

Je me retourne vers un homme trapu de cinquante ans.

— Oui, je marche jusqu'en Allemagne.

— À pied ? Vous plaisantez ?

— Non, dis-je tranquillement.

— Et votre travail ?

— Je l'ai quitté.

— Vous avez raison, répond-il avec une voix désespérée. Moi aussi, je prendrais bien l'air. En France, ce qui est dingue, c'est qu'on travaille tout le temps et qu'on vous prend tout. Là, j'ai des problèmes avec les impôts, avec ma maison, avec ma famille, avec ma femme… Vous avez raison de tout lâcher, je devrais faire comme vous, mais je ne le fais pas.

Je ne sais que dire. Sa détresse est si grande. J'entrevois chez lui une profonde misère. Il reprend, après m'avoir observée d'un air mélancolique :

— Allez, bonne route, hein, désolé de vous avoir ennuyée avec mes problèmes. La vie est dure pour tout le monde, non ?

Je hoche la tête pour lui signifier que je comprends, après quoi il sourit tristement puis démarre avec un geste amical de la main.

Cette rencontre m'ébranle et m'amène à constater le peu de rencontres en ces premiers jours. J'ai le sentiment d'être sans cesse dévisagée par des regards fixes, un peu absents, lorsque j'arrive dans les villages, dans les boulangeries, les bars ou les places publiques. Je désamorce la situation par un sourire ou un petit salut de la main.

Pour créer la rencontre, rien de mieux parfois que de l'aide : demander par exemple la direction d'un autre village, même lorsque je la connais. Ou demander de l'eau.

23-27 avril 2006
De l'hospitalité de nomade au romantisme de voyage

Lorsque mon amie Lucile pose le pied sur le quai de la gare de Romilly au petit matin, elle apporte sans le savoir une énergie revigorante qu'elle partage volontiers ; nous nous mettons en route en devisant facétieusement.

À une halte sur la place de l'église d'un village, nous décidons de faire une sieste, jusqu'à l'arrivée d'une bande d'adolescents un peu braillards. L'un d'eux lance avec provocation pour attirer notre attention :

— Vous baisez ?

Nous haussons les épaules en plaisantant, avec Lucile. Mais cela mérite intérêt : ce garçon a exprimé un sentiment partagé par nombre de personnes partout dans le monde. Une femme partant à pied cherche sans doute aussi l'aventure sexuelle.

Par « hospitalité » nomade, je prête mes chaussures de marche à mon amie et mets sa vieille paire. Après deux jours de marche, atterrée, je remarque que les ongles de mes gros orteils ont pris une coloration brune. Voilà qu'en plus du torticolis et de la fatigue inutile, je dois à présent composer avec des ongles incarnés ! Quelle stupidité de risquer de compromettre mon entreprise ainsi ! Je suis en effet consciente que je dois être en parfaite condition physique pour atteindre Jérusalem.

Les propos d'un ami me reviennent à l'esprit, concernant le soin des pieds : tandis qu'il traversait le désert, il les nettoyait quotidiennement avec de la vodka pour éviter les infections. Choisissant ce que je trouve de plus fort et indiqué pour aider au nettoyage d'une plaie éventuelle ou être avalé en cas de besoin, j'achète donc une fiole de cognac.

Par un curieux hasard, peu après, un homme titubant, moustache et quelques rides horizontales sous un chapeau ayant pas mal vécu, nous hèle à l'approche de Troyes :

— Hé ! Bonjour, vous allez loin comme ça ?

— Jérusalem, dis-je d'une voix joyeuse, surprise de lui confier ma destination finale.

— Hein ? répond-il en s'immobilisant, un peu dégrisé.

— Jérusalem ! Elle va à Jérusalem, dit Lucile ravie.

— D'accord, mais où allez-vous ? continue l'ivrogne, d'une voix réjouie.

— Jérusalem ! répétons-nous en cœur, d'une voix plus forte.

— Ah !

Abasourdi, il rit en tapant de la main sur sa cuisse.

— Ben ça alors... Jérusalem ? Ben ça alors ! Jérusalem ! Bon courage alors !

Et à la différence de bien des personnes que j'allais croiser, lui nous souhaite réellement « bon courage », avec une sincérité dans la voix dispensatrice d'énergie. Et voilà comment j'avais enfin osé dire vers quels horizons je cheminais, au bout de neuf jours de marche et huit nuits de rêves.

J'ai hâte de briser une certaine image romantique que je renvoie sans le souhaiter, celle de la voyageuse au long cours partie pour d'héroïques aventures. Lorsque j'avais dit vouloir prendre de la technologie et ma carte bleue, beaucoup de personnes avaient alors été choquées ou sourdes aux détails pratiques, s'imaginant un voyage sans ancrage réel. Ce fantasme doit être déboulonné au plus vite, car, je le sens, il risque de devenir un poids réel – et inutile.

28 avril 2006
Lorsque la rumeur intérieure cesse enfin

Le train de Lucile vient de quitter le quai, la ramenant à Paris. Je redeviens solitaire sur les routes. Même si la présence de mon amie a créé tant de bonheur, je suis heureuse de me retrouver avec moi-même. Depuis le premier jour où je marche seule, les visions d'épisodes passés, heureux ou malheureux, s'imposent avec intensité. Et je devine bien la raison de redouter la solitude : elle donne tout le loisir de songer aussi à ses lâchetés, à ses cruautés, aux mots regrettés ou retenus.

Je marche vaillamment ce jour-là, durant près de cinquante kilomètres, et prends conscience que j'arrive en Lorraine en écarquillant les yeux sur une forme en croix au loin, gigantesque, sur un promontoire. Ce n'est qu'au pied de ce volume gigantesque que je comprends qu'il s'agit de la croix de Lorraine.

Je cours à présent sur le ruban bleu de la route, un peu inquiète de mon ongle brun, constatant de nouveau qu'après quarante kilomètres de marche assidue, le dialogue prend une autre forme. Il semble s'évanouir. La pensée se tait. Arrivée ainsi dans un lieu blanc de mon esprit, vierge de toute pensée, je m'entends alors respirer. Je crois que je me rejoins, offrant à l'esprit un repos d'un genre bien particulier, né paradoxalement de l'exténuation.

Le repos est crucial en voyage, car il est aisé de s'exposer au danger du fait de la fatigue. C'est pourquoi, alors, je lis volontiers.

Lorsque Isabelle m'a quittée à Verneuil, j'ai décidé de m'octroyer régulièrement des pauses pendant lesquelles je m'immerge dans la lecture. J'ai pris en partant un unique ouvrage. *Les Heures*, court roman de Cunningham, écrit selon une structure narrative en jeux de miroirs, raconte les vingt-quatre heures de la vie de trois femmes à trois époques différentes.

Je ne lis jamais plus d'un chapitre à chaque fois pour éviter une gourmandise funeste qui me laissera sans un mot à croquer pendant plusieurs jours. Il me semble impératif d'apprendre la frugalité pour qu'une fois la première frontière franchie, je sois capable de me nourrir de peu.

29-30 avril 2006
Deux vieilles pieuses et une grand-mère Blé

Je voulais dormir à Chaumont, mais une conversation de comptoir parvenue à mes oreilles dans le gîte que j'avais enfin trouvé m'a fait m'enfuir. Les propos étaient haineux, mélange de dépit et de quolibets. J'ai quitté la ville et coupé à travers un bosquet de licornes jusqu'à atteindre, sur le coup des dix-huit heures, un petit village situé à une quinzaine de kilomètres au sud-est de la ville. Je n'ai pas le cœur à continuer. Pour autant, nul gîte en vue.

Cependant, j'aperçois au loin une femme voûtée, qui m'observe du perron de sa maison, une ancienne ferme flanquée d'une grange ou d'un hangar. L'heure passant, assise sur la place principale pourtant déserte, après avoir hâtivement avalé du pain et un peu de fromage, je décide de me présenter à sa porte. Une autre vieille femme m'ouvre, l'air étonné. Je lui explique ma situation et lui demande si je peux dormir dans la vieille grange.

— C'est que, voyez-vous, notre grange est encombrée et n'est plus pourvue de foin. Nous avons bien une cabane qui fait office de garage…

— Si vous voulez bien, ce sera parfait pour moi !

— Vous êtes sûre ? Il n'y a pas de lampe dans le garage, vous savez. Et il va y avoir de la gelée demain matin.

— Ne vous en faites pas, je suis tellement contente de trouver un endroit où dormir.

— Alors venez regarder la télévision avec nous, n'est-ce pas ? Et boire quelque chose de chaud.

Je dépose mes affaires dans le garage et apercevant le ciment nu, frissonne subitement, mesurant d'avance que la nuit ne sera pas forcément une partie de plaisir. Mais je n'ai pas la force de repartir pour trouver un hébergement ailleurs.

Aussi, je rejoins mes hôtesses, quittant la cahute pour la porte de leur maison qu'elles m'ont invité à pousser pour accéder à la cuisine. Je m'assois à la place qu'elles me désignent : un tabouret contre un gros poêle, devant la télévision. Ce sont deux sœurs qui m'examinent avec curiosité. En vieilles filles complémentaires, là où l'une parle, l'autre se tait. Celle qui m'a ouvert la porte est une petite ronde pragmatique, qui me pose sans cesse des questions. L'autre est rêveuse, maigre comme Don Quichotte, et son regard un peu perdu laisse entrevoir une possible sénilité. Leur intérieur est chiche, avec une étagère de babioles vieillottes et çà et là, aux murs et sur la table de bois, quelques objets de piété.

L'écran scintillant diffuse une émission sur la première chaîne. Des personnalités y « apprennent » les métiers de la ferme, me plongeant dans un état de vacuité propre à dissoudre les émotions intenses de ces derniers jours. Et surtout, un bien-être immense m'envahit car je me pelotonne contre le poêle, me prenant à espérer que, peut-être, mes hôtesses me proposeront de dormir dans la cuisine.

Une heure après le délicieux lavage de cerveau dispensé par le petit écran, alors que sa sœur maigre n'a toujours pas dit un mot ou hoché de la tête, ma vieille interlocutrice reprend :

— Une jeune femme comme vous doit avoir peur en chemin, non ? Les mauvaises rencontres, tout cela…

— Non, je n'ai pas peur.

— Vous avez bien une arme pour vous protéger, non ? continue-t-elle avec une intonation bizarre que je prends pour de la curiosité.

— Non. Enfin si, un ami m'a fabriqué un couteau. Tenez…

Je sors mon couteau, ouvre la lame pour leur montrer le bel ouvrage et le dépose sur la table. En relevant la tête, j'aperçois soudain le visage épouvanté de la sœur mutique. Me retournant vers mon interlocutrice, je perçois une méfiance telle sur ses traits que je saisis alors seulement pourquoi l'inflexion de sa voix me semblait étrange : elle a tenté de savoir si j'avais une arme sur moi. Au regard qu'elle me décoche, j'ai l'impression d'être un loup entré dans une bergerie.

Elle dit aussitôt d'une voix péremptoire :

— Vous devez être très fatiguée, vous qui marchez toute la journée ! Il est l'heure de vous coucher, n'est-ce pas, pour être en forme demain matin ?

Elle se lève et éteint la télévision d'un geste sec et m'accompagne jusqu'au perron. Alors que j'entre dans la cabane, j'entends la clef tourner dans la serrure de leur maison et me sens sombrer dans une tristesse indéfinissable.

En l'absence d'électricité dans le garage, je me prépare une couche de fortune. Mon poncho de pluie constitue un semblant de lit. N'ayant ni tapis de sol ni duvet, j'enfile un à un l'intégralité des vêtements que j'ai emportés avec moi, y compris mon pantalon imperméable, puis me glisse dans mon drap de soie. J'écoute les morceaux de musique confiés par mes amis et glisse ainsi vers le sommeil, les écouteurs sur les oreilles.

Un premier frisson me réveille. La main tremblante, j'appuie sur le bouton d'éclairage de ma montre. Seule une heure et demie a passé. Il est vingt-trois heures. Transie jusqu'à la moelle, engoncée dans ma carapace de fringues, je me recroqueville. Puis je me frictionne avec le cognac que je trouve en claquant des dents dans mon sac, en avale par la même occasion une gorgée et me rendors.

Je me réveille à nouveau, une demi-heure après. Le béton est glacial et je ne cesse de frissonner. Je rallume ma clef MP3. Alors que je m'ébroue pour faire cesser le frisson, celui-ci, au lieu de me quitter, ne fait qu'augmenter.

La mort dans l'âme, je me lève et arpente dans tous les sens les six mètres carrés du garage plongé dans les ténèbres, puis me recouche, me raccrochant à la musique. Nouvelle gorgée de cognac. Rien à faire.

J'attends ainsi jusqu'à trois heures du matin, jusqu'à ce que la pile s'épuise complètement. Je n'en peux plus, compte les minutes qui me séparent du matin, mais un tremblement plus violent que les précédents me fait bondir et quitter la cabane pour ouvrir la porte de la maison, dans l'idée de dormir dans le couloir des deux sœurs. Mais la porte a bel et bien été fermée à clef. Après avoir griffonné un mot d'une écriture tremblante à l'intention de mes hôtesse, je quitte les lieux. Il est trois heures et demie du matin lorsque je m'enfonce dans une nuit sans étoiles.

La froidure extérieure me pince tout autant que dans le garage mais là, au moins, je marche. D'accord, me dis-je, voici comment les gens peuvent mourir de froid dans leur sommeil.

Arpenter la route de goudron par nuit noire est d'une grande étrangeté : j'ai le sentiment d'être une fugitive et l'intimité avec la nature environnante est augmentée par le sentiment d'être observée par la vie animale et végétale qui encadre le macadam.

Passé un certain temps, je ne me sens plus très rassurée : la diode minuscule qui me sert de lampe ne me laisse voir que cinquante centimètres devant moi. « Ne crains-tu pas les mauvaises rencontres ? m'avait demandé une amie. La nuit est le moment où les psychopathes sortent. Je ne veux pas te faire peur… » Alors, j'ai peur de l'obscurité comme lorsque j'étais enfant et je m'imagine être environnée de fantômes.

Traversée d'une idée subite, j'allume le portrait de Yann pour avoir plus de luminosité. De la taille d'un demi-pouce, le cube en plexiglas donne une faible lueur bleue dont l'appoint, en plus de sa valeur affective, est de nature à me rasséréner.

Apercevant au loin, dans la nuit noire, les flammes de ce qui semble deux feux, je m'approche, croyant distinguer les contours du clocher d'une église, où j'espère pouvoir me reposer. S'agit-il d'une illusion ? Les feux ont-ils été éteints ? Lorsque je me rapproche, je ne vois rien de semblable et ne suis pas tellement sûre qu'il ne s'agisse pas d'un rêve éveillé.

Dans les ombres qui circulent autour de moi, j'imagine la prunelle, brillante comme une étoile, d'une vieille dame primitive, aux longs cheveux emmêlés dans lesquels des blés sont piqués. Elle me montre du doigt et accuse : « Tu n'aurais pas dû fouler les blés, même verts, même en cette saison. »

En ce moment âpre, alors que je mets un pied devant l'autre comme une somnambule, je guette l'éclaircissement de l'horizon, le cou tendu, priant en grelottant que la nuit s'estompe au plus vite.

Enfin surviennent les premiers rayons du soleil.

Cherchant en vain un café où je puisse boire quelque chose de chaud, je n'ose pas non plus requérir de l'aide, de peur de récolter un « non » qui m'affaiblirait davantage. Je ne peux même pas m'allonger dans la rue ou sur un banc pour dormir, il fait si froid !

Je finis par trouver un bar municipal où je somnole, les bras enveloppant ma tête, avachie sur une table de formica. Même assise sur une chaise dans cette position inconfortable, je trouve le repos. Je sens aussi que quelque chose me quitte : je me moque de ce que les gens peuvent bien penser de moi. J'ai trop froid pour accorder du poids à leur regard.

La seule perspective qui me mette du baume au cœur est le fait que Yann me rejoint aujourd'hui. En brandissant le portrait lumineux de mon compagnon à travers l'opacité de cette rude nuit, j'ai éprouvé un autre genre d'émotion très primitive, proche, peut-être, de ce que pouvaient éprouver les hommes d'autrefois lorsque paraissait enfin le soleil. J'ai aussi observé ce comportement chez certains animaux qui hâtent le pas lorsque le soleil s'en va, ou qui se tournent vers l'aube, dans son attente.

2-4 mai 2006
Jérusalem déjà !

Vosges. Nous avons passé trois jours en amoureux avec Yann dans une station thermale où je me suis un peu requinquée, avant qu'il ne me ramène en voiture à l'endroit où il m'avait retrouvée, devant une église. Le soir même de notre séparation, mon homme m'a avoué au téléphone qu'il avait alors pensé, en me voyant reprendre ma marche et lui envoyer des baisers au loin, que jamais il n'aurait dû me laisser repartir.

À présent, je suis environnée d'une nature prodigue et vigoureuse qui m'émeut à chacun de mes pas. J'ai oublié ma gourde lors d'une pause de lecture, et j'en profite pour boire l'eau des ruisseaux dans mes mains. Une lumière cristalline caresse de grands sapins vert foncé, regroupés en bosquets dans les vallons et dans les hauteurs.

Plus tard, à nouveau hors des chemins, je passe avec entrain à travers des champs où paissent des vaches. Les bêtes paisibles, étendues au milieu du gazon, me regardent passer sans broncher. Dans les pâtures, habituellement, elles se lèvent et s'approchent pour ébaucher un cercle autour de moi et me regarder à leur aise, sans pour autant se laisser flatter l'échine.

Une rivière qui me barre la route n'est pas celle que je croyais longer. Je cherche un moyen de la traverser, apercevant les toits annonciateurs d'un village sur la rive opposée. Élever un pont était une œuvre pieuse au Moyen Âge. Je comprends pourquoi. À un ancien gué découvert par un hasard heureux, je perds mon équilibre sur les grosses pierres qui le composent, et laisse ainsi une chaussette, accrochée sur le devant de mon sac avec une épingle de nourrice, partir au fil de l'eau. Je vais donc, les jours suivants, jongler entre trois chaussettes, portant par conséquent toujours une chaussette sale au pied.

Après cinq kilomètres d'impatience apparaît enfin un petit pont conduisant à l'autre rive, où se laissent apercevoir plusieurs fermes. Il me faut passer par la cour de l'une d'elles pour revenir sur la route, discrètement. Mais des chiens me font une fête aboyeuse, attirant les regards d'une petite femme ronde, assise sur un tabouret, qui épluche des légumes. Tandis qu'elle houspille les bêtes, je m'avance vers elle :

— Bonjour madame, excusez-moi, je suis perdue. Je marche et je ne sais pas quel est le nom de ce village.

— Vous êtes à Attigny, répond-elle avec un sourire affable. Où allez-vous ?

— À Jérusalem, dis-je, étonnée de ne rien ajouter qui pourrait éclairer davantage mon interlocutrice.

— Alors… vous n'êtes pas loin. Vous êtes à douze kilomètres, continue-elle sur un ton tout aussi sérieux qu'engageant.

— Pardon ?

— Oui, pas loin du tout. De Moscou non plus d'ailleurs, si c'est sur votre chemin.

Je demeure silencieuse un instant, décontenancée. Puis je précise :

— Je vais à Jérusalem en Palestine.

— Ah… Ah bon ? Pardon, ce n'est pas du tout la même chose. Ah, je comprends mieux. Nous avons un hameau ici qui s'appelle Jérusalem !

Nous rions de conserve.

Sur ces mots, un vieil homme maigrichon survient sur le pas de la porte. Arborant une moustache blanche et une casquette qui a vécu des années plus fastes, il porte la soixantaine sur les épaules, mais est droit comme un i. La fermière fait les présentations :

— Voici mon mari. J'ai trouvé cette jeune fille sur le chemin, elle va à Jérusalem.

— Ah oui, ce n'est pas loin…, dit-il en acquiesçant.

— Non, non, c'est la Jérusalem des pèlerins ! rit sa femme.

— Eh bé, dit l'homme en écarquillant légèrement les yeux.

— Oui, hein ? dit la fermière avec un petit gloussement.

— Vous allez bien marcher, hoche le bonhomme en me regardant avec un intérêt de bon aloi.

— J'aime marcher…

— Et comment faites-vous pour vivre ?

— J'ai quitté mon travail.

— Vous n'avez pas peur ? C'est dur de retrouver du travail.

— Non, ça va.

— Il faut dire que du travail, il y en a tout le temps, c'est juste que les gens ne veulent pas travailler. Tenez, moi je cherche un petit gars et je ne trouve personne. Eh oui, le travail à la ferme, c'est dur. Ils ne savent pas ce qu'ils veulent…

Sa femme l'interrompt d'un geste discret :

— Il faut appeler Marie-Thérèse pour la petite. Elle souhaite trouver un endroit où dormir ce soir.

Marie-Thérèse est leur fille. Elle m'invite à dormir dans la maison qui a justement été libérée le jour même. Au téléphone, elle s'émerveille :

— Quel hasard ! Vous tombez le bon jour !

Et moi, je suis ravie de ces rencontres de fortune qui ne me surprennent plus depuis des années mais ne cessent de me rendre heureuse !

Il fait presque nuit quand je devine enfin les maisons du hameau. Marie-Thérèse n'est toujours pas arrivée, mais un jeune homme m'accueille avec un sourire franc où je décèle un peu de taquinerie :

— C'est vous qui allez à Jérusalem ? Nous n'avons pas encore récupéré la clef de la maison, vous n'avez qu'à passer par la fenêtre et poser vos affaires. Cela ne devrait pas vous poser de problème, non ? Ma mère arrive bientôt, elle ne va pas tarder…

Passant donc à travers la fenêtre du rez-de-chaussée, je m'emploie à défaire mon sac, lorsqu'une fillette apparaît :

— Je m'appelle Manon. On va aller voir Gérard ?

La petite fille porte un bandana qui entoure son crâne sans cheveux. Elle a des yeux noirs très vifs et est allée à moi si spontanément que je ne peux m'empêcher d'être étonnée de son aisance.

— Qui est Gérard ?

— C'est notre voisin. Il a des escargots. C'est un éleveur, tu vas voir.

Je vois apparaître aussitôt une femme d'une quarantaine d'années, cheveux courts, amène, mais épuisée. Elle me tend la main.

— Karen, c'est ça ? Sois la bienvenue. Je vais faire à manger, alors va voir le voisin avec ma petite Manon, c'est intéressant.

Aussi me laissé-je emmener par la fillette, qui glisse naturellement sa main dans la mienne. Plus tard, Marie-Thérèse vient nous appeler pour le dîner. Sur le chemin, elle me confie :

— La petite, tu vois, elle est en chimiothérapie. Elle a un cancer aux reins. Si tu savais comme elle se bat ! Le docteur m'a dit qu'elle va s'en sortir. Il a dit que ce qui la sauve, c'est qu'elle est « rustique ». Et elle a le goût de vivre !

Je passe une nuit bizarre et ne suis pas malheureuse de me réveiller vite. Après le petit déjeuner, je dessine en compagnie de Manon, Marie-Thérèse ayant une course à faire. Je ne me sens pas pressée, je me sens bien ici, presque en famille. La fillette continue de m'étonner. Elle a un talent réel dans sa manière d'être au monde et chantonne tout le temps.

— Karen, je peux te faire écouter une chanson ?

Sans attendre ma réponse, elle entonne d'une voix joyeuse un drôle de chant improvisé avec une verve stupéfiante. Marie-Thérèse, revenue, aperçoit mon expression étonnée :

— Elle en invente tout le temps, ma petite. Elle veut être chanteuse plus tard.

— Alors, ceci est pour toi, Manon, dis-je en sortant un petit carnet vierge fabriqué par un ami pour le voyage. On pourrait y écrire tes premières chansons dedans, non ?

— Maman, je suis très émue, dit-elle d'une voix tremblante.

Dans les premiers jours de mon voyage, j'ai reçu de cet ami un message électronique dont les derniers mots ne cessent de retentir fort dans mon crâne : « Les jours triomphent. » Je n'ai jamais lu meilleure définition de ce que peut être la vie, quels que soient nos pas de danse ou nos gesticulations.

Nous nous employons donc à mettre du noir sur les premières pages, avec une concentration appliquée jusqu'à constater avec satisfaction que les deux premières chansons ont beau avoir été improvisées, elles sont maintenant dans la matière pour longtemps.

7 mai 2006
Qui est sourd ? Qui est aveugle ?

— Il est possible de traverser le haut col depuis aujourd'hui, me dit le montagnard qui tient l'auberge, tandis que des groupes de retraités bruyants s'interpellent joyeusement dans les couloirs, pires que des adolescents en pleine crise.

Je reste paralysée deux secondes : « Quoi ? » me dis-je. Comment cela « il est possible… » ? Et je constate, le rouge me montant aux joues, que je n'ai pas accordé un seul regard au relief de ma carte.

L'environnement montagneux aurait dû me mettre la puce à l'oreille, mais à aucun moment je n'ai pensé prendre les informations des cieux. Je viens, sur un coup de tête, cinq minutes avant de me mettre en marche, de décider de prendre le col du Hohneck. Pourquoi ? Parce qu'il semble le plus simple et le plus rapide à franchir sur ma carte. La route des crêtes est pourtant un nom évocateur !

J'ai traversé Remiremont et longé le lac de Gérardmer la veille, et me dirige vers l'étape suivante avec une naïveté qui me paraît aujourd'hui gentiment saugrenue. Mon mode de fonctionnement est le suivant depuis le départ : lorsque je ne peux pas passer, je passe… ailleurs. Alors dans ce désir de ne pas m'encombrer non plus du futur – devoir composer avec des « si » m'affaiblirait – je pars droit devant, prête à ajouter s'il le faut cent kilomètres, pourvu qu'il ne soit pas question de « si ».

Aujourd'hui, foulant les premières neiges de mon chemin, je dois me rendre à l'évidence, mon système de pensée ayant oublié un détail d'importance : la nature a ses règles. La glace couvre encore la boue des sentiers. Je m'endors de fatigue, arrivée en haut du Hohneck, sous le soleil, dans une fraîcheur limpide, face à un panorama qui, si je n'étais pas environnée d'une foule en marche, me ferait ouvrir grand la bouche en un hurlement de bonheur triomphant.

En redescendant joyeusement la montagne, je constate que les panneaux ont changé, prenant des accents germaniques : je suis à présent en Alsace. Et je foule le goudron avec hâte, m'attardant peu dans la suite de cette journée à des rencontres éventuelles. Mon désir de solitude s'étiole et les hasards heureux se multiplient, mais il me presse de traverser ma première frontière. En effet, je prends la mesure de mon état général avec plus de finesse. Il reste difficile de résorber cet épuisement du départ ; et qui dit fatigue, dit également affaiblissement de la volonté. Je sais pertinemment que mon arrivée en Allemagne me redonnera des forces.

Sur la route, une femme sensible entre deux âges me confie de lourds secrets concernant l'esclavage d'immigrés de l'Est. Ces derniers, de jeunes hommes auxquels les papiers ont été confisqués par leur geôlier, ont cependant réussi à s'échapper grâce à l'aide de gens bienveillants.

N'y tenant plus, après l'avoir quittée, je creuse un trou sous un arbre et chuchote les secrets à voix basse, puis rebouche avec de la terre, prenant garde de ne pas être à proximité des roseaux, qui pourraient divulguer les fâcheux apartés, les transportant par les airs jusqu'à des oreilles inappropriées, comme dans ces contes et légendes pour enfants.

Bien des fois, plus que dans mon quotidien sédentaire, des gens me confient d'accablants mystères. Consentante sans pour autant toujours évaluer à sa juste valeur la charge de ces maux inattendus, je finis par utiliser cette technique de contes pour pouvoir sortir de la situation inféconde dans laquelle ces secrets peuvent parfois me jeter.

Je marche vivement, à présent, demandant çà et là où je puis trouver un hébergement avant Colmar. J'ai troqué ma gourde égarée contre une bouteille d'un demi-litre d'eau que je porte dans ma main droite en marchant. Les gens, en me voyant passer ainsi, lorsqu'ils souhaitent entrer en contact avec moi, me proposent de la remplir. Et je fais de même, tendant la bouteille que j'ai vidée parfois précipitamment pour la présenter au portail où je me présente.

La route est à présent d'une platitude déconcertante en comparaison des hauteurs enneigées que j'ai parcourues le matin. Lorsque j'arrive dans le bourg de Zimmerbach, un panneau indique sur une maison ZIMMER, ce qui signifie « chambre » ou « pièce » en allemand.

Je me décide à sonner au portail de la sobre maison de ciment repeint. Personne ne répond. Je sonne à nouveau et agite les bras en apercevant une fenêtre ouverte derrière laquelle je discerne des silhouettes assises dans ce qui semble être une cuisine. La fenêtre s'ouvre sur un homme et une femme âgés qui, sans pour autant se lever, glissent la tête à l'extérieur, surpris.

— Oui ?

— Bonjour, est-ce que vous auriez une chambre libre pour la nuit ?

L'homme, cheveux blancs, courts et frisés avec de grosses lunettes sur un visage carré, se tait, continuant d'afficher un air perplexe. Il se tourne vers sa femme. Je suis trop loin pour bien voir les traits de leurs visages, mais le simple fait qu'il ne me réponde pas directement ne m'inspire pas. Ce sont des retraités, visiblement. L'homme se retourne vers moi et lance :

— Entrez donc, nous allons en discuter.

— À combien est la nuitée ? demandé-je, en restant volontairement sur le perron.

— Entrez, entrez, nous verrons à l'intérieur avec ma femme.

Souvent disséquée du regard lorsque je demande s'il reste une chambre dans un hôtel, un gîte, j'ai adopté une stratégie de communication : je demande s'il y a une chambre, et si oui, à combien elle est. La générosité étant un concept variable d'une personne à l'autre, certains augmentent volontairement le prix initial pour une raison qui m'échappe – peut-être parce qu'ils savent que je suis épuisée et à pied, donc que je ne peux que m'arrêter chez eux. Ou qu'avec mon air de misérable coureuse de routes, je risque de casser ou salir quelque chose.

Avec un soupir exaspéré, prévoyant d'avance le coup de massue, une fois inspectée de la tête aux pieds, j'entre malgré tout. La femme, chétive, porte des lunettes sur ses yeux de taupe. Elle s'avance vers moi sans sourire davantage que son mari. Comme je le pensais, elle me dévisage de la tête aux pieds. Cependant, elle annonce le prix habituel, ni excessif ni raisonnable pour ce que cela vaut.

Néanmoins, les nerfs en pelote, je dépose mes affaires dans ma chambre et m'en vais trouver une cabine téléphonique pour confier l'épisode à mon amoureux.

Lorsque avant de sortir, l'hôtelier me demande si je souhaite manger, je réponds presque sèchement par la négative. Il a présenté la chose comme une invitation, mais l'idée d'avoir la note du repas le lendemain me dissuade de prendre ce risque : ma bourse n'est pas assez remplie pour me prêter au jeu, et je tiens à terminer ce voyage, quitte à ne plus rien avoir au bout du chemin. Je veux arriver à Jérusalem.

Lorsque je mets la carte téléphonique dans la fente de la cabine, je grommelle à qui mieux mieux. Ces comportements, ce sentiment d'être dévisagée tout le temps, me pèsent plus ce jour-là qu'un autre. Yann est patient au téléphone et m'écoute râler pendant au moins une demi-heure, jusqu'à prendre enfin la parole :

— Mon amour, la manière dont tu expliques tout cela laisse penser à un peu de parano…

J'ai écouté Yann puis je suis allée me coucher, passablement énervée malgré tout. J'ai dormi comme un loir.

Vingt et unième nuit. Je fuis avec un jeune homme au visage angélique dans un complexe souterrain ; nous sommes poursuivis par une sorcière. Elle est parfois jeune, parfois vieille et ressemble à une pop star. Le complexe, artificiel, est constitué de salles piégées. J'ai le sentiment de me trouver dans un jeu télévisé ou dans un univers de laboratoire, car l'environnement est complètement aseptisé. Nous passons à côté d'un bassin d'eau chlorée où se trouvent trois otaries, que je ne peux m'empêcher d'aller voir. L'une d'elles a l'air intelligent et me dit : « C'est Michaël, c'est Michaël ! » Je dis à mon équipier que l'otarie sait parler et lui me répond que c'est normal. La sorcière est de nouveau à nos trousses. Je ne détermine pas si elle est seule ou si elle a une armée de clones d'elle-même. Finalement, nous comprenons qu'elle craint l'eau et plongeons durant une longue apnée dans une fosse très profonde de trente mètres, en passant à travers des barreaux d'acier. Nous restons longtemps en apnée jusqu'à ce que je m'en inquiète. Mais nous avons vaincu la sorcière ! En remontant, une jeune femme a remplacé la sorcière et je l'embrasse.

Le lendemain matin, je me lève encore sous le coup de la colère. Cependant le couple de retraités m'accueille pour le petit déjeuner en s'excusant tant et plus :

— Vous savez, me dit l'homme en plissant le front, nous étions très fatigués hier. Pardonnez-nous de ne pas vous avoir reçue plus convenablement. Je suis sourd, vous savez, et ma femme est malade. Elle perd la vue, elle est presque aveugle.

La femme hoche la tête avec un sourire triste derrière ses verres épais, où j'entrevois une réelle fixité maladive. Elle me guide vers un petit festin de pain, de charcuterie, de confiture et m'apporte, empressée, du chocolat et des œufs.

Je mange, étonnée, et comprends soudain : l'homme a voulu que j'entre et que j'approche pour m'entendre mieux. Et sa femme ne m'a pas transpercée du regard, elle a juste tenté de m'apercevoir...

Au moment de mon départ, ils me disent avec des yeux emplis d'attente :

— Vous prierez pour nous, n'est-ce pas ? Envoyez-nous une carte postale, s'il vous plaît.

Un sentiment de malaise me prend alors. Plusieurs fois en France, presque tous les jours en fait, il m'est demandé de prier à Jérusalem. Je note le nom des personnes sur un papier que je garde précieusement, mais cela me charge subtilement d'une responsabilité dont les aboutissants m'échappent et que je ne suis pas certaine d'être pleinement capable d'endosser.

Il pleut et, mettant un pied devant l'autre, je ris, joyeuse de m'être trompée sur le compte de mes deux retraités alsaciens. Si j'avais eu raison, cela consolidait une vision du monde qui me blessait. Et n'était-ce pas contre cela que je m'étais mise en route ? Je me dis aussi : voilà qui est drôle et un peu inquiétant. À force d'être victime de procès d'intention jour après jour, je finis par en faire moi-même, retournant une violence identique à celle que je reçois, sans en être consciente.

Colmar apparaît, maisons de charme et cigognes, touristes préoccupés par l'atmosphère de grisaille menaçant de tourner aux giboulées. Et moi, je cours presque, car il me presse d'être en Allemagne ce soir, à Breisach. La ville frontalière du côté français porte un nom quasi homonymique : Brisach. Devant une brasserie pleine de lumière et de vie, je demande mon chemin à une jeune femme brune qui m'ayant indiqué la direction, me dit en aparté d'un ton amène :

— Tenez, en vous voyant, je viendrais bien avec vous !

— Alors venez ! Venez marcher quelques jours avec moi, ai-je répondu sur le même ton, mi-plaisantin, mi-sérieux.

Ma proposition n'a rien de fantasque. En quelques secondes, je décide qu'un « pourquoi pas » serait le bienvenu. Sur le visage de la jeune femme, un étonnement joyeux se mélange à une soudaine gravité :

— J'aimerais bien, vous savez. Mais j'ai mon môme. J'ai perdu mon job et mon mec m'a plaqué. Mais mon gosse, lui, il est là. La prochaine fois que vous passerez, je viendrai avec vous.

8 mai 2006
Europa !

Je danse sur le pont qui surplombe le Rhin, entre Brisach et Breisach. La nuit tombe et j'ai le vent en poupe, car je discerne à l'issue du pont le panneau de bienvenue en Allemagne sur fond bleu et étoiles de l'Europe ! L'Europe ! Premier panneau de la sorte, durant ce voyage : il est synonyme de libération. Tout d'un coup, je ne suis plus seulement dans un pays, je suis aussi en Europe !

Tant que je me trouve en France, mes belles paroles sonnent encore un peu vides dans les oreilles des personnes rencontrées et dans celles de mes intimes. Je dois composer avec leur réserve et par conséquent me protéger des effets subtils du doute qui peuvent insidieusement me saper le moral. J'ai un caractère assez trempé, mais l'incertitude fait partie de ce voyage comme un pétrole brut encore à raffiner pour en obtenir une énergie vivifiante.

Maintenant que je contemple le Rhin allemand, observant ses sombres eaux mythiques jusqu'à y percevoir la silhouette de héros nordiques et un trésor qu'il pourrait receler, j'ai la conviction de pouvoir atteindre mon objectif, d'avoir un esprit préparé et déterminé pour cette si longue aventure.

J'avais marché deux ans auparavant près de mille sept cents kilomètres en direction de Saint-Jacques-de-Compostelle. La route était balisée, le chemin joli et sans difficulté particulière, mais il fallait malgré tout mettre un pied devant l'autre et personne n'allait le faire à ma place. Ce chemin de Compostelle était pour moi un pèlerinage dans le sens d'une œuvre de voyage entière vécue comme un chemin spirituel assumé. Il était également une espèce d'entraînement à ce périple vers Jérusalem.

Vingt-deuxième nuit. Je me trouve dans la jungle avec un couple d'équipiers et nous devons emmener un butin dont la nature m'est inconnue, même si je sais que cela tient de l'or et du sacré. Je porte sur moi en holster ma pochette beige. Nous sommes en raid pédestre en alternance avec la moto et nous nous déplaçons tout le temps, selon un motif de course-poursuite qui m'échappe. Nous n'arrivons pas à trouver l'endroit où nous nous trouvons et où nous devons aller, sur les cartes, qui changent tout le temps. Il y a méprise entre deux noms de village : « Nord » et « Nol ». Étape dans un village d'indigènes, portant les cheveux coupés au bol. Un jeune adolescent a pris ma pochette et l'a échangée avec la sienne. Je l'engueule. Il me dit qu'il préférait la mienne : elles sont très semblables mais la sienne est moins belle et semble plus « toc ». Je la vide. Plein d'objets en sortent : des petites pierres noires, semblables à du charbon de bois, étiquetées pour faire du feu et plein d'objets uniques divers : aiguilles en os, fil qui m'évoquent une petite bourse de cuir noir. On se perd encore. Sensation de découragement. Je vais finalement à une gare pour transporter le butin.

Les autochtones de mon rêve ont des mœurs différentes des nôtres et ils en profitent. Ils utilisent le choc culturel pour s'approprier quelque chose en profitant de l'indulgence qui leur est acquise. En voyage, je sais que je bénéficie souvent d'une réelle tolérance de la part des personnes que je rencontre, car elles considèrent que je ne connais pas leur culture.

Si je suis effectivement ignorante, je connais cependant l'existence de cette marge de manœuvre et, bénéficiant de cet espace de liberté qui m'est offert, je peux poser des questions ou agir d'une manière dont je n'aurais pas usé en France. Je me glisse alors dans la peau d'un enfant et je peux demander, par exemple, si je sens que c'est possible, qui est la personne qui se trouve sur une photo affichée dans le salon, là où je n'aurais pas osé le faire dans mon pays.

En pratique, cela n'apparaît pas tellement choquant dès lors que cette marge de manœuvre est tacite. Cela a même des conséquences plutôt bénéfiques, en général, car cette zone d'innocence n'est pas seulement octroyée, elle est partagée. Elle est une aération aussi, car dans l'urgence de la rencontre, nous avons besoin de sujets de conversation pour communiquer. D'ailleurs, si la petite bourse de mon rêve est moins belle, elle est cependant emplie des menus objets indispensables au voyage, sous une forme rudimentaire, mais tangible.

9 mai 2006
Un fantôme sur la route

De Breisach à Freibourg, un ruban d'asphalte dédié aux cyclistes s'étire sur près de trente kilomètres le long de la route. Ce chemin permet de rallier les villes sans crainte des voitures. En revanche, il me fait passer huit heures d'affilée sur le macadam, en compagnie de leur perpétuel rugissement. Une pluie insidieuse soustrayant encore un peu de gaieté à cette étrange journée. Je vois de part et d'autre de ma route la Forêt-Noire sans arriver à me détacher de l'hypnotique ruban goudronné. Habituellement, en enfant terrible, je m'en vais vers l'endroit qui me fascine. Je renonce rarement à accomplir une chose désirable, si j'en suis capable, enseignement que mon grand-père a pris soin de m'inculquer lorsque j'étais enfant.

Tout à ma réflexion, tambourinant le bitume de mon bâton, je m'aperçois que je suis suivie par un oiseau noir. Ainsi fait-il plusieurs centaines de mètres, en volant à travers les airs avec une vélocité fascinante. Cette complicité avec l'étrange volatile a duré près d'une demi-heure, réveillant en moi de secrètes aspirations à trouver sur la route un compagnon de route animal. Encore un rêve d'enfant sans doute. Mais l'oiseau cesse son jeu et me laisse à ma course.

Je soupire et remets un pas devant l'autre, jusqu'à apercevoir au loin un autre genre d'oiseau : une silhouette sombre marche d'une allure inhabituelle à ma rencontre. Plissant les yeux, je remarque qu'il traîne derrière lui une espèce de petite carriole. Il avance encore ; c'est un homme buriné, mal rasé, qui porte les stigmates du vagabondage, et me regarde avec acuité. Tout en lui m'évoque soudainement le héros d'une nouvelle que j'ai écrite avant mon départ, Daddy-longues-jambes, et j'ai le sentiment que l'homme a quitté le papier de ma fiction pour entrer dans le monde avec le besoin impérieux de me dire quelque chose que je ne suis pas prête à entendre : j'ai peur.

Cette nouvelle narre la rencontre entre un pèlerin de Compostelle et un vagabond parti depuis des années pour retrouver sa fillette et tenter de devenir un meilleur père. Les traits du marcheur sont si proches de la vision à laquelle je m'accrochais pour faire la description de mon héros que mon comportement me surprend : à l'approche de la silhouette familière, je continue mon chemin d'un pas identique, sans ralentir ; au moment où nous pourrions nous arrêter pour converser, je hoche la tête poliment, mais vigoureusement, et dis « *Guten Tag* » d'une manière définitive, sans m'arrêter. J'ai le regard fuyant lorsque nous nous croisons et je le vois sourire, un peu moqueur : il a compris.

Je continue de mon pas alerte, le cœur pris en étau. Une centaine de mètres plus loin, j'ai envie de me retourner sans l'oser, avec le sentiment bizarre de m'être soustraite à un cadeau de la providence, qu'il y a eu une brèche entre le monde réel et la fiction que j'ai refusée. À cela s'est ajoutée la crainte de ressembler à cet homme, d'avoir franchi le pas fatidique aux yeux des autres : passer de voyageur à vagabond.

Vagabond, voyageur, errant, pèlerin… Rien ne nous distingue vraiment les uns des autres, sauf le fait d'avoir un projet accepté socialement. Il faudrait forcément être utile.

Dans les yeux de cet homme, j'ai vu un éclat familier, celui du désir de liberté poussé jusqu'à l'aliénation. J'ai peur du pas de trop irréversible qui pourrait me faire quitter le groupe et les miens pour entrer dans une quête connue de moi seule, impartageable. N'est-ce pas ce qu'on peut appeler la folie ? Lorsque je dis que j'ai vu cet éclat, comment savoir si ce n'est pas une projection ?

Lorsque, le soir, exténuée, j'arrive à Freiburg, je reste durant quelques secondes suffoquée par ses dimensions et par le bruit discordant des voitures et des camions. Je passe distraitement la cathédrale, le Münster de la ville, gardant en tête sans arriver à m'en défaire, la dégaine familière de mon fantôme : j'aurais aimé savoir qui il était. J'ai refusé le contact avec cet homme alors que mon voyage me porte à la rencontre d'autrui – j'ai un regret, alors, qui, je pense, a posé certaines interrogations vis-à-vis de l'objet réel de cette longue équipée.

Vingt-troisième nuit. Dans un garage secret se trouve rassemblé un groupe de résistants, dont je fais partie. Le meneur, Morpheus, nous expose l'objet de notre conjuration devant une table sur laquelle gît un amas d'intestins orange vif, gigantesques, qui, j'en suis sûre, appartenait pourtant à un homme autrefois. Ils sont même la représentation intrinsèque de cet homme. Nous savons que ces intestins sont dangereux, qu'ils peuvent contaminer les gens en les transformant en morts vivants. « Quelque chose pousse d'abord au bout du crâne, raconte notre meneur, et la transformation se fait immédiatement. » Subitement, les intestins sur la table enflent en constituant des formes cubiques. Morpheus continue de parler sans s'apercevoir du phénomène. Je m'inquiète. Tout d'un coup, j'aperçois avec horreur que quelque chose enfle en haut de son crâne. Une bosse colossale s'élève en noircissant. Je m'enfuis à toutes jambes, à l'extérieur, et me retrouve sur un grand ter-

rain vague. C'est la nuit, et je ne vois pas surgir une femme brune qui me mord. Je suis étonnée de ne pas souffrir. Je suis même surprise de constater que la « zombification » ne me change pas vraiment.

12 mai 2006
L'éblouissement de Stühlingen

La pluie cesse enfin. Je traverse l'Allemagne depuis une semaine et les gouttes d'eau tombent en multitude, insidieuses. Après la forêt Noire apparaît la forêt Verte, et je file toujours comme si j'étais poursuivie, les yeux tournés vers l'Orient. Ce jour-là, je me trouve dans un état d'esprit vigilant ponctué de plusieurs sensations de déjà-vu et de rencontres avec des daims, des chevreuils et une biche. Leurs bonds gracieux égayent ma marche avant d'arriver à la petite ville frontalière de Stühlingen.

Ayant trouvé une pension favorable à mon sommeil, je descends une ruelle à la recherche d'une épicerie où dénicher de quoi dîner. L'heure est au crépuscule et je me sens drainée jusqu'au seuil de ce lieu blanc où m'a menée la fatigue physique.

Le sol de la rue est pavé. J'aperçois devant moi le clocher de l'église, surmontant les forêts des biches traversées durant l'après-midi. De grands arbres verts forment une voûte végétale. Ils semblent respirer. J'écarquille les yeux en retenant ma respiration, le cœur battant. Les arbres « se précisent » dans la matière. Ils sont devenus plus réels. Je crois discerner alors dans le rassemblement d'arbres comme le bras d'un géant végétal, puis son dos.

Je continue de marcher sans oser penser, de peur que le sentiment se dissipe. Il me semble alors que la forêt, et même davantage, la terre, est un grand corps très vieux et fragile. Le moment est suspendu, s'étirant dans une douceur indéfinissable. Je marche plusieurs mètres en retenant ce fragile instant, avant que la vision ne s'étiole.

Voilà.

Je ne sais pas reproduire ces émotions, je sais juste parfois les reconnaître. Fondamentalement, si je pars pour ces voyages au long cours, c'est en premier lieu pour vivre ces moments-là. J'aspire à savoir reconnaître ces trésors en toute chose de la vie. Le voyage est le laboratoire de cet apprentissage. Je ne suis qu'au début de ce long chemin.

Cela a trait à la perméabilité entre ma peau et ce monde. Je tente d'amincir tant que je peux l'épiderme épais qui m'entoure pour que le passage ait lieu. Cela a des conséquences, bien sûr, car cet idéal est difficile à mettre en place dans le monde des hommes : il suppose d'être nue. Mes amis me disent que je dois pouvoir être capable de me protéger davantage, de pouvoir me mettre dans une bulle. Je leur rétorque que si je me mets dans une bulle, je ne pourrai plus embrasser le monde comme je le fais. C'est l'une des questions cruciales de ce voyage. Quels sont les vases communiquant entre le conscient et l'inconscient ? L'intérieur et l'extérieur ? Entre ma personne et ce monde ?

L'état d'esprit si particulier nécessaire à la révélation de ces visions n'est pas simple à reproduire. Mais, trésors rares disséminés sur mon chemin, ils me changent au plus profond de ma substance. Depuis cette vision de Stühlingen, je suis émue par le triste état de la terre des champs, ses sols exténués par la surexploitation.

13-16 mai 2006
Danser entre Allemagne et Suisse

Les piétons n'ont droit qu'à un mince trottoir pour passer la frontière germano-suisse à Stühlingen, ainsi qu'à un bref coup d'œil désabusé du douanier.

Pendant plusieurs jours, des montagnes vertes et blanches laissent entrevoir des alpages peuplés de vaches sereines, pas curieuses. L'air est limpide et je reçois quelques sourires furtifs, mais si peu…

Dès mon premier soir en Suisse, après être allée à la source du Rhin observer les eaux mouvantes à Schaffhouse, dans une cohue de touristes, je décide de longer le fleuve. Et surtout, à l'évidence, ma dégaine déplaît dans le coin, de quoi me donner envie chaque soir de trouver moyen de passer le Rhin pour trouver un hébergement du côté allemand, dont les tarifs sont par ailleurs plus accessibles à ma bourse.

Cette espèce de danse agile qui me fait alors traverser deux fois par jour la frontière est un pied de nez aux lignes imaginaires segmentant les pays de ce monde. En fait, elle est même davantage que cela, plutôt une provocation faite aux limites que j'avais placées dans ma tête.

Le Rhin, compagnon de ces journées ni vraiment allemandes, ni vraiment suisses, va dans le même sens que celui de ma marche, encourageant un sentiment de fraternité très vif. Les fleuves tout comme les rivières ont une autre vertu non négligeable : ils permettent, lorsqu'on les longe, d'être certain de la direction.

Vingt-septième nuit. Je me trouve dans l'espace, sur une station orbitale ou un vaisseau, au plus profond de la galaxie. Nous sommes une équipe aux commandes. Par un hublot, nous voyons un trou spatio-temporel, tourbillon de couleur violette. Il faut y aller, mais cela nous fait peur, car c'est très dangereux. Le plus fougueux d'entre nous, un jeune type musclé aux cheveux courts, s'élance, « nu », dans sa simple tenue de cosmonaute. Je l'attends, inquiète. [...] Il est question d'un voyage d'hommes perchés sur des cerfs-volants. Quelqu'un affirme l'impossibilité de la chose, mais je vois dans une prairie un homme en costume médiéval grandeur nature avec un casque noir de chevalier teutonique, se hisser sur un cerf-volant, tenu par une corde. J'en vois deux, même. L'un d'eux a attaché sa corde à un wagonnet sur rails qui se met à filer droit vers un tunnel et s'écrase contre un mur !

17-24 mai 2006
Lorsque la neige fond au Tyrol autrichien

Après deux jours en compagnie de Nicole, rencontrée deux ans auparavant sur le chemin de Compostelle, j'arrive à Bregenz, pointe du lac de Constance, dans d'excellentes dispositions, apercevant mi-inquiète mi-euphorique, les crêtes escarpées annonçant le Tyrol. À mon grand étonnement, la jeunesse autrichienne crie ce soir-là pendant deux heures devant l'écran géant placé par les animateurs de l'auberge où j'ai posé mon sac. Moi qui suis si loin de la médiatisation du sport, je comprends rapidement à Bregenz que je suis partie pour faire un voyage ponctué de hurlements de joie ou de dépit. Promesse d'une aventure parallèle étonnante, la coupe du monde de football est pourtant à deux mois de la finale.

Je quitte la ville d'humeur terriblement maussade, malgré l'achat d'un nouvel ouvrage, *Plateforme* de Houellebecq, une rencontre littéraire elle aussi fortuite, qui me fait craindre de nombreuses irritations, ayant entendu des propos assez définitifs de l'auteur – « la religion la plus con, c'est quand même l'islam » – exactement le genre de propos qui m'avaient fait prendre la route.

Profitant d'un temps qui s'harmonise avec mon état d'esprit, prise en otage par des nuages gras et gris, le long d'une nationale battue par la pluie, je me retrouve donc râlant jusqu'à Dornbirn. Face aux alpages du Tyrol, le lendemain, je m'aperçois que nous sommes en pleine fonte des neiges, ce qui a pour conséquence de rendre nombre de sentiers impraticables, mangés par des plaques de neige peu recommandables.

Mes sautes d'humeur cessent cependant en déjeunant dans le voisinage de rivières montagnardes. Citadine, je n'ai jamais cru qu'aucune intempérie puisse un jour arrêter mes pas, y compris face à une plaque de glace respectable – et pour cause, je n'avais jamais eu l'occasion de m'y confronter.

Hélas, alors que je bondis au-dessus des premières neiges et des ruissellements, il m'apparaît vite en posant le pied sur certaines plaques verglacées que je risque de déraper, happée soudain par la nature, pour me retrouver à coup sûr dans une longue boîte en bois, si je ne fais preuve de tempérance.

Je recule donc, face aux obstacles imprévus, mais ne peux me décider à faire machine arrière. Je quitte le chemin principal pour une piste mal délimitée qu'aucune balise montagnarde désormais ne ponctue. Et de là, marchant quelques heures, je vois mon mince sentier finir dans un contrefort pierreux, surplombant une vallée au creux de laquelle je peux apercevoir de lointaines maisons, grandes comme un demi-pouce. Poussant un grand soupir, découragée à l'idée de revenir sur mes pas, c'est sur les fesses et avec l'aide de mon bâton de marche que j'entreprends donc de dévaler les escarpements pentus qui s'effritent autant sous les doigts que sous les semelles.

Désemparée, je constate très vite à quel point je suis en train de faire une grosse bêtise. Alors que je me retrouve sur le point de tomber de haut, blottie contre la paroi qui ne cesse de partir en miettes, je tente de prendre mon caméscope pour laisser un message désolé à ma famille et à Yann, ce que je n'arrive même pas à faire, car je manque de tomber à chaque fois que je tente d'ouvrir mon sac. Pantelante, suspendue à mon bâton selon un équilibre qui m'échappe encore, je finis par dégringoler, abandonnant ma précieuse béquille dans les hauteurs, avec un regret furtif, mais gardant mon sac, qui me permet d'amortir le choc qui s'annonce.

Cette dégringolade de quelques mètres me projette sur un mince parapet où un peu de verdure me permet de m'agripper avec plus de fermeté que sur la rocaille. En dérapant encore plusieurs fois le long des versants escarpés sur mon fessier endolori, je finis par arriver – enfin – dans une ruine qui s'avère un refuge de montagne. Après avoir entrepris de le visiter, ne trouvant aucune couverture pour pouvoir me réchauffer la nuit venue sous la charpente vermoulue, je décide de quitter les lieux, me maudissant encore une fois de ne pas trouver un sentier menant à la vallée.

Quelques heures plus tard, cependant, le corps endolori et l'œil vitreux, j'arrive enfin aux limites annonçant un village du nom de Mellau, propre comme un sou neuf, inquiétant de salubrité. L'absence de pluie, consolante, fait de la bise qui circule dans la vallée une claque brève sur les joues.

Trente-troisième nuit. En pleine ville, j'échappe de peu à une bombe en flairant quelque chose d'anormal. En m'éloignant, plus tard, dans une rue, je vois une musulmane, fluette, recouverte d'un voile, qui rentre dans une 2 CV. La voiture fait un drôle de bruit au démarrage. C'est la nuit et je m'éloi-

gne rapidement à pied, par peur qu'elle soit piégée. Finalement, elle démarre sans encombre et s'en va.

Est-ce l'influence morbide du jeune tenancier du cybercafé de Landeck, deux jours auparavant ? Ce gros garçon au nez pincé avait laissé tomber, tandis que je pianotais sur le clavier de l'un des ordinateurs qu'il mettait à disposition pour surfer sur la toile :

— Quoi, tu veux aller en Turquie ? Mais pour quoi faire, ils sont tous ici ?

Et tout le mépris contenu dans sa phrase m'avait transie, me faisant répondre illico froidement :

— Je n'ai pas de problème avec les Turcs.

En affirmant cela, j'avais alors pris conscience à quel point cela se révélait faux : bien sûr que j'avais un problème, et c'était d'ailleurs la raison pour laquelle je voulais aller là-bas.

Pour éviter les incidents de montagne survenus juste avant Mellau, je ne prends à présent que les routes goudronnées. J'emprunte donc dès à présent des tunnels qui s'étirent parfois sur plusieurs kilomètres sous les montagnes ou dans les contreforts, ce qui n'est assurément pas conçu pour des piétons, me laissant sur le qui-vive, armée de la faible loupiote où le portrait de Yann sourit inlassablement.

Une nappe de brouillard ne cessant de me talonner de jour en jour, je m'attends chaque soir à voir mes vêtements fumer lorsque je les place sur le radiateur.

Trente-quatrième nuit : je me trouve dans une maison. Je sais que deux marmottes y sont séquestrées par des hommes. L'une d'elles me fait passer un message secret devant ses ravisseurs en me désignant une armoire. [...] Je me trouve dans un lieu où je ne devrais pas être. Les flics y font une descente. J'ai dans mon porte-monnaie des remises de chèques que je ne devrais pas avoir. Lorsque je me fais contrôler, j'en tends une sur laquelle est écrit l'un de mes poèmes. Les flics ont des consignes et doivent trouver des bergers allemands dans la maison. J'en fais échapper un en cachette, qui ressemble à un loup.

Trente-cinquième nuit. Battant la campagne avec mon père, nous découvrons un cadavre sanguinolent, méconnaissable, tant il a été lacéré : ses côtes sont apparentes à la manière de ce chat de Provins et ses pieds sont complètement écrabouillés. Il est clair que l'homme a été torturé. Papa déduit je ne sais comment que ce sont des amis du cadavre qui l'ont massacré. Cela m'évoque je ne sais pourquoi Arsène Lupin – d'ailleurs dans le rêve apparaît « L'île aux trente cercueils », illustré de mon père. Quelqu'un sonne. Prise d'un mauvais pressentiment, je pars chercher un pistolet de soldat allemand. Il est armé. J'hésite entre retirer ou non le cran de sécurité. Finalement je le retire. Papa discute avec un type, la cinquantaine, cheveux mi-longs et barbu, au sujet d'une réunion de copropriété.

Dans le second rêve, le chat mort de Provins refait son apparition sous la forme de cet homme. Je crois que je reste choquée de cette rencontre avec la putréfaction, car je pressens que ce chat a été battu à mort.

Les pieds écrasés de l'homme me rappellent qu'étant marcheuse, j'ai un usage des pieds assidu qui me fait en prendre soin par nécessité. Mon ongle incarné ne se résorbe toujours pas, mais ne me fait pas pour autant souffrir. Cependant viendra le moment où je ne pourrai plus marcher, ce qui, j'espère, arrivera le plus tard possible.

De journée grisâtre en journée sans sourire, désespérant d'y découvrir un tant soit peu de soleil, je finis par me demander si je ne me suis pas trop hâtée, si traverser la fonte des neiges ainsi n'était pas le signe d'une impatience ; je me sens triste de cette rencontre mitigée avec l'Autriche. Je termine d'ailleurs la lecture de *Plateforme*. J'admire la narration de cette histoire d'amour crue, mais la fin en forme de suicide xénophobe ressemble à une défaite.

24-26 mai 2006
Entrée en Italie :
les moyens de transport

En quittant la Via Claudia pour la nationale qui passe par la frontière jusqu'à San Valentino alla Muta, l'alternance entre des promontoires verdoyants sous le soleil et les ombres des monts me ramène le sourire : le soleil est revenu.

Dans une cahute de souvenirs pour le moins incongrue à cette frontière, je trouve un nouveau bâton télescopique pour remplacer mon bâton abandonné dans les hauteurs surmontant Mellau. J'accroche à mon sac une broche en bois représentant une coccinelle, que m'offre le vendeur. À défaut d'un volatile comme compagnon, j'aurai une coccinelle des bois, ce qui me causera moins de soucis pour la nourrir.

Les montagnes du Tyrol se dissipent tandis que, battant l'herbe des prairies, je vois reluire au loin un grand lac, au centre duquel se trouve immergé un clocher. À l'onirisme de cette vision s'ajoute la stupéfaction de réaliser que je suis face à un nouveau genre de beauté : le toit de l'église est roman. Sa sobriété du début de la Renaissance italienne tranche avec les édifices à entrelacs gothiques côtoyés ces jours derniers.

L'une de mes premières sensations en Italie est une forte émotion esthétique, et dans la journée qui suit, je ne peux m'empêcher d'être étonnée de découvrir dans chacun des villages traversés des édifices séculaires qui s'élèvent dans une palette de couleurs allant de l'ocre clair au rouge brique.

Je marche une petite heure de plus pour arriver à pied au centre du village de Göflah : il me devient indispensable de décrire à mon amoureux la beauté de l'Italie. Mais de cyber-café, point. Dans le bar populaire qu'un quincaillier pressé me désigne, des machines à sous clignotantes émettent des trilles pendant qu'un grand poste de télévision se déchaîne en images de ballons ronds, de foule hurlant d'une seule voix et d'athlètes ruisselants. Chaque fois que je lève les yeux vers l'écran scintillant, je ne sais trop si j'ai affaire à la retransmission d'un match ou à des publicités.

— On m'a dit qu'il y avait un poste pour aller sur Internet ici, dis-je en allemand au barman.

Ce dernier essuie un verre en se déhanchant, avant d'acquiescer :

— Il suffit juste que vous me donniez votre passeport ou votre carte d'identité.

Je le regarde, éberluée. J'ai laissé mon passeport dans ma chambre, à quarante minutes de marche de là.

— C'est la l..., ajoute-t-il en riant, avec ce quelque chose du garçon qui se trouve irrésistible.

— La « quoi » ?

— La l...

Je me gratte la tête. Je ne comprends pas ce mot.

— La législation, vous comprenez ? Depuis le 11 septembre. Pas de passeport, pas d'Internet.

Comme il continue de sourire, je crois qu'il me fait marcher et insiste :

— C'est une blague ?

— Non, je vous assure, continue-t-il, le sourire s'éternisant triomphalement sur les lèvres.

— Je viens de marcher huit heures d'affilée, plus une heure pour arriver jusqu'ici. Je n'ai pas mon passeport avec moi, il est dans ma chambre, dis-je d'une voix blanche.

— Oui, c'est stupide, c'est à cause du terrorisme, mais c'est la loi. Désolé.

— Ne le soyez pas, dis-je d'une voix si glaciale qu'elle lui ôte son sourire.

— Je suis désolée, répond-il avec un air sincère. Vraiment.

Je quitte les lieux avec un « au revoir » morne.

La frustration de ne pas pouvoir communiquer avec Yann devient intense. Ce pauvre barman vient d'en faire les frais. Je reviens sur mes pas dans un état de rage intérieure qu'aucune douce pensée ne parvient à dissiper : il me revient alors en mémoire la remarque qu'un collègue m'avait faite juste avant mon départ : « Moi, je ne pourrais pas partir seul pour un voyage aussi soutenu. » Comme il avait l'étoffe d'un garçon déterminé, je lui avais demandé de préciser sa pensée et il m'avait répondu : « J'ai peur d'éprouver trop de souffrance à ne pas pouvoir partager les moments forts avec quelqu'un au quotidien. Tu comprends ? »

J'avais hoché la tête négativement, perplexe. Je croyais avoir toujours voyagé seule, mais cela n'était pas tout à fait vrai, à y réfléchir. Oui, de manière générale, je partais seule, mais que ce soit en routarde ou sur le chemin de Compostelle, je cheminais la moitié du temps avec d'autres voyageurs. Je pouvais donc échanger mes émotions avec quelqu'un qui se trouvait tout à côté de moi.

Je venais de découvrir qu'il aurait peut-être fallu fermer à demi les paupières pour ne pas me laisser dépasser par la magnificence que je découvrais en Italie et qui devenait un petit poison dès lors qu'il n'était pas partagé, surtout avec l'homme de ma vie. Je ne croyais pas si bien dire, comme les jours suivants allaient le confirmer.

28 mai 2008
Perdre la tête dans les Dolomites

Des chaînes de hauts pics cernent un plateau coloré, irrigué par les chemins balisés. Un pèlerinage géologique draine une armée de marcheurs déterminés à visiter les pyramides de terre, un phénomène d'érosion auquel les sentiers du plateau mènent invariablement. L'air limpide est constellé de minuscules pétales et de pollens de fleurs, petit peuple regroupé en familles rousses, blanches et jaunes. Les montagnes sont constituées de roche d'origine marine, révélant subtilement le massif de corail qu'il était, des millions d'années plus tôt.

Si quelqu'un était là à l'instant présent, je ne saurais lui dire ce que je ressens avec la précision souhaitée. Et je me connais, soit je me tairais, soit les mots creux me trahiraient.

J'en ai la bouche sèche. D'ailleurs, je m'aperçois que je suis assoiffée. Ma bouteille est vide. Je presse donc le pas pour demander de l'eau aux abords d'un village.

Une grande bâtisse, au seuil de laquelle je discerne une silhouette menue, m'interpelle ; une enseigne solaire surplombe la porte, me rappelle le blason moderne du chemin de Compostelle : coquille stylisée, jaune sur fond bleu.

Lorsque j'arrive à quelques mètres du seuil, une vieille dame se tient seule dans mon champ visuel, habillée de manière un peu désuète, trahissant un décalage, une sorte de négligence. La dame s'est comme suspendue en se tournant vers moi, partagée entre son occupation initiale et mon arrivée. Elle n'est pas complètement présente. Elle m'observe avec une acuité tout aussi étrange, sans un geste, figée dans une telle raideur que je finis par me sentir décontenancée à l'extrême.

— *Guten Tag !* dis-je d'une voix mal assurée en montrant ma bouteille vide. *Ist es möglich ? Wasser ?* (Bonjour ! Est-ce possible ? De l'eau ?)

L'Italienne ne pipe pas mot et continue de me regarder d'un air éberlué. Je reprends avec un nœud dans la gorge :

— *Guten Tag Frau…* (Bonjour Madame…)

Je ne finis pas ma phrase. La vieille femme a fait un pas vers moi, en regardant mes mains. Pas ma bouteille. Mes mains. En portant le pouce à hauteur de mes lèvres, je signifie que je souhaite boire. Elle persiste à me fixer avec stupéfaction. Je répète avec une petite voix :

— *Wasser ?* (De l'eau ?)

Elle hoche la tête en baissant le front sans que j'y puisse discerner un « oui » ou un « non ». Puis elle se lance dans une diatribe en allemand que je peine à suivre tant les syllabes se bousculent dans sa bouche.

— Petite fille… je vivais dans le village juste en dessous… Il n'y avait pas autant de gens pour venir visiter les pyramides de terre… Les pyramides de terre n'étaient pas ainsi.

Je discerne quelques mots, quelques phrases que j'interprète ainsi : elle déplore le présent. Les allées et venues des gens ont changé cet endroit. Je hoche la tête en réponse, me concentrant pour aller au-delà de la barrière des mots, puisque je n'y comprends goutte. La vieille femme s'arrête quelques secondes et me regarde d'un air désespéré :

— *Verstehst du ?* (Comprends-tu ?)

— *Ja*, dis-je d'un ton indécis.

J'ai à peine répondu que ses yeux se remplissent d'une brillance pleine de détresse. Une nouvelle avalanche de mots dans sa langue maternelle sort de sa bouche :

— Les pyramides de terre ! Lorsque j'étais petite… Cela n'était pas comme maintenant. Tout a changé. Il n'y avait pas autant de touristes !

Son air désemparé m'ébranle et, en cet instant, tout mon être affirme ma présence. Elle a l'air encore plus horrifiée. Non pas prise de panique par ma faute, mais alarmée par quelque chose qui m'échappe complètement et que je tente de saisir avec urgence.

En un temps qui me semble infini, elle réitère son monologue encore et encore. J'essaie en vain de désamorcer la boucle des mots.

Enfin, une évidence m'apparaît : les mots qui se bousculent dans sa gorge racontent une anecdote de son enfance, mais ce ne sont pas les mots qu'elle souhaiterait voir quitter ses lèvres. Elle s'entend elle-même dire quelque chose de différent de ce qu'elle désire profondément. Elle s'en désespère, jusqu'à atteindre une souffrance aiguë.

Peut-être. Qu'importe.

Elle a dû percevoir quelque chose sur mon visage, son regard implorant s'apaise un peu. Elle prend ma main. Je retiens la sienne dans la mienne. Puis elle part, sans mot dire, comme si rien ne s'était vraiment passé, à la façon d'une enfant qui s'échappe.

Pourtant je n'ai pas rêvé. Je ne sais plus quoi penser. En attendant, j'ai toujours soif.

Cette rencontre change ma perception de ce que je pressens de la limite des mots. La parole est une seconde nature pour moi, comme pour la plupart des gens. J'utilise les mots sans réfléchir, sans être consciente qu'ils sont des outils. Je continue d'acquérir de nouveaux mots et, lorsqu'ils sont entrés dans mon champ lexical, je ne pense même plus à leur valeur instrumentale. Pourtant, perdre la capacité d'expression verbale tout en étant très lucide et conscient de ce qu'on veut dire me terrifie.

Je suis convaincue que la raison pour laquelle j'écris depuis que je suis enfant est que je ne « sais » pas parler. Je me désespère souvent de ne pas avoir les outils-mots pour dire les choses comme je l'entends. J'ai souvent le sentiment de n'être pas capable d'exprimer ma pensée, ce qui me plonge dans un désarroi subtil. Lorsque, au contraire, il me semble avoir trouvé le mot juste, alors je me sens vivante, pleinement.

Et c'est la raison pour laquelle cette vieille Italienne m'émeut tant : je vois un miroir en elle. Il me semble comprendre sa détresse pour la vivre moi-même à un niveau moins douloureux.

30 mai-5 juin 2006
Aimantée par Venise

Comme je m'ennuie vite sur la piste cyclable qui suit la rivière de l'Adige, je marche à présent sur un ancien chemin de grosses pierres claires cernées de ronces et d'orties envahissantes que je ne cesse de battre de mon bâton. Un large serpent noir écailleux, aussitôt qu'il me voit, *pfft*, disparaît entre les fissures formées par les antiques pavés. Quelques mètres plus tard, *pfft*, de nouveau, cette fois de part et d'autre du sentier. Peu rassurée, je tape du bâton sur le sol avec vivacité. La végétation opacifiant le chemin, je crains un peu de marcher sur une bête trop alanguie.

Un peu plus tard encore, je surprends une famille de cinq ou six serpents lovés les uns contre les autres en entrelacs mystérieux. Affolés, ils s'évanouissent eux aussi dans les aspérités.

Je quitte l'Adige pour retrouver la Brenta, cette compagne du même nom que le massif qui l'entoure. Les petites montagnes de roches roses sont enveloppées d'un fin manteau de végétation de boucles vertes. Le relief qu'elles dessinent est si éprouvant au marcheur, qu'après avoir arpenté des vignobles en terrasses et une ancienne route du tabac pour m'éloigner de la nationale assourdissante, me reviennent des souvenirs d'antiquité romaine.

Des spectres de légionnaires avancent dans la vallée, sous un soleil blanc, tandis que j'écoute en boucle un morceau atmosphérique de Pink Floyd – « que la lumière soit sur toi, diamant fou » – le cœur serré de vagabonder avec des fantômes épuisés, pauvres hères émouvants, avec leurs ampoules et la salive séchée sur les lèvres.

Et un désir puissant de lire un jour les *Mémoires d'Hadrien*, de Marguerite Yourcenar, me fait hâter le pas, alors que je n'en ai jamais lu une ligne, ne connais pas même le sujet, sauf la période historique dans laquelle le récit s'inscrit.

Le massif de la Brenta m'accompagne, puis je le vois s'étioler à Bassano del Grappa. Apercevoir la fin de ces montagnes me fascine. Leur gabarit rude s'affaiblit en quelques kilomètres pour venir s'aplanir et laisser apercevoir l'horizon. C'est la première fois de ma vie que je ressens une telle étrangeté. Cela crée quelque chose d'indescriptible dans ma tête. Une joie. Comme si j'aplanissais symboliquement les aspérités de mon esprit. En revanche la marche devient un peu morne et la conduite des voitures, sportive.

Stupéfiée par le pont médiéval de Bassano del Grappa, je dois faire une halte imprévue. Je tombe soudain malade, la seule fois de mon voyage, et vis l'errance dans cette ville le cœur en arc-en-ciel, dans une transe qui me fait avancer sur les pavés de la vieille ville comme un spectre vaporeux mais heureux.

La mer, au loin, apparaît, comme une raie scintillante. Je presse le pas, le cœur battant, et arrive à une jetée, face à l'étendue immense où se mêle dans le ciel et la mer, du bleu et du gris. Je pense : « Mon Dieu, je suis allée à Venise à pied. »

Du 5-11 juin 2006
Venise et le corps de l'amour

Lorsque je suis en voyage, je m'enveloppe parfois dans la puissance des symboles, comme dans un manteau qui me protège de la crudité du monde. Arriver à Venise ainsi me fait gagner en force. Et la cité vénitienne est davantage que ce que je m'étais permis d'en imaginer, ce qui n'avait rien de difficile, puisqu'à force d'en entendre des descriptions affadies par les mots malhabiles et les mauvaises photographies bon marché, je n'avais jamais rêvé auparavant d'y mettre les pieds.

Je ne connais pas plus bel étonnement de voyage que découvrir un lieu stupéfiant sans l'avoir prévu : je partage avec bien des voyageurs une certaine tendance à souhaiter confirmer que la destination choisie est aussi belle que ce qu'il en est dit. Il est rare de tomber sur les pyramides égyptiennes par hasard.

Cliché ? Qu'importe : mon amoureux m'a rejointe à Venise. Cela fait six ans que se construit notre histoire d'amour. Je suis partie prenante des aventures de Yann comme il est partie prenante des miennes.

Lui comme moi ne savons pas à quel point, tout au long de ces sept mois, certaines questions qui lui seront posées quant à la réalité de notre relation se répéteront. Mon compagnon aura à s'expliquer sur le fait que je sois absente. Il lui sera susurré plusieurs fois qu'il a tort de croire à mon amour. Combien de fois ne lui est-il pas dit : « Et tu n'es pas inquiet pour elle » ? Bien sûr que oui, il est inquiet, mais la vie est ainsi faite.

De mon côté, j'apercevrai de temps à autre quelques regards horrifiés, le plus souvent, circonspects. Cependant, je ne ressens pas de difficulté à répondre à l'accusation muette qui m'est alors opposée – « Tu es une femme égoïste qui abandonne son homme au pays » : « J'ai de la chance d'avoir un homme qui m'aime. »

Quelques amis m'avaient cependant avertie avec bonté : « Ne laisse pas Yann trop longtemps seul, tu sais, il va être triste. » Curieusement, il me semble n'avoir jamais laissé Yann seul. J'ai toujours eu le sentiment que nous étions puissamment connectés. Bien sûr, j'étais toujours très heureuse de le voir. Nos étreintes nous manquaient.

Cinquante-quatrième nuit. Je suis dans une maison de campagne en vieilles pierres avec Isabelle. Elle me presse au sujet du voyage, pour déterminer notre itinéraire jusqu'à Jérusalem. Elle veut que nous partions de France ensemble et que nous passions par le Sud. Sur notre carte cela suppose de passer par l'Algérie qui s'avère avoir une frontière terrestre commune. Je constate que la mer Méditerranée n'existe pas.

Jusqu'au bout, arrivée même à Jérusalem, je rêve de frontières communes entre des pays lointains. Par exemple, je me retrouve confuse face à une histoire de cartes géographiques où l'Australie est collée aux États-Unis. J'essaie de tracer un chemin qui aille en Nouvelle-Zélande. Plusieurs fois, une géographie imaginaire hante mes songes, sans m'étonner plus que cela. Lorsque j'y déploie des cartes, je constate la proximité immédiate de pays habituellement situés à des milliers de kilomètres l'un de l'autre. Et j'éprouve même du contentement à l'idée que je puisse passer de l'un à l'autre à pied, sans la nécessité de trouver un bateau ou un avion.

Yann m'a ramené un livre que Catherine m'avait offert pour le voyage, *Ecce Homo* de Nietzsche. Dans ce court essai triomphant, le philosophe décrit son aspiration à devenir aussi cristallin qu'un diamant. Jusqu'à la folie. Aussi, lorsque j'apprends peu après que l'auteur a sombré dans la démence quelques mois après l'écriture de cette première autobiographie philosophique, je reste troublée par la somme de risques que cet aventurier de l'écriture et de la pensée a dû courir jusqu'à peut-être faire le pas de trop, irréversible. Les titres des chapitres, « Pourquoi je suis si sage », « Pourquoi j'écris de si bons livres » ou « Pourquoi je suis un destin » prêteraient à rire si le contenu n'en était pas incandescent de royauté et de bouffonnerie. Le format minuscule d'*Ecce Homo* le rend idéal pour le voyage : je peux le mettre dans la doublure de mon pantalon.

Pendant trois jours, nous déambulons en amoureux, Yann et moi, dans les ruelles vénitiennes. J'ai troqué mes habits de voyage contre une petite tenue noire, un chapeau et des nu-pieds. Lorsqu'il me rejoint à Venise, Jérôme, réalisateur de films d'animation et ami de longue date, en sourit, lui qui comme tous mes intimes n'a pas l'habitude de me voir autrement qu'en pantalon, tee-shirt et grosses godasses. Nous partageons ce chemin sept jours durant.

Dans un premier temps, nous traversons de grandes plages bondées, passant en ovnis ahuris et miteux avec nos sacs de voyage qui nous font ressembler à des tortues malhabiles, aux antipodes des gens en maillot de bain dont les corps dévoilés sont rangés sous l'étendard du sexy et du glamour.

Jérôme me raille affectueusement plus d'une fois quant à la vie coquette que nous menons alors, jouant au billard, faisant une partie de palet ou de jeux vidéo, trinquant à la vie dans les cafés... Nous défaisons à deux des hordes de zombis avec des pistolets en plastique dans une grande salle de jeux vidéo pleine de cris et de lumières clignotantes.

Le soir, je porte cependant la petite jupe noire et les tongues recouvertes de strass, ce qui donne à Jérôme l'idée de dessiner un croquis propice à démystifier ce fameux romantisme de voyage. Lorsque mon ami envoie sur le blog un billet très personnel à ce sujet avec ledit dessin, cela lui vaut quelques réactions énervées à son encontre : il vient de casser leur beau rêve et moi, de me délivrer d'un genre de poids dont je n'ai pas besoin pour mener à bien ce voyage.

DEUXIÈME PARTIE

DÉCOUVERTE D'UNE DOUCE MÉLANCOLIE

EUROPE DE L'EST

16 juin 2006
Les spectres de la Yougoslavie

Il m'a suffi de quitter Monfalcone et la mer pour me retrouver sur des chemins de buissons odorants et de fleurs pourpres… Rocs et pommes de pin ont la même couleur beige au-dessus desquels volettent des papillons orange mouchetés de noir.

L'endroit que j'ai choisi pour passer en Slovénie est un petit poste frontière. Deux Italiens en tenue officielle discutent entre eux. J'ai l'impression que ce sont les premiers douaniers que j'aperçois vraiment depuis le début de ce voyage. Ils s'arrêtent soudain en me voyant arriver et font des commentaires admiratifs sur les tampons qu'ils examinent attentivement dans mon passeport. Puis ils continuent la discussion en m'offrant du jus de fruit :

— Alors tu vas en Slovénie ? fait le plus jeune avec une moue amusée.

— Oui.

Je suis un peu ébranlée par sa question – après tout, je suis en train de passer la frontière.

— Pourquoi ? reprend-il. Ici, les gens sont braves, mais tu sais, à côté, nos voisins… Ils ne sont pas très bien dans leur tête.

— Qu'y a-t-il ? dis-je, un peu inquiète.

— Les Slovènes, ce ne sont pas des gens comme en Italie. Ils sont compliqués... froids... pas aussi bien qu'ici.

Lorsque je les salue pour reprendre ma route, tout en sachant qu'ils ont joué un peu aux séducteurs avec moi, je ne suis plus pour autant rassurée. La raison en est simple : la Slovénie appartient à un ensemble qui me semble abstrait. Je suis déjà allée en Italie auparavant. Au-delà, c'est l'inconnu. Et entrer en ex-Yougoslavie est troublant, déclenchant des réminiscences d'informations télévisées sur la guerre dans les Balkans, lorsque j'étais adolescente et que tout cela semblait si insensé. Je me souviens encore de ma mère qui me disait qu'une guerre terrible avait lieu.

J'avais alors assimilé la guerre en Yougoslavie à la chute de Ceaucescu en Roumanie. Milosevic et le dictateur roumain avaient dans mon esprit un visage à peu près similaire, surmontant un cou épais. Une mythologie moderne mêlant ogres, boue, staccatos de mitraillettes, ruines de Sarajevo et photoreporters assassinés, m'est tout d'un coup revenu lors de mes premiers pas en terre slovène. Tandis que je laisse dans mon dos le poste frontière, des images grises de béton éclaté et de sang séché alternent avec des visions de snipers à l'affût et de femmes en larmes.

Cependant, au gris de ces visions d'enfant répondent des tons d'une toute autre sorte. Je me retrouve à présent en face de forêts ponctuées de clairières vert tendre et de champs entourés de murs de pierres blanches. Le soleil slovène cuit ma route, de quoi balayer l'inquiétude que ces douaniers m'ont distillée.

Mais la première construction humaine que je croise est une station-service désaffectée, aux vitres brisées, rongée par la rouille et à la peinture écaillée. Portes et baies sont obturées par de la ferraille et du bois : j'ai l'impression d'être dans l'un de mes rêves, dans un monde dévasté par la guerre nucléaire.

Quelques mètres plus loin apparaît un petit village où je fais la rencontre de deux hommes taciturnes à l'allure rustre. Le second, à qui je demande de l'eau en présentant timidement ma bouteille, m'observe droit dans les yeux du haut de son balcon puis continue de fumer, sans un mot. Je me demande, en quittant le village, si le contact avec la Slovénie va me plaire. Je ne connais rien de ce pays, sauf son entrée dans l'Union européenne le 1er mai 2004 et le nom de sa capitale : Ljubljana.

Enfin, j'arrive à Komen, village qui respire la douceur et la convivialité. Une supérette me permet même de me ravitailler ! J'observe attentivement ces fameuses petites différences qui peuvent en dire long sur un pays.

Par exemple, les produits alimentaires, en comparaison avec les pays précédemment traversés, présentent moins de variété sur les fruits et les légumes frais. Beaucoup de portions sont vendues à l'unité : petits pâtés divers, beurre, confiture, ce qui est très pratique, me concernant, mais indique peut-être que le niveau de vie des Slovènes est inférieur à celui des Français, des Allemands ou des Italiens.

Passant ainsi quarante minutes à éplucher les rayons des yeux, je n'aperçois pas les regards des caissières qui s'attardent sur ma silhouette fantasque avec perplexité. Le pays étant en pleine transition entre tolar et euro, il m'est aisé de pouvoir payer ma première pitance slovène.

À la jeune caissière qui continue de m'observer, je demande avec force gestes où je puis dormir. Elle n'en a aucune idée. Plus timide qu'à mon habitude, je n'ose trop demander aux Slovènes qui traversent les rues. Une barmaid lasse m'indique la direction d'une bâtisse. Mais arrivée devant l'enseigne de néons roses, il me faut me rendre à l'évidence : je ne suis pas au bon endroit.

J'entre malgré tout et me retrouve donc dans un club feutré d'hommes et d'hôtesses. Incrédules, nous nous observons les uns les autres. Je finis par m'avancer vers le zinc et m'adresse au jeune homme en veston qui verse de l'alcool dans des verres à pied. Il me demande aimablement en anglais s'il peut m'aider. Lorsque je lui dis que je cherche un hébergement, il montre les alentours plongés dans une lumière tamisée :

— Je ne crois pas que c'est ce genre d'ambiance que tu recherches.

— Non, effectivement.

— Je ne peux pas t'aider, désolé.

Il m'arrive de temps à autre de tomber fortuitement dans des hôtels de passe, lorsque je suis en route, ce qui peut sembler relever du gag. La rencontre inattendue entre les hôtesses ou les prostituées et ma propre personne échevelée, des dizaines de kilomètres dans les pieds, crée toujours ce petit moment de perplexité de part et d'autre.

Parfois, de passage dans certaines forêts ou sur des routes, je croise des femmes aux vêtements suggestifs, dont le sac à main ne trompe pas, ni le maquillage. Les signes visuels de la prostitution sont globalement les mêmes partout en Europe.

17-18 juin 2006
Courir les forêts slovènes

Une jeune femme de Plickovica m'ayant vanté la douceur de Ljubljana, je décide de changer d'itinéraire, ajoutant plus de cent kilomètres à mon chemin. Je la prie par ailleurs de me traduire en Slovène une brève présentation de ma démarche pour éviter de futurs malentendus.

Des pèlerins m'avaient déjà parlé de l'usage qu'ils faisaient de ces lettres de présentation. Partir avec des traductions réalisées en avance semble être coutumier, mais comme pour les cartes, je n'avais aucune envie, inconsciemment, de prendre ces bouts de papier avec moi. J'ai préféré attendre d'en avoir l'utilité et trouver un moyen de me faire aider. Comme je parlais allemand, jusqu'à Bolzano, je n'en ai eu nul besoin. En revanche, j'ai commencé à en ressentir le manque jusqu'à Monfalcone. Est-ce parce que la langue italienne est si voisine de la langue française que j'ai également eu la paresse de ne pas apprendre quelques rudiments, sauf bonjour, merci, au revoir !

Durant trois jours, je parcours quotidiennement entre quarante et quarante-cinq kilomètres dans un état d'incertitude qui m'oblige parfois à faire demi-tour ou à réaliser des boucles inopinées. Compensant la longueur de ces trajets, les paysages ont tout pour me séduire. Mais surtout, les chemins ne sont alors plus franchement nécessaires, et il devient possible de traverser les forêts clairsemées à la boussole – et de se perdre à nouveau délicieusement, surprenant un daim ou une biche.

Stanjel. Slap. Les noms des villages où je trouve un lit le soir claquent. La coupe de football bat son plein : impossible de se tourner vers un écran de télévision sans apercevoir un gazon sponsorisé. Les villages, surmontant des vallons, sont visibles dans le lointain avec leurs toits roux, miettes de briques éparpillées dans le vert des forêts omniprésentes. Lorsque les vallons font place aux montagnes, des cubes de couleurs vives, bleus, rouges et verts, entreposés les uns sur les autres, ponctuent les bois avec un bourdonnement inspirant la prudence : nous sommes en pays de ruches, prélude aux Balkans.

Un trou de mon chemisier, sur l'épaule, à l'endroit où frotte la lanière de mon sac, s'agrandit de jour en jour jusqu'à m'obliger à mettre mon chèche par-dessus pour éviter de créer une réticence chez mes interlocuteurs, qui m'offrent des poignées de cerises, du jus de fruit et des gâteaux.

Comme il est fascinant d'assister au vieillissement des objets ainsi, de les voir aller jusqu'au bout d'eux-mêmes ! J'ai le sentiment qu'ils retournent jour après jour à la terre qui reprend ainsi son dû, la fibre cassée par le soleil. Et ce faisant, j'ai le sentiment de remplir un certain pacte avec la nature, me défaisant par la même occasion des oripeaux sociaux dans un désir de dépouillement dont je ne connais ni les tenants ni les aboutissants.

Soixante-deuxième nuit. Je me trouve dans une fête foraine, au sein de laquelle déambule tout un peuple. Apercevant un joli chaton, gros comme la moitié du pouce, j'essaie de l'attraper, tandis qu'il caracole gaiement. Mais il m'échappe en me glissant entre les doigts plusieurs fois d'affilée, malgré l'aide d'une personne dont je n'aperçois pas le visage. Finalement, le mini-chat disparaît. [...] Un grand et gros garçon brun se trouve présent lui aussi à la fête : petit-bourgeois gentil, il a des cheveux mi-longs, bouclés à la grecque et a mal aux genoux. Je lui dis qu'il faudrait qu'il aille à l'hôpital. Fuyant, il me répond que même s'il souffre beaucoup, il ne souhaite pas s'y rendre. Je lui dis alors : « Qu'est-ce que l'argent par rapport à la vie et la mort ? » Il est au bord des larmes. [...] Non loin de la fête, je me tiens sur un rempart, avec mon oncle. Nous observons deux garçons qui se baignent dans un lac chauffé par une centrale nucléaire. Un énorme robot métallique apparaît. Les garçons se sont hissés sur le quai de bois de l'étang. Ils ont alors les jambes ballantes, les laissant dans l'eau jusqu'au dernier moment, avant que le robot, à présent accompagné d'autres acolytes d'acier brillant, ne puisse les broyer. J'ai eu très peur pour l'un d'eux.

18 juin 2006
Un beau chemisier violet

J'étouffe sous le soleil dominical. Le cours de la rivière Vipava se faufile parmi les champs et grossit toujours davantage, m'ôtant très vite la possibilité de rejoindre le bon côté du rivage. Je me décide donc de la traverser à gué, en maillot de bain, le sac perché sur mon front.

Avançant pas à pas dans l'ondée, je m'aperçois vite que le courant est plus fort que je ne le pensais et que les pierres où je pose mes pieds sont, au choix, glissantes de vase ou coupantes. Me rhabillant avec une raillerie intérieure, je cherche donc un pont ou un guet, trouve finalement quelques pierres plates et sèches sur lesquelles bondir, pour arriver, une heure plus tard, au pied de grandes montagnes, au village de Butanje.

En demandant de l'eau à l'un de ses habitants, un grand gaillard aux yeux clairs et aux cheveux noirs, celui-ci me convie au déjeuner dominical en compagnie de sa femme et de leurs trois enfants. Lui s'appelle Vania, sa femme, Maria.

Le trou immense de mon chemisier est habituellement dissimulé par l'une des bretelles de mon sac. Celui-ci déposé à terre, la déchirure apparaît dans toute sa splendeur, ce qui fait éclater de rire deux adolescentes de quatorze et seize ans et un petit garçon vif, puis leurs parents.

À la prière catholique qui précède le repas, dite par Vania, je vois les regards de toute la petite famille fixés sur moi. Les enfants rient sous cape en me regardant du coin de l'œil tandis que je marmonne une prière de mon cru pour me joindre à eux.

Après le repas, la petite famille tient à me donner une pile de tee-shirts et de chemisiers pour continuer ma route. Je prends un tee-shirt et opte pour un chemisier violet, qui, à coup sûr, m'éloignera définitivement de la catégorie « glamour » des femmes en voyage.

Me revoici en route sur l'asphalte qui sinue vers les montagnes. J'ai le cœur joyeux et me sens en excellente santé, loin de l'épuisement du début du voyage. En ce dimanche, hommes et femmes de tous âges ont le dos baissé entre les herbages, des foulards sur leurs fronts ou le crâne sous une rude casquette, besognant avec des faucilles, sous un soleil de plomb.

Je m'arrête un instant, les yeux fixés sur le dos blanc d'un garçon aux hanches luisantes, abattant la faux d'un geste sûr dans un champ pentu surplombant ma route.

La fulgurance de l'existence s'épanouit dans toute sa robustesse, dans tout son désir d'exister, jusqu'à la venue d'un couple de vieillards. Le garçon suspend son geste pour leur ouvrir les bras. Le vieil homme, la casquette en arrière, blottit contre lui son corps rabougri, ôtant à la silhouette de son fils l'éclat d'éternité dont je viens d'être témoin, mais apportant alors une douceur simple à cette vision. Je reprends ma route.

Plus tard, dans la direction du château troglodyte de Predjama, je perds ma montre, qu'un ami cher m'avait offerte pour mon départ et à laquelle, par conséquent, je tenais. Tant pis. Il serait vain de revenir sur mes pas. En perdant ma montre, me dis-je, je perds le fil du temps, mais je gagne quelque chose d'autrement plus précieux.

La veille, suite à la rencontre inopinée avec un jeune marcheur slovène marié à une Bosniaque, j'ai écrit à l'encre rouge dans mon carnet de rêves : « J'ai décidé aujourd'hui d'aller à Sarajevo. »

21-23 juin 2006
Une énergie européenne à Ljubljana

Ljubljana est une capitale de moins de trois cent mille habitants, lis-je dans une brochure de l'office du tourisme vantant la douceur de la capitale slovène. Dans une rue, une couronne d'épine christique répond à l'enseigne désuète d'un coiffeur et à l'affichage sauvage d'un personnage en ligne claire dessiné par un illustrateur underground de talent.

Le fondateur de Ljubljana serait Jason. Le Jason des Argonautes. Les armoiries de la ville comportent le dragon qu'il aurait vaincu à l'endroit de la fondation. Pendant mon séjour à Ljubljana, je croise plusieurs étudiants qui invitent les habitants à fêter l'indépendance. Les rues sont bordées de drapeaux. Mais, étonnée, je constate que je ne ressens aucune violence de la part de ce patriotisme. Est-il possible qu'un patriotisme de bon aloi puisse exister ?

Pour le moment, ce petit pays de deux millions d'habitants est le plus européen des pays que j'ai traversés. Les jeunes avec lesquels j'entre en contact adhèrent à l'idée d'Europe avec enthousiasme et énergie et je suis charmée de les entendre tous s'exprimer avec aisance dans plusieurs langues ! Autre surprise : je ne savais pas que la Slovénie était aussi prisée par les jeunes routards. Ma dégaine peu attrayante me vaut un léger mépris de leur part. Et le lendemain, ayant appris par je ne sais quel biais l'objet de mon voyage, ils se confondent alors en mots admiratifs, ce qui me déprime.

Au rayon d'ouvrages français d'une librairie internationale, où le choix est large, je me décide pour les *Mémoires d'Hadrien* de Yourcenar et *La Nausée* de Sartre. La porte de la librairie à peine franchie, je dévore la préface de Yourcenar. Voilà qui est nouveau. Avant, je ne lisais ni les notes, ni les préfaces des ouvrages. À présent, je savoure tous les mots d'un livre qui me tombe dans les mains. L'écriture de Yourcenar agit comme une drogue euphorique. Le voyage en décuple la force. J'ai donc le cœur battant, en lisant l'autobiographie imaginaire de cet empereur réputé amoureux des arts.

Mon ongle incarné se résorbe un peu, me laissant espérer que je vais pouvoir atteindre au moins Istanbul.

23-26 juin 2006
Cagnard slovène et eau bénite

Pour quitter Ljubljana agréablement, je suis les rails puis la Sava, fleuve reliant Ljubljana à Belgrade en passant par Zagreb.

Comme longer les fleuves, suivre la voie ferrée permet d'être sûre de ma route et d'éviter ainsi le goudron. Ces longues marches le long des rails obligent à trouver un rythme adéquat pour placer un pied après l'autre entre les traverses de bois ou de béton, un peu comme les enfants avec les bandes blanches des passages piétons.

À Novo Mesto, déserte sous l'ardeur du soleil et particulièrement oppressante, les boutiques étant fermées et n'apercevant pas âme qui vive, je suis entrée dans une petite église, tout aussi vide d'humains, pour profiter de l'ombre. La gorge sèche, je me sentais complètement déshydratée. Mon regard est alors tombé sur le bénitier. Un peu intimidée par le tabou que j'allais enfreindre, j'ai glissé ma bouteille en plastique dedans et l'ai remplie à moitié, puis j'ai bu avec soulagement en regardant à droite et à gauche. J'ai rempli la bouteille à nouveau pour continuer ma route. Qu'importent les doigts sales, qu'importent les règles étouffantes du sacré, j'ai éprouvé une libération qui m'a fait chantonner tout l'après-midi... À partir de ce moment-là, je n'ai plus hésité à réitérer le geste lorsque je n'avais pas le moyen de remplir ma bouteille.

Entre Novo Mesto et Otočec, je continue de rencontrer des familles slovènes, qui m'invitent à m'asseoir un moment, à partager des bols de myrtilles ou à boire en leur compagnie. Un fossoyeur et sa femme conversent avec moi dans un anglais impeccable. Les jeunes me parlent de leur goût de la marche et de la nature. Mais ce qui me marque alors le plus reste la lecture éperdue des *Mémoires d'Hadrien*.

Peu après les champs tout en dégradés de verts et de jaunes entourant Čatež, peu avant de franchir le segment fictif qui sépare la Slovénie de la Croatie, j'arrive jusqu'à une croisée où un Jésus éploré se trouve crucifié entre des panneaux routiers rouge et jaune vif indiquant les directions de quatre villes aux consonances locales, Zamesko, Čisti Breg, Mrseca vas et Hrvaški Brod et une interdiction aux camions de plus de six tonnes. Sous le soleil ardent de cette journée, le Christ est protégé par une toiture triangulaire de tuiles brunes et semble particulièrement las.

Je ne suis restée que onze jours en Slovénie.

27-30 juin 2006
Zagreb la douce

Je vais sortir de l'Union européenne et m'attends à une frontière d'un autre genre – en réalité, la frontière est pourvue d'une vague cahute rectangulaire qu'un homme remplit de ses humeurs maussades. Je montre mon passeport, le cœur ne battant pas comme de coutume. L'homme me rend le passeport sans un mot ni tampon. J'insiste un peu : j'oublie à chaque fois les procédures obligatoires, mais la désinvolture avec laquelle le passeport m'a été rendu me fait pressentir des ennuis futurs. Mais lui fronce les sourcils et me congédie sur un ton froid.

Aux premiers pas, je constate par de menus détails que la Croatie est plus pauvre que la Slovénie. Les poubelles en fer et les décharges qui ponctuent régulièrement la route accusent un traitement des ordures défaillant. La question du tri sélectif ne semble pas du tout se poser. Dans la rue, les gens sont plus silencieux, plus circonspects.

Qu'importe, une fois de plus, je sautille joyeusement sur la route, observant avec attention les affiches publicitaires en rase campagne qui donnent un air désolé à ce paysage plat. Téléphones portables, boissons gazeuses, les réclames croates sont conçues selon une esthétique différente de celle de la Slovénie.

Le panneau annonçant Zagreb ravive en moi ce nom plein de connotations de mon adolescence. Lorsque les infos diffusaient les nouvelles de la guerre des Balkans, il n'était question que de Zagreb impuissante et de Sarajevo à l'agonie. Dans les allées gigantesques menant au centre de la capitale, je suis témoin du vol plané spectaculaire d'un jeune cycliste arrêté en pleine action par l'impitoyable réalité des lois physiques. Le garçon se relève cependant comme si de rien n'était, tandis que quelques mètres plus loin, une jeune Croate habillée selon une mode indéniablement prisée ici discute âprement avec son amie – d'amour ? – tandis que son chien noir, une énorme peluche haletant la gueule ouverte, bave une flaque entière de salive, comme dans une bande dessinée.

Ayant fini les *Mémoires d'Hadrien*, je glisse ce bon compagnon littéraire dans la boîte aux lettres de l'Institut français, avec une petite lettre expliquant son voyage. L'accueil qui lui sera fait sera-t-il à la mesure du chemin qu'il a parcouru pour arriver jusque-là, traversant même une frontière dans la poche d'une piétonne ?

Soixante-douzième nuit. Au matin, je me trouve dans une grande maison, au premier étage de laquelle il n'y a que des chambres et j'aperçois dans le couloir une forme étrange, floue – ou est-ce moi qui vois mal ? Mais non, car autour de cette forme bizarre, les murs et les portes sont nets. Puis je constate qu'il s'agit d'une « vipère », ou plutôt d'un serpent comme les Aztèques les dessinaient, avec des traits assez découpés ; il est vert vif avec des stries rouges. Je le vois flou parce qu'il est en train de m'hypnotiser. Je vois bien qu'il veut m'attaquer, car il avance vers moi, au centre du couloir, ramassé sur lui-même. Prise de panique, je reste néanmoins figée dans un état de stupeur. Appelant à l'aide dans un premier temps, je me décide enfin à courir, trouve un bâton et tente de massacrer la vipère. Finalement, je trouve un pistolet à air comprimé que je vide sur elle en la transperçant de multiples trous. Mais elle est toujours vivante, même si elle semble maintenant me craindre un peu. Un homme apparaît, qui vient de se réveiller et de voir l'hécatombe : en voulant tuer le serpent, j'ai mis la pièce sens dessus dessous. Il m'accuse, malgré mes justifications angoissées, puis repart. La bataille reprend de plus belle.

Voir flou dans mes rêves m'arrive souvent. À une époque, je rêvais tout le temps que je ne parvenais pas à ouvrir les yeux du fait de l'excès de lumière. Je n'arrivais pas à savoir si c'était la lumière d'une explosion atomique ou… autre chose, mais cela était trop fort et me laissait quasiment aveugle.

1er juillet 2006
Darko le « Zeman »

Trois fois, quatre fois même, de l'eau m'est refusée durant les trois jours où je parcours l'arrière-pays croate, les yeux fixés vers Sarajevo. Cette technique du demi-litre d'eau qui me permet depuis des mois d'entrer en contact avec les gens a perdu de son effet. De fait, j'étais alors bien dans le cœur du sujet : les gens ne voulaient pas entrer en contact avec moi – donc me refusaient de l'eau. Même les églises, lorsqu'elles n'étaient pas fermées, étaient asséchées : point d'eau dans les bénitiers.

Pourtant, j'ai commencé à apprendre le croate. Ou le serbe. Ce sont les mêmes langues, mais les habitants de chacun des pays font bien la distinction.

De Zagreb à Sisac, je longe essentiellement les rails, passant par Velika Gorica et Lekenik, en une forme d'apnée sur ces terres très plates de nuances vertes mouchetées de blanc qui me semblent fatiguées ou laissées en jachère. À part la rencontre d'une biche de couleur sable et un garçonnet en rollers qui m'a guidé dans la nuit avec sa torche frontale jusqu'à un hébergement, mes rapports restent distants avec les Croates de la région.

Ce samedi-là, à Sisac, les rues sont vides et les boutiques, fermées, et je dois manger des barres de chocolat pour m'alimenter. Peu désireuse de dormir dans cette ville industrielle pleine de langueur, je poursuis ma route, découvrant en périphérie une rutilante centrale électrique surmontant des camps gitans – baraques de bric et de broc, paires d'yeux brillants dans les jardins ou sur les perrons, qui me dévisagent silencieusement en me mettant mal à l'aise. Aussi, ai-je hâte d'arriver à la frontière et nourris le désir de la franchir ce soir-là.

Mais en continuant sur l'asphalte, je me retrouve dans une base privée de je-ne-sais-quoi d'industriel ou de militaire – ou les deux – et dois rebrousser chemin.

Un œil attentif sur les cieux me fait constater qu'ils s'assombrissent rapidement, tandis qu'à la fin de cet après-midi, je m'égare sur une route qui s'arrête soudain dans un village. M'adressant aux personnes que j'aperçois dans les jardins, ces derniers haussent les épaules et me regardent évasivement – ou détournent brusquement le regard, sans me répondre. Je ne sais que faire.

Sur la place du village, un groupe d'hommes assis sur un banc regarde distraitement des enfants jouer au football avec un vieux ballon. Ils ont des mines inhabituelles, pas vraiment locales. Ils forment un groupe dont les liens sont tangibles et partagent un moment de repos et de cigarettes à côté d'une voiture déglinguée.

Assis au centre du banc, un homme maigre et à la peau burinée, plus vieux que les autres, semble être le chef. Celui-ci tourne vers moi un regard étonné derrière des lunettes épaisses d'un autre âge :

— Je parle un peu anglais. Avez-vous besoin d'aide ?

— Je cherche où dormir.

— Il n'y a que Sisac, ce n'est pas loin.

— Je ne veux pas retourner à Sisac, j'y ai déjà été. Je veux aller à la frontière.

— À la frontière ? Mais c'est à quarante kilomètres d'ici ! Si tu veux, je t'amène à Sisac en voiture.

Je tombe des nues. Quarante kilomètres ! Jamais je ne serai à la frontière ce soir. Je réponds après quelques secondes de réflexion :

— Non, je ne peux pas, je suis à pied, seulement à pied. Je viens de Paris, je vais à Jérusalem.

Mon interlocuteur traduit au fur et à mesure pour ses compagnons devenus très attentifs, avant de se tourner vers moi :

— Je m'appelle Darko, je suis un « zeman », tu comprends ?

Je hoche la tête, même si je n'ai pas compris.

— Si tu le souhaites, je peux t'héberger.

— Vraiment ?

— Oui, je vais m'arranger. « Zeman », tu comprends, n'est-ce pas ? Viens avec moi, que je te montre.

Darko est franc, ses acolytes le semblent aussi. Je suis la silhouette du gringalet et découvre une rivière sur laquelle se trouvent de grandes embarcations marchandes à la coque noire.

— Voilà ! Zeman !

— *Seaman*, dis-je alors, comprenant le métier de l'homme et de ses amis. Si je m'attendais à rencontrer des marins ici !

Darko me montre fièrement les barges, chacune d'une longueur de cinquante mètres, accolées les unes aux autres. Sans être trop rouillées, elles semblent d'un âge respectable. Des enchevêtrements de ferrailles achèvent de leur donner l'air de vaisseaux spatiaux d'un autre temps.

Mon interlocuteur me fait signe de monter sur le ponton qui mène au bateau le plus proche :

— D'abord, il faut demander l'autorisation au capitaine pour que tu sois là. Mais c'est un homme bon, je ne m'inquiète pas. Je dormirai dans la cabine de mon ami, toi tu prendras la mienne, tu seras tranquille et en sécurité.

Du pont, nous descendons dans une petite cuisine qui jouxte deux cabines. Le matelot fait montre d'une courtoisie dépourvue de séduction, ce qui achève me rassurer. Un petit homme chauve et rondouillard apparaît à l'encoignure de la porte de la seconde cabine, intimidé.

— Voici mon collègue Tibor. C'est un ami. Tu peux lui faire confiance, me dit Darko en me faisant asseoir à une petite table bien arrimée au sol.

Le marin place une assiette devant moi avec un morceau de pain. Il ouvre une boîte de thon et me regarde manger, échangeant de gais propos avec Tibor, qui s'est approché poliment.

Darko est marin sur ce bateau la moitié de l'année. La société qui l'embauche fait de l'extraction d'huile sur le fleuve. L'équipage compte une vingtaine de matelots et le capitaine, qui quittent leur famille durant plusieurs mois pour accomplir leur travail sur les embarcations.

Mon interlocuteur a une fille aînée de mon âge, dont il me montre la photo. Lorsque je lui parle du sens de ce voyage, de l'Union européenne et de la Turquie, le matelot se gratte la tête :

— L'Europe, nous n'y sommes pas. Et ça va prendre du temps. La Slovénie y est – et les Slovènes en sont très fiers. L'Europe est une drôle de chose. La Roumanie et la Bulgarie y entrent cette année. Mais tu vois, c'est bizarre, je trouve, pour la Roumanie. Regarde comment ils sont les Roumains. Ils fauchent tout, on ne peut pas leur faire confiance !

Croyant avoir mal compris, je demande, sans attendre d'avoir fini de mâcher mon bout de pain :

— Que font les Roumains ?

— Par exemple, ta voiture est ouverte, hop, ils prennent ce qu'il y a à l'intérieur. Ils volent, je te dis. Personne n'aime les Roumains sur cette planète. C'est triste, mais c'est comme ça.

Je ne m'étends pas sur le sujet, d'une part parce que l'assimilation des gens du voyage à l'ensemble des personnes vivant en Roumanie est fréquente, et d'autre part parce que entre sédentaires et nomades, il semble que le conflit dure depuis longtemps.

— Comment trouves-tu la Croatie ? me demande Darko.

— J'aime beaucoup Zagreb, mais depuis quelques jours, rien n'est facile et les gens sont très méfiants avec moi.

— Les gens ont beaucoup souffert de la guerre et ils se méfient des étrangers. Je comprends, j'ai plusieurs fois entendu les habitants me dire de loin : « Je ne veux pas de problème. »

Des voix fusent à l'extérieur. Darko se lève précipitamment et je vois apparaître par l'escalier raide menant dans le mess un homme calme, le capitaine, qui m'inspecte de la tête aux pieds en me disant bonsoir. Il échange quelques mots avec mon marin hospitalier. Je vois bien que Darko fait tout pour apparaître obéissant, mais insiste pour que je puisse rester. Il finit par remercier le capitaine, qui me salue à nouveau et remonte l'escalier.

— Notre capitaine est un brave homme : tu peux dormir ici. Je vais te montrer ma cabine. Moi, je dormirai chez Tibor, tout simplement. Fais-moi confiance, c'est un bon gars, il ne t'embêtera pas, et moi, je veillerai à ce que personne n'entre.

Une voix masculine se fait entendre pour annoncer la préparation de grillades, alors que nous retournons en quelques pas au mess. Il s'agit de la voix d'un marin d'apparence faussement juvénile, coupe au bol de cheveux noirs brillants, qui s'appelle Jovan. Apparaît peu après un autre homme, un maigrichon aux yeux opaques, qui marche en crabe mais d'allure inoffensive. Darko hausse les épaules, avec un sourire un peu agacé.

— Eh bien tu vois, dire que personne ne vient trop ici, d'habitude. Ils vont tous passer, j'en suis sûr. Mais c'est normal après tout.

Autour du gril, les conversations vont bon train. Jovan, qui s'occupe du feu, nous fait signe d'approcher. Les yeux brillants, il me montre sa carte d'identité et prend des airs langoureux en parlant des Françaises qu'il a vues lorsqu'il a navigué par Paris. Darko le tient à l'œil, c'est sûr.

Arrive un homme du village, un peu âgé, fort, les cheveux gris, qui me tend la main. Il m'observe longuement avant de dire en anglais, illustrant ses propos de gestes éloquents :

— Pas de problème ici, les matelots que tu vois sont tous des hommes mariés, mais tu sais, tu devrais faire attention. Ce que tu fais est dangereux. Il n'y a pas longtemps, j'étais en voiture et j'ai vu courir une jeune femme sur la route, qui a demandé mon aide, à la sortie de Sisac. Elle était en voyage et avait demandé un hébergement dans une usine. Les ouvriers étaient de mauvais garçons et elle s'est enfuie en pleine nuit. Elle a eu très peur.

Je ne sais pas quoi lui répondre. Je n'ai pas eu vraiment d'ennui depuis mon départ, et je crains un effet de paranoïa généralisé vis-à-vis des populations que je vais rencontrer. Nombreuses sont les histoires glauques, quel que soit le pays, mais j'essaie d'être attentive et j'ai un bon instinct.

L'homme a dû lire dans mes pensées car il laisse retomber ses mains, découragé.

— Je t'ai prévenue. Si j'étais ton père, je ne te laisserais pas partir.

La nuit est tombée. Des assiettes en plastique circulent de main en main, dans lesquelles atterrissent des grillades de poulet, des côtes de porc et des saucisses croquantes. La viande est accompagnée d'une salade froide. Je me régale.

— Où t'arrêtes-tu à la fin de ton voyage ? demande Jovan.

Darko répond à ma place, fièrement :

— Elle va à Jérusalem. Elle va passer par la Bosnie !

— Par la Bosnie ? s'exclame le marin aux yeux brillants avec colère. Ne va pas en Bosnie, ils sont méchants là-bas, ils ne vont pas bien dans leur tête !

— Mais non, s'interpose Darko, il y a eu la guerre mais les gens s'entendent maintenant. Il y a des gens bien aussi là-bas. C'est bien que Karen y aille.

Jovan opine du chef avec un air un peu boudeur, puis sourit finalement à son aîné. J'examine d'autant plus Darko, chez qui je devine un esprit de passeur, dans cette assemblée de matelots. Il introduit la nouveauté et la protège. J'ai affaire à un homme rare au cœur vaste, me semble-t-il.

Le lendemain, le matelot est déjà levé depuis longtemps, lorsque j'apparais dans la cuisine. Il a l'air épuisé. Il a dû dormir par terre. Après un rapide petit déjeuner avec de la confiture, il me ramène à Sisac, dans sa voiture déglinguée.

Accolade. Une fois le véhicule disparu, je m'élance selon ses claires indications et avec sa bienveillance en direction de la frontière de Bos Dubica.

2 juillet 2006
Rencontre avec la guerre à Sunja

Alors que je marche sur la partie un peu molle de la route qui borde le macadam à l'entrée de Sunja, mon regard est attiré par un panneau rouge doté d'une tête de mort croisée de tibias avec l'inscription *Pazi minas*. Je n'ose plus bouger. Mines antipersonnel. J'avais oublié. Ou plutôt, je ne pensais pas que j'allais en apercevoir dans un contexte aussi proche des voies de passage.

Prenant garde auparavant de prendre les routes qui montraient des traces récentes de passage, qu'elles soient goudronnées ou que les chemins de terre aient été fraîchement foulés, j'ai même eu la vigilance d'emprunter les rails que je savais être utilisés par les trains, des fois que… Mais à force de ne rien constater, j'avais fini par oublier l'existence des mines. Et ce panneau à deux mètres du goudron ne m'indique pas à quelle distance elles se trouvent.

Surprise par le délabrement régnant aux abords de la ville, je reste en arrêt devant le bâtiment principal de la gare, en partie démoli. En ce dimanche, je croise de nombreuses personnes, mais elles me présentent toutes un visage fermé. Des maisons complètement en ruines se succèdent, portant des traces d'obus et d'impacts de balles, qui me donnent le sentiment que la moitié de la ville est détruite.

Un sentiment d'apocalypse me poursuit durant toute ma traversée de Sunja. J'avais beau savoir que la guerre avait sévi ici, me trouver nez à nez avec les fenêtres et les portes déchaussées par la violence des projectiles, puis devant le squelette d'une école complètement détruite m'ébranle fortement.

Sur les maisons reconstruites sont cloués des drapeaux ou des panneaux annonçant que la reconstruction a été réalisée par les États-Unis ou l'Allemagne ou un autre pays occidental. J'imagine les gens apercevant tous les jours ces drapeaux sur leur maison. J'en suis mal à l'aise.

Un merle écrasé accroche mon regard en périphérie de Sunja. Les animaux continuent de défiler en une guirlande macabre, certes espacée de plusieurs centaines de mètres, mais s'il y a un fil rouge que je retiens à ce voyage, ce sont aussi ces relais funestes, d'une carcasse à une autre, vertébrés ou invertébrés, à poils, à plumes, à écailles. Est-ce que les gens ont idée de la sinistre hécatombe qui serpente le long des routes ? Je photographie le merle, en retenant une fois de plus mon souffle, non pas du fait de la puanteur, mais parce que, en me rapprochant pour fixer le cadre de la photographie, finit toujours par arriver le moment où soudain, l'animal laisse voir la brèche qui indique l'endroit d'où est survenue sa mort. Dire qu'un merle est expressif peut paraître curieux. Pourtant, c'est le cas. J'ai le souvenir atroce d'un hérisson aplati dont la trace avait balayé la route sur plusieurs mètres.

Mes pieds résonnent comme des tambours. La frontière tarde à se montrer. Enfin, j'aperçois les douaniers croates.

Celui qui semble le chef, un gars aux cheveux filasse sous son képi, est d'humeur joyeuse en m'apercevant :

— Tu n'as pas peur d'aller là-bas ? dit-il en désignant d'un geste vague le poste-frontière bosnien en contrebas, à quelques centaines de mètres de là.

— Pourquoi ?

— À cause de la guerre, continue-t-il rigolard.

La journée a été rude. Ma rencontre avec les ruines et avec la guerre me choque plus que je ne le pensais. En outre, j'ai dissimulé un oisillon tombé du nid dans la poche de mon pantalon et crains que les douaniers ne l'entendent piailler. Peur enfantine. Pourquoi donc les douaniers pourraient m'empêcher de passer avec lui ? Mais l'enfance fait partie du voyage, même dans ses raisons si éloignées… de la raison. Le chef regarde mon passeport et s'exclame en montrant les tampons aux autres :

— Tu voyages beaucoup, hein ?

— Oui.

— Ne t'inquiète pas. Maintenant, tout va bien en Bosnie entre les jeunes. Les musulmans et les orthodoxes dansent ensemble, ajoute-t-il en mimant une valse. Les petites amies vont avec les petits amis ! Bonne chance à toi !

3 juin 2006
Un pays entre gaieté et ravages

Non, pas en Bosnie. En Bosnie-Herzégovine. Je me souviens des sourcils froncés de la bibliothécaire de l'Institut français de Zagreb parce que j'amputais le nom de ce pays.

Autant les garde-frontières croates sont aimables, autant leurs collègues de l'autre côté de la frontière sont suspicieux, lorsque je leur réponds en toute ingénuité que je vais à Jérusalem. Instantanément dépouillée de mon passeport, je reste près d'une heure à attendre debout, alors que le crépuscule point. Sur une affiche de recherche de criminels de guerre en cavale, les traits de Radovan Karadzic, l'ancien dirigeant politique serbe de Bosnie, provoquent en moi un recul instinctif, car ils sont devenus synonymes de violence et de génocide.

Interpellée par l'évocation du crime provenant d'un simple visage, je sors mon appareil photo, provoquant une avalanche de mots furieux chez un vieux garde. Excédée par l'attente et l'ambiance pesante, faisant fi du regard désapprobateur qui se pose immédiatement sur mes épaules, je m'assois sur le parapet, à côté de la barrière qui se lève et s'abaisse pour laisser passer les voitures. Qu'importe. Ils m'énervent. S'ils me font attendre, ils n'ont qu'à me donner une chaise. Mon passeport revient sans une excuse. Je le récupère sèchement, sans un regard, me moquant que mon attitude soit aussi impolie que la leur.

Mes premiers pas en Bosnie-Herzégovine ne préludent cependant en rien ce que j'allais y découvrir. Car à peine franchie la frontière, les jeunes comme les vieux m'adressent spontanément un sourire chaleureux. Un vieillard très digne portant chapeau et costume élimé me désigne la rue menant à un hébergement pendant qu'un air de rock résonne dans la nuit de Bos Dubica. Mes pas auront martelé le macadam sur cinquante kilomètres ce jour-là, dont presque trente-cinq en compagnie d'un oisillon frêle blotti dans mon poing gauche.

En allumant le poste de la chambre très sobre du motel que j'ai fini par repérer, je souhaite découvrir un aspect de la culture populaire bosnienne. À quoi ressemble donc la télévision ici ? À rien : la réception étant brouillée, je vois davantage de flocons de neige que d'images.

Durant la nuit, je suis réveillée par intermittence par l'oisillon que j'ai baptisé Sunja. Ses cris aigus me font lever deux fois avant que je ne le déplace dans la salle de bains, dont je ferme la porte. En vain. Je finis par lui glisser une demi-goutte de miel dans le gosier.

Durant cette 77e nuit, Sunja piaille tant que je lui achète des hamburgers.

Le lendemain, l'oisillon est mort. Je vois à l'intérieur de son ventre gonflé, en transparence, l'or du miel qui l'a étouffé. Fin de l'histoire et peine d'enfant. La guerre a eu lieu ici et tu as du chagrin pour cet oiseau ? Qu'importe, je donne une sépulture naine au petit compagnon qui a, le temps de sa courte vie, traversé la frontière avec moi.

J'ai payé en kunas croates, en l'absence de banque ouverte à Bos Dubica ce jour-là. Je paie aussi une grosse épicière accorte en kunas pour du pain, une boîte de thon et des barres de chocolat en prévision du repas de midi, avant de me diriger vers le parc national de Kozarac.

Les routes goudronnées sont dans un état très inégal. Dans les champs bordant le macadam, des maisons défoncées laissent voir au travers de leurs squelettes des cratères d'obus. Le tissu urbain n'est plus que cadavres d'habitats aux murs volatilisés, aux toitures arrachées. Les champs sont dans un état exsangue.

Dans la terre, d'un brun pâle évoquant la stérilité, sont ponctuellement fichés des bâtons de bois d'un mètre, surmontés de bouteilles en plastique, tels des épouvantails funestes. Je ne sais ce que cela signifie, mais leur récurrence m'indique qu'il s'agit d'un signal tacite connu des locaux et leur silhouette inquiétante ne me donne pas envie d'en approcher. Je ne vois plus trop de panneaux rouges annonçant les mines, mais tout semble ravagé, ici.

Parce que le climat a décidé d'apporter lui aussi sa touche de désolation, il se met à pleuvoir et les nuages sombres s'amoncellent dans les cieux. En passant par un village, j'aperçois des affiches noir et blanc accrochées à un tronc par un clou, recouvertes de portraits de dizaines de personnes, dont beaucoup de vieux ; il est aisé de reconnaître leur caractère nécrologique.

Aussi, même si je croise quelques voitures dont les conducteurs, alertes, ont des sourires chaleureux, je suis heureuse de m'enfoncer dans la montagne du parc national, par un large chemin de terre indiqué sur la carte.

3 juillet 2006
Le Graal de Kozarac

Je suis dans les Balkans. Ce mot turc signifie « montagne boisée ».

De grands feuillus puis des épicéas vert sombre font de ces forêts du parc national de Kozarac un espace hors du temps, sauf celui des légendes. Hérissé par une multitude de troncs vigoureux, j'y marche comme dans un désert. La pluie coule dans mon dos pendant six heures et j'erre d'un sentier à l'autre, passant de la joie au trouble, lorsque je perds complètement mon chemin.

À mi-parcours, la rencontre de quelques bûcherons – quatre hommes et une femme – me rassure finalement : il est possible de sortir de cette forêt.

Mais je m'égare à nouveau dans cette riche nature et me mets à patauger dans la boue. En cherchant des sentiers plus secs, je repère des jonchées d'aiguilles qui s'entassent entre les troncs dégoulinants, perds à nouveau mon chemin et me retrouve en haut d'une montagne. La méthode la plus courte pour en redescendre est souvent de suivre le lit d'un ruisseau qui dévale les flancs pentus. Il reste peu de lumière dans les interstices des branches, lorsque je retrouve enfin un sentier de pierraille, suffisamment large pour permettre un accès aux voitures.

Je reprends la route avec lassitude, lisant *La Nausée* de Sartre, chapitre après chapitre. Le soleil s'éclipse en donnant aux ombres une teinte bleutée qui se plombe de minute en minute. La nuit tombant, je commence à envisager, avec une grimace, de dormir dehors, en pleine montagne, sous la pluie.

À l'issue d'une pente particulièrement morne, j'aperçois subitement une lumière dont je n'arrive pas à déterminer l'origine. Un château ? Une auberge ? Le Graal ? Je cligne des yeux, décidément surprise de vivre ce moment si souvent évoqué dans les fictions. De la musique se fait entendre dans le sifflement du vent. Et jusqu'au dernier moment, la lumière hypnotisante ne me laisse pas soupçonner un instant l'endroit où je peux bien arriver.

L'illumination tremblante se laisse distinguer enfin : il s'agit de l'enseigne d'une auberge inespérée, entourée d'arbres. *Bijelle Vode Pension*, annonce un écriteau. Musique de chambre. J'ouvre la porte, et avec un sourire las, m'adresse à un jeune homme glabre très digne qui me regarde avec une sympathie empreinte de surprise. Je suis trempée et dépenaillée :

— *Do you speak english ?* (Parlez-vous anglais ?)

— *Deutsch.* (Allemand.)

— *Haben Sie ein Zimmer für eine Nacht ?* (Avez-vous une chambre pour une nuit ?)

— *Ja, sicher.* (Oui, bien sûr.)

— *Wie kostet ?* (Combien ça coûte ?)

Et il m'annonce un prix que je ne peux pas payer sans utiliser ma carte bleue. Il hoche négativement la tête lorsque je la lui tends.

— *Ich kann nicht und ich bin sehr müde* (je ne peux pas et je suis très fatiguée), dis-je en alignant le peu de pièces et de billets qui me restent. Lorsqu'il me voit sortir mes kunas croates, d'épisodiques marks bosniaques et quelques euros pour tenter de payer la nuitée, il sourit :

— Ne t'inquiète pas.

Et il me mène à une chambre somptueuse avec une grande baignoire et une télévision dotée du satellite.

— Est-ce que tu veux dîner ?

— Je n'ai pas l'argent, je suis désolée.

— Nous t'invitons. Repose-toi et viens dîner avec nous.

Une heure plus tard, je descends timidement au rez-de-chaussée. D'être accueillie si amicalement dans un hôtel me laisse perplexe. Le frère de mon hôtelier se tient attablé. Gérant de l'hôtel, il s'appelle Mirko, et donne des ordres à deux femmes assises un peu plus loin, portant des tabliers. Il me souhaite la bienvenue en me serrant la main et fait poser devant moi des grillades et une salade de tomates. Avec des exclamations joyeuses, il examine mon passeport – l'abondance des tampons le fait rêver. Ceux de la Malaisie, du Vietnam, du Cambodge, de l'Inde et du Myanmar achèvent de l'épater :

— Nous avons des difficultés à voyager hors de la Bosnie-Herzégovine, vois-tu. Pour obtenir un visa, il faut avoir beaucoup d'argent et donner beaucoup de bakchichs.

— Pourquoi ?

— Parce que les autorités savent très bien que nous ne reviendrons pas !

Il dit cela en éclatant de rire mais avec un ton tellement sérieux !

Soixante-dix-huitième nuit. Mon encrier est renversé. Je le vois encore complètement répandu. L'encre qui en coule est noire. J'ai tout perdu dans la bataille.

4 juillet 2006
Les enfants perdus de Prijedor

Prijedor est une grande ville, une île de béton gris au centre d'une plaine de champs verts, abîmés par les rayons du soleil. Après cette journée de montagnes, apercevoir dans le lointain le grand axe qui la relie à Banja Luka me surprend. La longue nationale est très fréquentée. J'arrive à la gare routière, non loin du centre, d'après ce que me signifie le conducteur du bus. Car j'ai pris le bus de Kozarac à Prijedor, enfreignant la règle de la marche.

Si je crains de prendre des transports en chemin, je réalise que le regard des autres compte plus que je ne le crois. Bien des gens sont les premiers à dire que nous trichons si nous ne faisons pas tout à pied, tout en ajoutant peu après qu'ils plaisantent – ce qui est rarement le cas.

Mais davantage que le regard d'autrui, marcher par principe permet de garder de la tenue et d'éviter l'errance. Marcher requiert un effort durable sur de longs mois. Garder le rythme est un enjeu déterminant pour arriver à l'objectif imaginé. S'il est nécessaire d'être créatif sur l'itinéraire pour mener le voyage à son terme, il est impératif de se maintenir dans l'énergie du voyage. Le mental est tellement fragile, la paresse si prompte à survenir…

Des pavés de ciment constituent les larges allées piétonnes du centre. Saisie par l'atmosphère incroyablement triste qui règne ici, y compris dans les rues commerçantes, j'essaie de déterminer d'où me vient ce sentiment ; pourtant, les gens marchent tranquillement, sans rien laisser voir d'inhabituel.

J'aperçois des adultes, des enfants et des adolescents, je compte autant d'hommes que de femmes.

Quelque chose d'essentiel manque, mais quoi ? Les façades défraîchies de cet important centre commercial que je contourne ? Les vêtements passés des piétons ?

Je tends l'oreille : ce qui me frappe, c'est peut-être cette étonnante ambiance feutrée alors que nous sommes à l'extérieur. Il persiste comme un silence dans des rues supposées en pleine ébullition. Une certaine énergie manque à cette ville. Ou alors je me trouve à mon insu dans une agglomération peuplée de morts vivants.

Prijedor me rappelle Phnom Penh, avec ce quelque chose de véritablement misérable, cette ambiance de fantômes et de western. Au détour des rues, de place en place, je n'observe aucun patrimoine architectural, seulement des cubes de béton et de ternes façades de ciment nues ou recouvertes de tristes couleurs pastel.

Comme j'ai besoin d'informations sur les hébergements de la ville, j'entre dans une petite boulangerie tenant un peu du snack. Une petite brunette aux longs cheveux portant un tablier coloré m'écoute avec attention :

— Si tu veux, mon frère Dejan peut te louer une chambre, la sienne. Aujourd'hui il est à Banja Luka. Je peux l'appeler pour lui demander le prix.

Elle sort son mobile et discute avec un sérieux rassurant.

— Il te propose quinze euros pour la nuit, ça te va ?

— Je vais réfléchir.

Je ne sais pas trop sur quel pied danser. Le motel de ma première nuit était à huit euros. Cela peut sembler absurde et radin, mais on perd parfois le sens des réalités lorsqu'on s'immerge dans un pays. J'ai envie d'avoir la paix aussi.

— Je ne sais pas encore, je peux revenir dans une demi-heure ?

— Oui, bien sûr.

J'ai à peine quitté la boulangerie que je reviens sur mes pas.

— En fait, la chambre m'intéresse.

— Super ! J'appelle ma sœur pour qu'elle t'emmène à la maison ! Je m'appelle Jelena, ajoute-t-elle en riant.

Celle qui vient me chercher pour m'emmener chez eux est une jeune fille de taille moyenne, avec un fin nez camus et de longs cheveux châtains retenus par un élastique. Elle a seize ans. Elle m'évoque la Roumanie et les gitans. La grande baraque où elle me mène a ceci de particulier que nul adulte ne m'y accueille.

Contre le lambris, peint en blanc, s'aligne un mobilier réduit à sa plus simple expression : un divan de couleur passée, une table basse recouverte d'un napperon de dentelle et une pendule qui fait entendre son tic-tac. Une télévision vieillotte trône sur un magnétoscope VHS préhistorique.

Un garçon frêle est assis avec un mélange de timidité et de nonchalance. Il a de courts cheveux bruns et affiche une mine désabusée qui contraste avec le slogan affiché sur son tee-shirt bleu foncé : *Energy*. Il est affalé sur une chaise de bois, une cigarette qui se consume à la main. Katica parle un très bon anglais :

— Lui, c'est Luka.

Le garçon me salue avec un faible sourire. Katica se tourne vers moi avec un sourire identique, dont le mimétisme me frappe :

— Nous vivons tous ici. Mak va venir aussi. Tu peux poser tes affaires à côté.

Le temps que je pose mes affaires dans le petit salon qu'elle m'a indiqué, un plateau avec une théière et des tasses est apparu sur la table.

— Tu as envie de thé ?

Je hoche la tête et m'agenouille sur le tapis, à côté de la table basse sur laquelle est posé un large napperon. Un garçon coiffé comme un rocker se tient debout, indécis. Il doit avoir seize ans et affiche le même air triste que Luka et Katica.

— Voici Mak.

Il s'assoit finalement sur le canapé, à ma gauche et en face de Katica. Nous buvons le thé en silence. Quel âge peuvent-ils avoir ? Seize, dix-sept ans ? La jeune fille sort un paquet de cigarettes et me le tend. Je refuse d'un sourire. Elle le tend aux deux garçons, qui eux, se servent avec reconnaissance. Un briquet passe de mains en mains. La fumée répond aux vapeurs de la bouilloire. Nous ne savons pas quoi dire.

La télévision parle pour nous. Elle est allumée comme un poste qui vit ainsi en permanence. Les adolescents finissent par dire quelques mots entre eux en serbo-croate avec un rire un peu nerveux. J'ai l'impression d'être dans un film de Larry Clark, face à une adolescence désenchantée qui a grandi prématurément. Puis Katica me dit :

— Si tu as envie, je vais te faire visiter la ville en attendant notre frère Dejan. Il est en train de passer des examens à Banja Luka. Pour son diplôme. Il est tellement intelligent !

Nous quittons la maison et descendons dans le centre par les rues envahies par la chaleur.

— Ce n'est pas beau, ici. Je vais te montrer l'endroit préféré des amoureux de Prijedor, à la rivière. Elle s'appelle la Sana.

Nous traversons la ville. J'ai adopté le pas traînant de Katica. Nous nous arrêtons près de la rivière, sur un banc entouré d'un gazon vert foncé. Katica allume une cigarette et demande :

— Tu as un *boyfriend* ?

Elle parle en anglais, mais elle a dit *boyfriend* avec une intonation très spéciale, comme si le mot avait une tout autre importance que les autres mots de la phrase. Elle l'a prononcé comme dans les films américains, avec une certaine délectation. Passé la surprise, je lui réponds :

— Oui. Et toi ?

— Oui. Tu l'aimes le tien ? continue-t-elle.

— Oui. Et toi ?

Katica pose les coudes sur ses genoux en regardant dans le vague.

— Je ne sais pas…

Silence. Katica reprend finalement :

— Tu fais des études ?

— Non, je travaille. Dans les jeux vidéo.

— Ah oui ? me dit Katica pleine d'intérêt. Moi j'aimerais faire des études. Mais je n'ai pas d'argent. Je voudrais être photographe. Je fais des portraits.

Nous reprenons notre promenade. Elle s'appuie à mon bras. Après un moment de silence, elle me confie sans me regarder :

— Tu sais, j'ai un amoureux, mais je me demande si je n'aime pas les femmes…

Je ne sais pas trop quoi penser de ce qu'elle vient de dire, si c'est une déclaration d'amour ou un secret comme on m'en confie si régulièrement en chemin. Est-ce que mes traits un peu androgynes l'ont invitée à la confidence ? Ou est-ce parce qu'en marchant seule, je symbolise à ses yeux la femme qui n'a pas besoin des hommes ? Elle semble avoir un amoureux comme elle assumerait une nécessité sociale. J'entrevois en elle un profond désespoir et de véritables interrogations quant à ses propres aspirations.

— Bah, tu verras bien.

— Tu es sympa. Ici, ce n'est pas comme en Europe. Les femmes aiment les hommes. Les hommes aiment les femmes.

De retour chez les adolescents, voici l'aîné et le maître de la maisonnée. Il a vingt ans. Lorsqu'il arrive, tout le monde change d'attitude, chacun se tend vers lui avec admiration.

— Vous vivez tous ensemble sans vos parents ? dis-je.

— Nous n'avons plus de parents, me dit Katica d'une voix basse.

— À cause de la guerre ?

— Non. À cause du cancer. À cause du stress.

— Du stress ?

— Oui, la vie en Bosnie est dure. Il n'y a pas de travail. Nos parents sont morts à quarante ans du cancer. Plein de gens meurent du cancer en Bosnie. Du cancer du poumon notamment, dit-elle en agitant sa cigarette avec un sourire, remarquant mon regard qui s'attarde sur le mégot.

— Moi je fais des études pour être prof, ajoute Dejan, avec un ton désinvolte. Tu sais pourquoi ? Pour partir de ce pays pourri.

— Où veux-tu aller ?

— Loin.

— Tu n'as pas idée de la corruption ici. Même à l'université. Nous achetons nos diplômes, tu sais. On donne de l'argent aux professeurs pour qu'ils corrigent nos examens ! Katica et Jelena ne peuvent pas faire d'études parce qu'on n'a pas d'argent.

— Vous parlez tous très bien l'anglais, comment l'apprenez-vous ?

— Et l'espagnol aussi, me dit Jelena avec un sourire ravi.

— Nous regardons beaucoup la télévision. Nous avons des séries américaines et espagnoles, ajoute Katica.

— Elles veulent dire qu'ici ce n'est pas comme en France ou aux États-Unis, dit son frère aîné. Nous avons des sous-titres. Nous apprenons les langues comme ça. Fêtons notre rencontre alors. Avec de la rakija !

Et il part chercher un tonnelet de bois qu'il exhibe fièrement.

— Elle est faite maison, en cachette.

— Dejan est si intelligent, me souffle à nouveau Katica, pleine d'adoration.

L'aîné de cette maison fabrique lui-même la rakija. L'eau-de-vie de prune locale à quarante degrés est supposée être bue d'une lampée. Je la déguste plutôt comme un vin rare pour pouvoir repartir le lendemain. Décidément, Dejan a le sens du pouvoir. Il est garant de la nourriture et de l'alcool, il distribue selon son gré les taloches et doit sans doute dispenser un amour d'aîné protecteur, équilibrant ainsi son droit de porter atteinte à tous les membres de la bande d'adolescents présents.

J'observe davantage Dejan. Son influence sur la petite tribu est grande. Il parle anglais fébrilement, donnant une illusion d'excellence linguistique. Il en rajoute volontairement pour creuser le fossé entre lui et eux. Et il le fait aussi pour attirer mon regard. C'est un survivant. Je sens en lui un profond désespoir, un fardeau qui le dépasse mais dont il profite aussi.

— Est-ce que c'est vrai que les hommes sont romantiques en France ? demande Jelena avec des yeux brillants d'espoir. Oh, comme j'aimerais aller à Paris.

— Vous viendrez chez moi si vous venez à Paris !

J'ai dit cela avec une hésitation. Je sais qu'il y a peu de chances qu'ils puissent venir. Que ferai-je s'ils viennent de manière illégale ? Je me sens idiote d'avoir dit ces choses sans réfléchir, irresponsable. Et en même temps, cela fait chaud au cœur d'imaginer que les choses soient possibles. Et j'aimerais tellement leur faire visiter la capitale un jour. Dejan hausse les épaules :

— Tu sais, avec les visas, il n'y a aucune chance. C'est plutôt toi qui viendras nous voir.

Plus tard dans la soirée, je me sens véritablement de leur famille et notre familiarité ressemble à de l'amitié.

À moitié surprise, je constate que Katica dort finalement dans la pièce qui me sert de chambre. Et je ne suis guère surprise des quelques grammes de sensualité qui se dissolvent dans le songe de cette nuit-là…

Soixante-dix-neuvième nuit. Je rêve que je porte Jelena blessée, à bout de bras. Autour de nous s'étend une désolation post-apocalyptique. Détail curieux, Jelena est à demi nue. Survient ma sœur qui a aussi besoin d'aide, mais je m'occupe avant tout de Jelena. Ma sœur n'est pas contente, car « elle est ma sœur, après tout » et doit selon elle passer avant quiconque.

Le lendemain, après avoir bu le café, je tends à Dejan quinze euros en le remerciant.

— Non, dit-il avec un air gêné.

— Nous t'invitons, dit Katica avec force.

J'insiste à nouveau.

— Non, tu es notre amie, nous sommes heureux de t'avoir rencontrée, ajoute Katica.

— Alors allons boire un coup à un café. Je vous invite.

Nous nous asseyons à la terrasse du café d'un centre commercial.

— Tu es de quelle religion ? Catholique ? demande Dejan.

— Chrétienne.

— Chrétienne ? Tu veux dire, orthodoxe ?

La vie de Jésus-Christ m'émeut profondément. En revanche le dogme ne m'intéresse pas. Je ne suis donc pas catholique. En revanche, je me dis « chrétienne ». Mais finalement, je ne sais pas si c'est le terme approprié.

— Non, je me sens chrétienne. Et toi ?

— Je suis chrétien. Mais chez nous, « chrétien » veut dire orthodoxe.

Et la conversation continue un certain temps…

— À propos de partir, il va falloir que j'y aille.

Je pose la main sur mon sac à dos. Dans l'intimité de la conversation, j'ai oublié que nous nous trouvons à la terrasse d'un café du centre commercial.

— Non, reste avec nous ! me supplie Jelena.

— Reste vivre avec nous, ajoute Katica.

— J'ai quarante-cinq kilomètres à faire, vous savez…

— Mais ma grand-mère veut te voir à déjeuner. Elle a fait un repas exprès pour toi, ajoute Jelena.

Je pousse un soupir et éclate finalement de rire :

— Vous êtes très fortes !

— Alors tu restes ?

— Oui ! Je reste pour le déjeuner.

Jelena et Katica tombent dans les bras l'une de l'autre en hurlant de joie.

— Et moi, je vous laisse, je dois repartir pour Banja Luka, dit Dejan avec un sourire. Voici une bouteille de rakija pour toi. Fais attention, je l'ai mise dans une bouteille en plastique comme la tienne. Alors ne confonds pas lorsque tu marches. Si tu veux te faire des amis, rien n'est plus facile avec la rakija.

Les embrassades avec Dejan sont brèves. Un subtil changement de relations s'est opéré : je suis devenue la protégée de Jelena et Katica.

Nous arpentons bras dessus dessous Prijedor jusqu'à une petite maison à mi-chemin entre le centre et la périphérie. Une vieille femme m'accueille timidement et m'assoit devant un plat à base de chou, de légumes divers et de viande mitonnée. La sollicitude affectueuse de cette dame me donne chaud au cœur.

Katica et Jelena m'accompagnent jusqu'à la sortie de Prijedor. Il est treize heures et à ce moment précis, je ne vois vraiment pas comment je vais pouvoir rejoindre Banja Luka comme je le projette.

5 juillet 2006
Semir, heureux migrant

Le long du bitume, les cadavres d'animaux se succèdent les uns derrière les autres, massacrés par les bolides qui foncent sur la route. J'ai déjà parcouru près de vingt kilomètres sous un soleil cruel, déjà dépassé Kozarac, lorsqu'une voiture blanche bringuebalante freine de mon côté en douceur et qu'un homme trapu en sort, barbe broussailleuse et sourire vaillant – et me demande dans un excellent anglais :

— Bonjour, mademoiselle, avez-vous besoin d'aide ?

— Non, merci ! dis-je avec un geste de remerciement.

— Je m'appelle Semir. Il fait très chaud et j'ai pensé que si vous le souhaitez, je pourrais vous emmener sur quelques kilomètres.

— Merci, mais je ne fais que marcher.

— Où allez-vous ? demande-t-il avec un air sympathique.

— À Jérusalem.

— Avez-vous un hébergement pour ce soir ?

— Non, mais je vais trouver à Banja Luka.

— C'est encore à vingt-cinq kilomètres, vous savez !

— Oui, je réponds d'un air un peu morne, songeant au goudron qui me tape durement sous la plante des pieds.

Le bitume de cette route est atroce. Le goudron, l'asphalte et le bitume sont de qualité variable d'une route à l'autre, d'un pays à l'autre, occasionnant des vibrations de pénibilité différente dans les rotules, les chevilles et les plantes de pieds. Ce goudron qui m'emmène vers Banja Luka est l'un des pires que j'aie foulés. Et l'astre qui nous réchauffe a décidé d'y mettre tout son cœur.

Je regarde Semir d'un peu plus près, faisant une évaluation rapide du personnage trapu et paisible qui se tient devant moi, dans un tee-shirt déchiré en quelques endroits. Je remarque que son pantalon est prématurément vieilli. L'homme a des traits qui dénotent une certaine âpreté d'existence. Même pour la Bosnie-Herzégovine, il a l'air démuni. Ce sont les rides circulaires de son front qui m'inspirent confiance, tout comme son sourire franc et le fait qu'il ne tente absolument pas de s'approcher, respectant une distance adéquate entre moi, piétonne, et lui, automobiliste. Il s'est rangé volontairement à un endroit qui me permette de partir à mon gré. J'apprécie cela. Alors je suspends la règle d'or de ce voyage pour le temps de cette rencontre, estimant qu'à cet instant, ce serait faire preuve de raideur que de refuser son offre.

— Je viens avec vous, alors. C'est vrai que je suis fatiguée.

Il m'ouvre la portière. J'en profite pour retenir sa plaque d'immatriculation mentalement. Je garde mon sac à dos sur les genoux par sécurité – cela me permet de marquer une distance – sait-on jamais.

— Je m'appelle Karen, lui dis-je en tendant la main.

Sa poigne est vigoureuse.

— Et moi Semir. Lorsque je t'ai vue, je me suis dit qu'il me fallait t'aider. Mais je n'étais pas sûr que tu accepterais parce que je peux faire peur, je n'ai pas la tête d'un homme rassurant. (Mon conducteur montre en riant son menton mal rasé et les trous de son tee-shirt.) Et je suis musulman ! Tu voyages depuis longtemps ?

— Eh bien, presque trois mois maintenant.

— Toujours à pied ?

— Oui, sauf aujourd'hui en fait. C'est bizarre. Je m'étais juré de tout faire un pied. Là, je fais une exception, mais je crois que ça ne menace pas mon voyage. J'ai peur de perdre le fil – tu comprends ?

— Oui.

— Quel métier fais-tu ?

— Je suis maçon, je fabrique des toits.

— J'ai rencontré des maçons bosniaques en Slovénie. Ils m'ont donné envie de venir là. Je veux dire que je voulais y aller au départ, mais les gens en France me disaient que c'était trop dangereux. Mais j'ai rencontré ces maçons...

— Oui, les ouvriers du bâtiment s'exportent bien ! Nous faisons du bon travail : nous devons reconstruire sans cesse notre pays avec toutes ces guerres.

Semir éclate d'un rire sonore. Je n'y avais pas pensé, bien sûr.

— Mais je ne travaille pas tout le temps en fait, juste ce qu'il faut pour vivre. Je travaille dix ou quinze heures par semaine, et le reste du temps, eh bien je suis heureux. Je n'ai pas besoin de grand-chose, vois-tu. Cela me permet de rencontrer des gens comme toi.

— Tu as toujours été maçon ?

— Non, avant j'ai été instructeur militaire en Irak. Cela payait bien...

— Pas possible !

— Si, c'est drôle, non ? Mais j'ai arrêté et je suis revenu ici dans mon pays il y a presque quinze ans. J'ai monté un restaurant avec tout l'argent que j'avais gagné là-bas. Cela a bien marché pendant un an. Puis j'ai tout perdu en une nuit, avec la guerre. Les Serbes sont venus en avril 1992. Ils ont exécuté plein de gens.

— Et toi, comment as-tu fait ?

— J'ai été dans un camp de concentration des Serbes, vois-tu ? J'étais avec mon petit frère. J'ai réussi à m'échapper avec lui, heureusement. Lorsqu'on est prisonnier, ça va encore, mais le pire, c'est d'être responsable de sa famille. On ne s'enfuit plus comme ça, du coup.

Je me rends compte en écoutant Semir à quel point je ne sais rien de la région, le passé de Prijedor m'est complètement inconnu, même si j'ai observé des traces si flagrantes de désespoir et de rancœur. Je ne savais pas alors que Prijedor avait abrité trois camps de concentration et avait été le théâtre de drames terrifiants, massacres en série, viols et violences sur Croates et Bosniaques. Une véritable épuration ethnique avait eu lieu, puisqu'à présent 90 % des habitants étaient des Serbes orthodoxes. En 1991, il y avait plus de Bosniaques que de Serbes bosniens.

Semir a eu une formation militaire, ai-je songé. Il savait comment se battre et s'enfuir. Il instruisait même des gens sur le sujet. Mais il avait son jeune frère qui, lui, ne savait pas tout cela et devait être paralysé par la peur. Semir s'est retrouvé dans une situation où il ne pouvait pas s'enfuir sans son frère, sinon ce dernier en serait sans doute mort.

— Tu parles très bien anglais, dis-je sur un ton pensif.

— J'ai vécu en Angleterre. Et en Allemagne aussi. Un peu en France. J'ai reçu l'asile politique en Europe pendant des années durant la dernière guerre.

— Tu es resté en Europe longtemps ?

— Quatre ans.

— Et maintenant ?

— Maintenant, je suis heureux, comme je te le disais. Les jeunes ici, si tu savais, ils veulent tous partir, et moi je n'arrête pas de leur dire : « Pour vous, ce sera pire ailleurs. Les gens ne voudront pas de vous. Vous serez des étrangers. »

— Tu as raison, Semir, c'est hélas vrai.

— Je sais, j'ai vécu cela pendant quatre ans.

— J'ai rencontré des jeunes à Prijedor. Ils voudraient partir à cause du chômage.

— Nous avons 50 % de chômage ici. L'État dit : 35 ou 40 %, mais ce n'est pas vrai. La moitié des gens sont au chômage et peu d'entre eux le vivent bien. Nous ne savons pas vivre bien les choses, c'est dommage. Moi, je suis heureux d'avoir tout ce temps.

Nous restons silencieux un moment. La route défile devant nous. Il y a comme une quiétude dans l'air, un partage des respirations qui ressemble à un moment de bonheur.

— Karen, si tu le veux, je peux te donner l'hospitalité. Mon village est juste là, dit Semir en embrassant sur la droite un paysage où pointent un minaret et un clocher. Bien sûr, sens-toi rassurée, ce n'est pas une invitation pour quelque chose que tu ne souhaites pas. Juste l'hospitalité.

— Merci, Semir, mais j'aimerais être à Banja Luka ce soir. Dépose-moi là, tu m'as bien avancée et j'ai été heureuse de faire ta connaissance.

— Alors attends, je t'y emmène, et si cela te dit, je te fais la visite.

Nous arrivons dans une ville gigantesque au regard des villes précédentes de Bosnie-Herzégovine. Semir se gare dans le vieux centre, dans l'enceinte d'une forteresse, et me convie à prendre place sur une terrasse pour manger une glace, sous le regard étonné des serveurs : nous sommes l'un et l'autre insolites avec nos accoutrements. Sur la porte battante du café, un panneau rond, bord rouge sur fond blanc à la manière d'un panneau de circulation, porte en son centre le graphisme d'un revolver barré avec une diagonale en rouge. Pour la première fois de ma vie, je vois un panneau public interdisant une arme à feu.

Après que j'ai expliqué à Semir comment je me suis égarée du fait de ma carte, celui-ci me prie de la lui montrer, puis après l'avoir étudiée quelques minutes, m'assure :

— Ta carte est bonne.

Même si j'ai de l'affection pour Semir, ses propos provoquent chez moi un brin d'agacement. Je sais très bien que cette carte est mauvaise, puisque je la teste jour après jour.

— Il y a plusieurs erreurs, dis-je. Elle n'est pas adéquate pour marcher.

— Tu ne trouveras pas mieux, je te garantis.

Je hausse les épaules.

— Par où vas-tu passer ? reprend-il.

Je lui énumère tous les pays prévus. Lorsque j'évoque la Turquie et la Syrie, il prend un air soucieux :

— Karen, j'admire ce que tu fais, mais écoute-moi bien. J'ai été militaire dans ces régions, tu sais. Et certaines d'entre elles sont dangereuses. Promets-moi de ne pas y aller. Pas en Turquie. Là-bas, surtout à l'est, il y a des régions où il n'y a plus de loi. Il n'y aura personne pour te protéger. Là-bas, on peut te tuer et personne n'ira chercher le meurtrier. Tu comprends ?

— Je comprends, dis-je un peu intimidée.

— Pas là-bas. Pas toute seule. Promets-moi.

Je ne réponds pas. Car je suis incapable de mentir à quelqu'un dont je suis proche. Et Semir en moins d'une heure m'est devenu proche.

— J'ai fait mon travail, je t'ai dit ce que je pensais. Si je ne l'avais pas fait, je me sentirais coupable. Il n'y a que toi qui peux choisir, mais tu connais mon point de vue.

— Je te remercie, Semir.

— Ne me remercie pas. N'y va pas seule.

6 juillet 2006
Épuisement en longeant la Vrbas

Dans la périphérie de Banja Luka par laquelle je passe pour continuer ma route, j'assiste, fascinée aux gestes précis des ouvriers qui travaillent sur le minaret d'une mosquée : je suis si peu habituée à voir des édifices religieux en construction en France ! Je demande mon chemin à une femme portant un foulard islamique, le premier que je vois ici. Comme elle ne peut me répondre, elle demande à un homme plus âgé de m'aider : il s'enquiert alors de ma destination :

— Jérusalem.

Le vieil homme grommelle, en me regardant d'un air désapprobateur puis, s'adressant à la ronde, dit :

— Elle va à Jérusalem. Israël, ce n'est pas bon.

Les gens acquiescent. Quoi ? J'ai déjà eu des contrôles poussés à la frontière parce que je disais que j'allais là-bas et maintenant, me voici face à une réaction négative ?

Je décide alors pour plus de sécurité de cesser de dire que je vais à Jérusalem, sauf lorsque j'ai confiance en mon interlocuteur. À présent, je dirai que je vais à Istanbul. Ce n'est que quelques jours plus tard que je fais le lien avec la guerre au Liban, qui a commencé le 12 juillet. Je ne connais alors pas l'étendue du conflit. Aux informations télévisées, les sempiternelles images de violence et de larmes défilent, des plans identiques à ceux qui m'ont fait quitter la France pour tenter de comprendre ce qui se passait là-bas.

La Vrbas est d'une limpidité bleue qui serpente entre les flancs en alternance avec les contreforts pierreux et les bouquets forestiers d'une chaîne de montagne couverte de forêts verdoyantes. Impossible cependant de s'attarder sur les reflets émeraude en marchant, car la conduite des automobilistes est d'une dangerosité redoutable. Et pour moi qui longe ces routes creusées sur une si petite largeur dans la montagne, les embardées spectaculaires des véhicules mettent mes nerfs à vif durant toute cette journée de macadam.

La rivière étant un appel à la baignade, des familles s'installent, envoyant les enfants patauger dans l'eau claire, de quoi me donner envie, en découvrant une petite plage déserte le long de la rivière, de descendre me rafraîchir les jambes. Gardant *shorty* et maillot par sécurité, je n'ai pas tôt fait d'avoir l'eau à mi-cuisse qu'un vieux paysan s'amène sur la berge avec sa fourche. Gringalet au crâne clairsemé, dissimulé sous un grand chapeau de paille, il porte une salopette sur une chemise devenue grise à force de travaux. L'homme me fait signe d'approcher à nouveau.

Je me morigène intérieurement, en pensant à mes affaires restées à côté de lui et dans lesquelles j'ai laissé mon passeport. Cela fait trois mois que je ne quitte pas mon passeport une seule seconde, et l'unique fois où je le lâche de quelques mètres, voilà qu'une personne mal intentionnée survient. Consciente de ma vulnérabilité, j'hésite à rejoindre la berge. Il a une fourche, et moi, je suis quasi nue…, il me sera difficile de courir commodément dans la rocaille coupante de la rive. Si j'avais eu mon passeport sur moi, je me serais sentie moins désarmée et j'aurais attendu qu'il s'en aille, tout simplement.

Il pose sa fourche contre un arbuste, un mètre derrière lui, s'accroupit et ramasse mon savon pour me le tendre. De fait, je me demande s'il ne me rend pas tout simplement service, et dans le doute, m'avance finalement, la main en avant.

Lorsque je suis à un mètre de la berge, le paysan essaie de m'agripper en… me savonnant les jambes. Je le repousse brutalement avec une rage que je ne cache pas une seconde. Alors que j'empoigne mes affaires et que j'enfile avec célérité mon pantalon, je tempête contre lui, qui immobilisé, marmonne d'une voix basse et stupéfaite :

— *Chto ? ! Chto !* (Quoi ? Quoi).

Je plante le pauvre diable avec des mots définitifs. D'accord, il est manifeste que lui et moi ne partageons pas les mêmes codes, mais dans le doute, lorsqu'une femme fait signe à un homme de partir, je ne vois pas pourquoi le message ne serait pas reçu. Me baigner dans une rivière entre donc dans la liste des choses agréables que je ne pourrai plus vivre durant ce voyage.

Durant ma préparation, je me suis placée dans un état d'esprit où je sois prête à abandonner toutes mes affaires, s'il me faut échapper à une situation délicate. Perdre mon caméscope, mon appareil photo ou je ne sais quoi de précieux est un risque que j'accepte.

Cependant, vaut-il mieux ressembler à une vagabonde et risquer d'être rejetée, ou être plus chic, mais susciter la sympathie comme l'envie ? En optant pour le mode « voyageuse un tantinet pouilleuse » avec un peu de matériel, petit, toujours dissimulé et pour ainsi dire antique, je ne suis pas certaine d'avoir fait le bon choix.

Quatre-vingt et unième nuit. Je me trouve dans une ville à demi détruite, en fête, entre des manèges et des chars. Une fille un peu ronde, pas très belle, tente de me séduire. Un peu avant, j'ai voulu attraper un oiseau exotique nain – un mini-toucan – dans un endroit où se trouvent plein d'animaux divers, tous de taille minuscule. Lorsque je reviens, l'oiseau a disparu et j'apprends qu'il appartient à cette fille. Je discute avec elle et elle tente de m'emmener dans son lit. […] Plus tard, toutes les lumières de la ville en fête s'allument. Il me faut fuir. Me voilà en train de courir en compagnie de mon grand-père maternel. Lorsque nous nous retrouvons dans une camionnette et que je me retourne vers lui, je ne vois que son cadavre allongé. Il a comme un visage de cire. [...]

7 juillet 2006
Jajce entre chevalerie et guerre très moderne

Depuis une semaine que je martèle le goudron toute la journée et que j'hésite à quitter le bitume de peur de tomber sur des mines, je commence à ressentir un genre de fatigue qui m'est inconnue. Je ne me suis pas étendue sur l'herbe depuis longtemps et le contact doux de la nature me manque.

Des pancartes à l'entrée de Jajce préviennent du financement gracieux, par des États d'Europe de l'Ouest, d'ambulances, d'hôpitaux et de maisons pour reconstruire Jajce. Le chiffre est indiqué à côté de chaque don. Je ne sais rien de la ville qui m'apparaît, couronnée par une forteresse médiévale, mais je sais déjà que ses habitants pourraient bien être conviés à une gratitude éternelle par les puissances occidentales.

Le climat de tempête mêle dans l'air brouillé des brins d'herbe et des volutes de pollution. Une fumée grasse et noire s'échappe au loin, vers les montagnes. Happée par la vision de la muraille sinuant entre de grands arbres verts, par l'empilement des toits traditionnels qui se mélangent à proportion égale aux charpentes en reconstruction, je ne vois pas s'approcher subitement de moi une bande d'enfants dépenaillés, qui, âgés de huit à dix ans, fondent sur moi avec des yeux de sauvageons et des cigarettes à la main.

L'un d'eux, en me dépassant, me crache sa fumée à la figure avec un rire insolent, auquel je réponds du tac au tac par un rire à gorge déployée, ce qui le décontenance et le rend furieux. Les gosses s'éloignent en raillant l'agresseur qui réagit en affichant un air boudeur. Ces gamins effrontés, véritables petites bombes prêtes à exploser, sont-ils à l'image de Jajce ?

J'hésite alors à descendre la ruelle abrupte qui s'enfonce à travers une périphérie qui, vu la pauvreté qu'on y décèle, se montrera peut-être aussi peu aimable que la petite bande.

Le vieux centre de Jajce porte d'amples traces du patrimoine culturel ottoman – je contemple ainsi longuement une petite fontaine, fascinée de me trouver à présent au cœur de la partie musulmane de Bosnie-Herzégovine. Encadrée de deux pilastres, elle est ornée de calligraphies arabes.

Après une longue errance sur les pavés, sous une pluie battante, je trouve une enseigne de cybercafé. À l'intérieur, il fait sombre et la salle est un chantier de cartons empilés, au centre duquel discute un groupe de jeunes gens, qui se retourne aussitôt vers moi avec étonnement. Quatre garçons et deux filles, ces dernières arborant une coupe de cheveux élaborée. Décontenancée, je demande à la volée si quelqu'un parle anglais.

— Je parle anglais, répond une jeune femme brune en s'avançant d'un pas.

— Est-il possible d'aller sur Internet, ici ? dis-je en remarquant d'un coup d'œil circulaire qu'aucune machine n'est installée, sauf celle qu'utilise l'un des garçons qui semble diriger le groupe.

— Non, ce n'est pas encore ouvert, il n'y a pas de réseau, me répond à nouveau la jeune femme. Je vais vous accompagner dans un endroit où il y en a, si vous le souhaitez.

— Je vous remercie beaucoup.

— De rien. Mon nom est Selma. Venez, suivez-moi.

Les jeunes femmes saluent les garçons et m'emmènent à travers les ruelles.

— Vous parlez bien anglais, dis-je en guise de préambule, une fois de plus.

— Nous vivons aux États-Unis. Nous revenons ici pour les vacances.

Cela explique la coupe de cheveux et les vêtements, qui sont effectivement à la mode américaine. Une fois arrivées au café, elles m'aident à trouver un logement, puis m'invitent à boire un verre avec elles. Le spectacle de la jeunesse désenchantée continuant de me frapper dans ce pays, je leur fais part de mon étonnement :

— J'ai vu des enfants fumer à l'entrée de la ville. Ils n'avaient même pas dix ans.

— Oui, me répond Selma, c'est un fléau ici en Bosnie. Il n'y a pas de limite d'âge pour la cigarette. Ils boivent beaucoup aussi. Et consomment beaucoup de drogue.

— Tous les jeunes Bosniaques veulent-ils vraiment partir ?

— Oui, mais ils se font des illusions. Ailleurs, ils ne savent pas comment c'est. Nous vivons aux États-Unis, mais moi je voudrais revenir ici pour monter une affaire dans la traduction. C'est le moment en Bosnie, il y a beaucoup à construire dans beaucoup de domaines. Les jeunes se laissent aller ici. Ils sont complaisants. Marasme, tu vois. Ils disent tout le temps qu'ils sont malheureux parce qu'ils n'ont rien. Mais ils ne se rendent pas compte. Ils ne se battent pas ! Et la vie est un combat partout, ici comme ailleurs !

Surprise par le ton vindicatif de mon interlocutrice, je ne peux m'empêcher de penser que ses propos ressemblent mot pour mot à ceux d'un ami américain. Je leur explique l'objet de mon voyage.

— La Bosnie-Herzégovine est loin de pouvoir entrer dans l'Union européenne, tu sais. Vraiment. L'Europe, si on peut en parler dans vingt ans, ce sera déjà bien. Il y a l'économie, tu n'imagines pas nos problèmes de transport – nos routes ne sont pas assez larges pour faire transiter correctement les camions de marchandises à cause des montagnes. C'est un problème pour le gros fret. Et il y a la corruption, les abus de pouvoir sont tellement importants – tous les politiques sont véreux. Et pour finir, il y a aussi la religion.

— La religion ? On m'a dit que ça allait maintenant ?

— Tu es allée à Mostar ? me demande Selma.

— Non. Et je ne pourrai pas cette fois-ci, malheureusement.

— La ville est coupée en deux. D'un côté il y a les orthodoxes. Et de l'autre les musulmans. Les deux parties sont reliées par un pont. Les tensions sont inimaginables, là-bas. Nous ne sommes pas optimistes sur la manière dont les gens vont pouvoir s'entendre à long terme, même si tout le monde fait un effort. Tu sais, la guerre a eu lieu, on ne sait pas vraiment pourquoi ni comment, mais c'était à cause de cela. La guerre est venue sans crier gare. Même lorsque les soldats étaient à deux jours de là, juste avant de tout détruire, personne n'y croyait. Et le pire, c'est qu'on ne sait toujours pas exactement pourquoi elle a eu lieu. Alors ici, on s'attend forcément à ce qu'elle revienne un jour ou l'autre, de la même manière.

— Depuis que je suis en Bosnie-Herzégovine, c'est là où j'ai reçu le meilleur accueil, quelle que soit l'appartenance religieuse.

— Ils sont contents de te voir. Mais tu sais, en ex-Yougoslavie, tout le monde nous déteste, nous les Bosniaques.

— En Slovénie, les gens m'ont dit plusieurs fois que les Bosniaques étaient de braves gens, dis-je en pensant à Vania et au jeune marcheur de Postojna.

— Ça alors, je ne pensais pas, me dit Selma d'une voix émue. Vraiment... C'est une bonne nouvelle, reprend-elle, troublée. On se sent tellement méprisés en tant que Bosniaques, si tu savais.

8-9 juillet 2006
Des montagnes par Turbe et Travnik

Je me lance sur un sentier large de quelques mètres dans les montagnes, pour éviter la nationale épuisante qui les contourne. Après vingt kilomètres de marche, espérant pouvoir me ravitailler dans un village noté sur ma carte, je demande mon chemin à une compagnie de rudes bûcherons entassés dans un pick-up. L'un d'eux me répond, hilare :

— Le village, il n'y en a plus. Regarde !

Et tout autour de moi, dans les hauteurs, des ruines attestent d'une vie passée, anéantie par la guerre. Les maisons ont été tellement ravagées puis happées par la nature environnante que je ne les ai même pas aperçues. Ce village n'existe plus que sur la carte. Je demeure un moment abasourdie, considérant soudain le problème du ravitaillement comme un problème très secondaire. Que la carte soit fausse est troublant. La mienne témoigne d'un passé. Elle parle de quelque chose qui n'existe plus. Elle persiste à garder vivant ce qui est mort.

Dans une maison dont il ne reste que des murs écroulés et des éboulis, une vieille femme me regarde immobile, d'un air figé, devant un feu. Du linge gris est accroché sur des fils suspendus entre les poutres brisées de la demeure. Je n'ose pas demander de l'eau au masque ridé qui me contemple avec dureté.

Dans le lointain apparaît une file de bêtes de somme, conduites par une silhouette marchant lentement. Plus tard, je croise le troupeau mené par un jeune berger, un homme d'une rude beauté taciturne habillé de frusques auquel il me paraît exclu d'adresser la parole. Je vois alors, avec frustration, le troupeau bêlant me dépasser suivi de leur pasteur.

Je ne retiens de la rencontre qu'une terrifiante nuée de taons qui s'abattent sur moi et qui me font enfuir, malgré les tournoiements de bâtons et les grands coups de pied en l'air. Au moins cent taons m'ont poursuivi longtemps, en un nuage sombre et bourdonnant, me faisant finalement hurler de peur et dévaler une pente rocailleuse. Je reprends ma route en transpirant.

L'orage éclate et m'accompagne jusqu'au sommet de la montagne, me faisant ranger craintivement mon bâton télescopique. La foudre tombe très près et au plus haut de cette montagne, et, même si je suis environnée de hauts arbres plus propices à recevoir la colère des cieux, je ne vois pas l'intérêt de brandir mon bâton métallique.

Dans la forêt, des panneaux *Pazi minas*, se mettent à fleurir ici et là, me faisant redoubler de vigilance. Je me demande si les ours et les loups sautent aussi sur les mines. Ou s'ils sentent quelque chose.

Les silhouettes féeriques des sapins laissent place à de petites clairières puis, sur les crêtes que je retrouve à nouveau, à de grands pâturages, avec toujours, constellant cette nature sauvage, des petits panneaux rouges annonciateurs de mines.

Deux heures et demie de marche de plus me mènent à un village doté d'une épicerie où je peux me fournir en nourriture et en informations. En contrebas, un groupe de femmes s'est formé en face de ce que je devine être une petite boutique de vêtements, insolite dans ces montagnes perdues.

Le petit club féminin, après un silence surpris auquel je réponds par un sourire, m'accueille aimablement et m'indique la direction de Turbe, en me proposant de prendre un bus. Mon refus les étonnant, je réponds à leurs questions pressantes : je suis seule. Oui, je suis toujours à pied. Non, je n'ai pas peur.

Et je les quitte, descendant en hâte la route, peu à peu enveloppée par la nuit tombante. Je me fais dépasser par un minibus, dont le jeune conducteur insiste avec gentillesse pour que je monte : il s'appelle Safet.

Comme il ne parle pas un mot ni d'allemand, ni d'anglais, ni de russe et qu'épuisée, je ne saisis que quelques mots de bosniaque, je ne retiens de ce qu'il dit que son prénom. Safet se reprend à plusieurs reprises pour m'expliquer quelque chose d'important, que je ne finis par comprendre que lorsqu'il sort une clef de maison qu'il me dépose dans la main. Pour dormir, mime-t-il en plaçant sa main contre son oreille.

Nous arrivons à Turbe quelques minutes plus tard. Les néons de la petite ville me redonnent des forces. Safet range son bus à côté d'une baraque sombre, laissant le moteur allumé. Il ouvre une porte donnant sur un bureau, me note son numéro de téléphone en cas de problème, puis me montre un pot où mettre la clef le lendemain matin, tout cela d'une traite. Puis il me souhaite bonne nuit et s'éclipse.

J'entends le bus démarrer aussitôt et observe un peu mieux la pièce : le divan où je vais dormir se trouve à côté d'un tapis de prière, d'une machine à écrire et d'un fax préhistorique. Cette première marque d'hospitalité musulmane, si spontanée et bienveillante, me laisse longtemps interloquée, avant que je cède finalement au sommeil, en songeant que peut-être, le groupe de femmes rencontré devant la boutique de vêtements a discuté avec le conducteur du bus pour qu'il m'aide. Qu'importe.

Quatre-vingt-troisième nuit. Il faut que je rende les clefs à Safet et que je quitte le bureau où j'ai dormi, me dis-je encore tout ensommeillée. Je suis réveillée soudain par le bruit que fait un groupe de travailleurs dans le local qui jouxte le bureau. J'ai un moment peur qu'ils ne viennent m'embêter mais, propriétaires d'une partie de ce local, ils ne sont que de passage. Ils lancent seulement quelques réflexions sur l'attitude des musulmans à mon égard. Ils envient l'invitation qui m'a été faite, ce qui laisse affleurer une jalousie malsaine. Puis deux amis surviennent et s'apprêtent à abandonner leurs affaires dans le local. Je leur dis que je dois rendre la clef, mais ils traînent, me mettant mal à l'aise. [...] À Sarajevo, j'entre dans une boulangerie et me rends compte qu'il faut payer en humus. En fait, Sarajevo est partagée entre la Slovénie et la Bosnie. Et je me sens perdue. Je n'arrive pas à comprendre comment j'ai pu me retrouver là. Je dors, et la voix du muezzin alterne avec les cloches.

Je vais à Sarajevo dans ce rêve, alors que je ne connais rien de cette ville. Ce qu'il y a de curieux, c'est que je me rends à la boulangerie. Plus tard, lorsque j'arriverai à Sarajevo, c'est une boulangerie près de la fontaine Sebilj qui sera mon point de repère, l'endroit où je prends les informations et l'endroit où se trouvent les meilleures viennoiseries que j'aie jamais mangées. Dans l'humus, il y a pour moi la terre et le sang. On paie son pain avec de la terre et du sang dans la boulangerie de mon rêve.

L'alternance entre la voix du muezzin et les cloches est étonnante aussi, car je n'ai pas le souvenir d'avoir jamais fait cette expérience auparavant.

L'interpénétration entre ce que j'ai vécu la veille et le rêve crée des effets de mise en abyme qui me surprennent au petit matin. Si j'ai rêvé du muezzin, ce n'est pas pour rien. Je me rends compte à quel point je suis proche de la mosquée de Turbe. J'ai entendu le muezzin dans la nuit comme s'il chantait à côté de moi.

De Turbe je me dirige vers Travnik, arpentant un macadam dégrisant.

Fontaines, forteresse, mosquées et autres traces du passé ottoman de Travnik me transportent et m'intimident en même temps. Je regrette, en traversant la ville, de ne pas avoir eu le temps de lire les *Chroniques de Travnik* d'Ivo Andrić, que m'a transmis mon père avant mon départ de Paris.

Je me surprends à penser qu'en souhaitant découvrir les pays que je traverse uniquement à l'épreuve du réel, sans m'appuyer vraiment sur des connaissances théoriques, je vais peut-être un peu trop loin dans une certaine expérience du dépouillement.

Mon cœur bat la chamade tous les jours et à chaque seconde en Bosnie-Herzégovine. À force de m'interroger sur tout ce que je vois sans pouvoir me reposer sur des connaissances intellectuelles, je m'épuise.

La veille de mon arrivée à Sarajevo, lorsque je fais halte à Busovuca pour y dormir, je trouve les Bosniaques attablés devant des télévisions en terrasses, pour la finale de la coupe du monde, opposant la France à l'Italie. Ce soir, pour la première fois de ma vie, je vais regarder du football.

Quatre-vingt-huitième nuit. Un bol en bois contient une espèce de soupe de grenouilles et de souris. Quelqu'un a arrêté le four avant qu'elles n'aient complètement fondu. […] Un jeune type au crâne rasé, branché, me regarde avec un regard lourd de signification : il est clair qu'il ne peut pas me sentir. Je lui demande calmement si c'est parce que je ressemble à quelqu'un qu'il déteste ou si c'est autre chose qui le dérange. Cela le fait sourire et il s'en va.

10-16 juillet 2006
Sarajevo, entre minarets et clochers

Je traverse la banlieue de Sarajevo avec le sentiment que le temps s'étire indéfiniment, les yeux tournés vers les nuages, lorsque je ne trouve pas un banc où m'asseoir pour lire *La Nausée*, évitant ainsi de me laisser pénétrer par les tensions que j'y ressens. Le narrateur de l'ouvrage, Antoine Roquentin, vit une transformation au plus profond de lui-même qui le rend perméable aux choses et au monde jusqu'à la dissolution.

Mon sac, qui doit peser dans les onze ou douze kilos, atteint un pic de poids que je dois aux présents reçus depuis Venise. Aussi, j'éprouve un profond soulagement en apercevant le panneau de signalisation annonçant Sarajevo. Je ne suis plus qu'à dix kilomètres de la capitale et de grands panneaux publicitaires flanquent à présent plus régulièrement la route. Une publicité de grande marque vantant des jeans montre une jeune femme alanguie, la poitrine à peine dissimulée par sa veste bleue. Et quelques centimètres en dessous, se trouve un panonceau couleur de sang sur lequel ricane une tête de mort, ceci à quatre mètres d'une des principales routes qui mènent à Sarajevo.

La nationale se transforme en quatorze brefs kilomètres d'autoroute en entrant à Sarajevo, la seule autoroute de

Bosnie-Herzégovine. J'emprunte donc une voie ferrée, dont je ne sais si elle est désaffectée, en m'interrogeant tout le long du trajet sur la possible présence de mines sous les traverses : le ballast n'est pas tout neuf, mais pas antique non plus. En revanche, de nombreux os le jonchent. En arrivant aux portes de la ville, je tombe sur un squelette entier qui me fait bondir de frayeur, croyant reconnaître dans un premier temps les os d'un enfant. Mais non, ce doit être un gros chien. Les os sont blanchis, effrayants.

Sarajevo, enfin ! Je prends un tramway jusqu'au vieux centre, près d'une fontaine de bois, ciselée, magique face à laquelle se trouve la vitrine illuminée d'une boulangerie qui ferme tard, m'offrant l'opportunité d'acheter une viennoiserie dont l'onctuosité me met des larmes aux yeux.

Arpenter cette étrange capitale me plonge dans un état à la fois magique et désespéré.

Les cloches et les muezzins se font entendre alternativement, parfois au même moment. Sarajevo est la seule cité avec Jérusalem où l'on peut trouver dans un même quartier des mosquées, des églises orthodoxes, des synagogues et des églises catholiques. Quelque part, à ce moment du voyage, je suis arrivée plus tôt que je ne pensais à ma première destination symbolique, au croisement culturel entre le christianisme et l'islam.

Je me repose près d'une semaine à Sarajevo et arpente le vieux centre Ottoman, Baščaršija, du Bezistan à la mosquée Bey. La fontaine Sebilj, près du quartier des graveurs, est l'endroit où je préfère continuer de lire *La Nausée*. Je me laisse happer par la lecture pendant des heures.

Les rues, à la nuit tombée, sont bondées : les gens marchent doucement en se tenant le bras, tandis que surgissent, à la sauvette, des vendeurs de DVD pirates, de sacs Vuitton et de… cannes à pêche. Je goûte la ville et sa nonchalance… Amicalement, en famille, en groupes d'hommes et de femmes, les Bosniaques boivent un verre et grignotent, dans les nombreux restaurants populaires, cette fameuse spécialité yougoslave de rouleaux de viande hachée au gril, vantée par Dejan et ses sœurs à Prijedor, les *ćevapi*. Ce délice de petites saucisses est souvent enrobé d'un pain et accompagné d'une crème aigre-douce et d'un verre de yaourt.

Les trous faits par les impacts de balles n'ont pas encore été tous rebouchés, comme en témoignent les façades déchiquetées ou démolies qui ponctuent la ville. L'architecture néo-maure de l'ancienne bibliothèque nationale est constellée d'impacts de balles. Ses fenêtres sont occultées par des planches. 80 % du million et demi de livres qu'elle contenait ont été détruits dans l'incendie lors du bombardement par les troupes serbes de Bosnie, dont cent cinquante-cinq mille livres rares et cinq cents manuscrits.

Dix mille personnes ont perdu la vie à Sarajevo pendant la guerre, dont mille cinq cents gosses. Sarajevo, étape prisée par les jeunes routards, laisse voir dans ses rues des fenêtres mal opacifiées par une toile d'où dépassent des lits de dortoir, les pieds et les têtes ébouriffées de jeunes voyageurs qui vont vers Istanbul, Vienne ou Zagreb.

Entendre tous les jours cloches et muezzin me ravit. J'ai le sentiment intense que l'espoir est possible. Je suis arrivée sans m'y attendre à la croisée de l'Orient et de l'Occident. Une sorte d'avant-poste. Et ce que j'y vois m'émerveille. J'y ressens chez les gens un besoin si fort de vivre ensemble. Cela n'empêche pas des conflits, mais n'étant pas allée à Mostar, je n'en vois pas les signes. Ce qui me rend optimiste : n'avais-je pas raison de penser que le monde était meilleur que ce qu'on m'avait dit. En voici la preuve. La Bosnie-Herzégovine a essuyé une guerre atroce, mais les gens veulent vivre ensemble.

Je suis confiante quant à la poursuite de ce voyage sous les meilleurs auspices, d'autant que Lucile me rejoint le lendemain.

Quatre-vingt-septième nuit. Il est question d'une fuite possible avec un autre homme, à condition de laisser mourir le troisième de notre trio. Cette fuite nous permettrait de sortir de l'esclavage. J'en parle à maman. Elle est désespérée à l'idée que je puisse imaginer faire ça. Elle me dit qu'elle ne m'a pas éduquée ainsi. Je me rends à ses raisons après avoir réfléchi : aucune vie ne mérite d'être perdue pour être libre.

20-21 juillet 2006
Visegrád, porte de l'Orient

« Comment se fait-il que nous ne soyons toujours pas arrivées ? » me dis-je en observant la carte à nouveau. Cela fait presque huit heures que nous marchons. Nous avons un rythme qui doit avoisiner les quatre kilomètres et demi à l'heure : toutes deux ensemble, nous avons la foulée leste. Les maisons typiquement bosniaques, flanquées de leurs habituelles meules de foin, s'égrènent sous le soleil, dans les montagnes. Mais un mont succède à un autre. Des crêtes, des cols... Nous traversons seulement les vallées, engluées comme des mouches sur les bas-côtés de la route que nous suivons inlassablement.

La nuit venant, alors que, tendues vers Visegrád, nous ajoutons aux trente-cinq kilomètres annoncés par la carte d'autres kilomètres dont nous ne connaissons pas la teneur, Lucile exprime pour la première fois son épuisement, d'une toute petite voix, tout en avançant avec courage. Moi aussi, j'ai les pieds qui souffrent. Vers vingt-trois heures nous arrivons enfin à Visegrád, affamées et fourbues. Cinquante-cinq kilomètres. De quoi insulter copieusement la compagnie qui a conçu cette carte de Bosnie-Herzégovine. Malgré notre fatigue, nous ne pouvons que nous extasier devant le pont illuminé qui enjambe la Drina. De nuit, c'est un lieu de retrouvailles pour les amoureux candidats au suicide. C'était aussi un point de passage important pour les caravanes, autrefois.

J'imagine l'Orient et ses parfums, clichés tenaces qui placent un voile cotonneux devant mes yeux : mais si j'ai décidé d'effectuer ce voyage en ne voulant rien savoir, n'est-ce pas justement pour avoir tout à découvrir ? Et pouvoir demander aux personnes rencontrées de nous raconter cela, sans idées préconçues ?

La pauvreté culturelle, de nouveau, est à certains moments une frustration intenable. Je me promets, en rentrant, de lire essais, romans et revues spécialisées, de regarder des documentaires et d'aller voir des spécialistes de toutes les questions dont je fais la collecte. Le « butin » est déjà considérable.

22 juillet 2006
L'accueil de Dobrun

Sur la voie ferrée montrant des signes de semi-abandon, nous sommes à une vingtaine de kilomètres de la frontière, lorsqu'une femme rousse me tendant de l'eau d'une poigne vive me demande :

— Où vas-tu ?

— Mokra Gora.

— Mokra Gora ! La ville d'Emir Kusturica !

J'ai peur d'avoir mal compris.

— Emir Kusturica ?

Je mime une caméra qui tourne devant mon œil. La femme approuve énergiquement en désignant la voie ferrée.

— Emir Kusturica est là en ce moment ? dis-je d'un ton insistant.

— Peut-être. Je ne sais pas.

Je la quitte la joie au cœur, car j'espère une rencontre fortuite avec le réalisateur. Après tout, son film *Underground* avait désenclavé Sarajevo du no man's land dans lequel j'avais plongé les Balkans dans mon esprit. Sauf qu'à ma grande confusion, j'apprends bien plus tard qu'il s'agit de Belgrade ! Emir Kusturica est à quelques kilomètres de moi, peut-être, et si tel est le cas, je vais le rencontrer au hasard d'une équipée hasardeuse. Voilà une aventure qui s'annonce palpitante.

Lucile et moi suivons la voie ferrée, toujours plus étroite, prises de vertige et d'un peu d'adrénaline en passant dans un tunnel étroit sous la montagne, dans lequel nous n'aurions pas apprécié rencontrer une locomotive. Un panneau annonçant un monastère orthodoxe nous motive à quitter les rails pour une visite inopinée.

Des monts vert cru surmontés de pointes safran entourent le monastère, dominé par la statue moderne d'un géant de métal portant la main levée en un salut autoritaire, glaive courbe au côté. Nous apprenons assez vite que cette figure célèbre un jour farouche de victoire contre l'envahisseur ottoman, dans le musée inhabituel que le couvent abrite dans un bâtiment secondaire : des pièces dédiées au patrimoine religieux orthodoxe d'un côté, des habits militaires, armes, glorifications en l'honneur des héros serbes de l'autre. Qu'est donc ce lieu où religieux et nationalisme ont l'air si intimement liés ?

L'église attire davantage notre regard. D'extérieur fraîchement blanchi à la chaux, sa toiture est presque brillante, refaite si proprement qu'un certain charme s'en est sûrement évaporé. Dans une cahute de souvenirs religieux, nous découvrons cierges jaunes au miel, icônes, chapelets, ouvrages sur le monastère, bijoux religieux et cartes postales…

Un jeune moine, sa barbe sombre tranchant avec ses yeux pleins de malicieuse bonté, nous fait signe. Surpris de nous découvrir en ces lieux, il se réjouit, suscitant chez l'une et l'autre un profond saisissement de voir des traits si jolis dans ces habits noirs de frère orthodoxe.

Simon est justement de corvée au tiroir-caisse. Nous en profitons pour lui demander où trouver un toit à proximité. Il hausse les épaules en creusant le front et conclut qu'il ne sait pas. En quittant la boutique, nous entendons soudain sa voix nous rappeler.

— Tenez, dit-il en nous tendant des cartes postales et un livre. C'est un cadeau. Priez pour moi à Jérusalem.

Et Lucile et moi de foudre face au sourire de ce jeune moine, comme des donzelles émoustillées.

Par contre, nous avons dû marcher trois kilomètres avant que survienne une voiture d'où une voix de femme nous hèle, en français :

— Mesdemoiselles ! Mesdemoiselles !

Un visage triangulaire encadré de cheveux châtains mi-longs nous sourit timidement. Au volant, à ses côtés, l'homme, cinquante ans, est difficile à identifier : personnage bien en chair, à la barbe drue ; avec ses traits burinés et son bonnet noir, il m'évoque un sans-abri.

— Je m'appelle Antonija. Est-ce vous qui allez à Jérusalem ? Si vous le souhaitez, notre higoumène vous invite à rester avec nous, continue la jeune femme en désignant l'homme à ses côtés, qui nous salue, les yeux brillants, pleins d'expectative.

De retour dans l'enceinte du monastère, j'ai le sentiment de me trouver dans un autre lieu que celui que nous avons quitté une heure plus tôt. Car il s'est soudain drapé d'oripeaux familiers – et je sais que j'y suis déjà attachée affectivement, par cette rencontre inopinée.

Frère Simon nous fait un geste de la main en arrivant. Il est entouré de jeunes femmes et de fillettes qui se joignent aux sourires et aux bonjours ; elles travaillent dans une grande salle du bâtiment principal semblable à un vaste réfectoire. Deux longues tables de bois et des bancs durs accueillent les rayons de miel d'où les jeunes filles, armées d'un bâtonnet de bois, extraient la cire qu'elles placent dans de gros récipients circulaires.

Nous laissons nos sacs dans un coin du réfectoire à l'invitation d'Antonija, qui nous propose de travailler aussitôt. Enfilant un tablier, nous nous mettons donc au travail, extrayant la cire, faisant fi des abeilles qui nous environnent.

Le père survient plus tard, l'air farceur. Il porte un gros canard blanc dans les bras. Le volatile se débat mollement en lâchant ici et là un cancan indigné. Je m'exclame soudain, me remémorant mes deux années de russe à l'université :

— *Patak !* Je sais ce que ça veut dire. Ça veut dire « canard », je m'en souviens !

— Oui, c'est cela, me dit en riant Antonija.

— *Patak !* Votre higoumène est un farceur. Appelons-le le père Patak !

Antonija traduit, l'homme fronce les sourcils un moment puis éclate de rire en hochant la tête affirmativement. Et le canard passe de bras en bras, de notre abbé à Lucile, puis de Lucile à moi, toujours révolté mais semble-t-il un peu habitué à la chose.

Le père Patak parle à Antonija, qui nous traduit gaiement :

— Vous savez, nous allons tuer le canard pour vous ce soir. Nous allons le manger pour fêter votre venue.

— Oh non, dis-je en m'esclaffant. Nous sommes végétariennes !

Antonija nous regarde tour à tour, les yeux ronds :

— Végétariennes ? Comme les personnes qui ne mangent pas de viande ?

— Oui, c'est cela, dit Lucile.

J'ajoute :

— Moi je ne suis pas végétarienne, mais je partage le chemin avec Lucile, alors je partage aussi sa nourriture.

L'higoumène tapote l'épaule d'Antonija, le regard interrogateur. La jeune femme lui répond et il nous regarde, surpris, en se grattant la barbe. Puis il reprend d'un ton jovial, le front s'éclaircissant de nouveau :

— Vous ne mangez vraiment pas de viande ? Alors, nous allons manger du poisson !

— Nous ne mangeons pas de poisson non plus, répond Lucile, un peu gênée, mais déterminée.

— Mais notre Seigneur Jésus-Christ a multiplié le pain et les poissons pour nourrir les gens !

— Peut-être, mais je ne mange pas d'êtres vivants, rétorque ma compagne de voyage, ce qui me fait rire, car la situation est alors comique, et je vois bien que nos hôtes sont partagés entre le désir de nous faire plaisir et une immense perplexité.

— Vous êtes un peu comme les bouddhistes ?

— Euh…

— Ce n'est pas grave, nous mangerons du poisson, nous. D'ailleurs le père va aller les pêcher.

Le lendemain, pour la liturgie, nous nous levons à six heures et demie. Je cherche mes chaussures jusqu'à découvrir le méfait amusant du chien du monastère. Ayant dérobé la paire dans la nuit, il les a mâchouillées longuement, heureusement pas assez pour m'empêcher de continuer la marche. Lucile porte une robe cintrée jaune vif, qui heureusement masque les épaules. J'ai oublié de l'avertir que les églises orthodoxes sont assez chatouilleuses sur le sujet. Tandis que la cloche sonne la messe, nous allons d'un pas vif vers l'église assister à notre première messe orthodoxe, suivant Antonija, qui, les épaules couvertes, porte un foulard noué aux cheveux.

Dans l'église, nombreux sont les villageois à avoir le front penché. Il faut, dans le rite orthodoxe, aller jusqu'à l'icône centrale, faire une génuflexion après avoir mis genou à terre, puis embrasser l'icône. Ce n'est pas évident pour moi qui connais depuis peu le rite catholique, mais pour Lucile, il s'agit d'un véritable moment d'adaptation, elle qui ne sait pas faire correctement le signe de croix. Personne ne fait mine de remarquer nos bévues, en tout cas.

L'office est long, quelque chose comme une heure et demie à se tenir debouts, immergés dans les larges volutes que balance l'encensoir retenu par frère Simon avec un sérieux que nous lui découvrons. Le père Patak lui-même garde un visage très digne.

J'ai enfin le fin mot de l'interrogation qui me taraudait depuis mon arrivée en Bosnie-Herzégovine : qu'y a-t-il derrière les panneaux coulissants qui dissimulent le chœur ? Le rite révèle cette partie de l'église, laissant voir dans un élan somptuaire le saint des saints. Il y a quelque chose de l'ordre de l'initiation dans l'ouverture de cette enclave « secrète ». Seule la liturgie permet de voir l'après, le fameux mystère.

Je ne sais en quelle langue est dit l'office. En grec ? Et je me demande si les personnes assemblées dans l'église peuvent suivre ce qui est dit. Qu'importe, la ferveur est grande, même si des gens arrivent en retard.

Des talons hauts résonnent soudain sur le dallage de l'église. Ils appartiennent à une villageoise entre vingt et trente ans, en jupe courte, les épaules crânement découvertes. Un semblant de fichu qui se veut sans doute insolent couvre son front. L'éclat frondeur du regard qu'elle adresse à la ronde aux paires d'yeux emplis de réprobation me fait imaginer un certain romantisme de la part de cette femme.

Semblable à une héroïne de film, elle a d'emblée ma sympathie. Il faut avoir du cran ou une personnalité particulièrement provocatrice – ou les deux – pour affronter l'accueil glacial qui lui est fait par les villageois. J'observe d'ailleurs que le père Patak lui adresse un hochement de bonté simple, l'invitant à prendre place sans s'offusquer. J'imagine que la jeune femme se plie de mauvais gré aux obligations sociales traditionnelles du village, mais le fait à sa façon.

L'incident se fait vite oublier et pour ma part, si je suis heureuse de me trouver là, dans cette messe empreinte de mystère, d'odeurs pénétrantes et de chants vibrants, je commence à avoir du mal à me concentrer à force de garder le front baissé. Les psalmodies masculines jamais ne cessent, parfois ponctuées de discrets raclements de gorge et d'aboiements, nous reliant vers un extérieur de plus en plus abstrait.

Bercée par les chants virils, je promène alors le regard sur les fresques et les peintures qui nous entourent, une véritable bande dessinée qui me fait penser qu'autrefois, à l'église, lorsque avait lieu la messe en latin, il devait être reposant de poser les yeux sur tant de beauté.

Plus tard, nous quittons le monastère, le cœur serré, chargées de nouveaux cadeaux. Avant de partir, le père Patak s'adresse à nous :

— Revenez quand vous voulez. Restez plusieurs semaines avec nous. Et vous apprendrez.

Et à Lucile, plein d'une gravité douce :

— Toi surtout, il faut que tu apprennes à devenir chrétienne. Vous prierez toutes les deux pour nous à Jérusalem.

— Karen, oui, moi je ne vais pas à Jérusalem, dit Lucile d'un ton désolé, s'apercevant soudain de la méprise. Je ne fais que l'accompagner quelques jours.

— Ah, nous croyions que vous alliez toutes les deux à la ville sainte, répond Antonija avec embarras.

Et elle traduit en hésitant. L'air déçu et troublé, l'higoumène observe Lucile qu'il adorait comme l'ange qu'il croyait avoir vu la veille. Qu'importe. « L'habit ne fait pas le moine », aurais-je pu alors lâcher avec un sourire taquin, mais par chance, avant d'avoir l'opportunité de proférer la bêtise, nous revoilà à nouveau en partance. De passage dans ce monastère, décidément, je garde beaucoup de souvenirs contradictoires.

23 juillet 2006
Le village d'Emir

Après avoir passé aisément la frontière, nous continuons de longer la voie ferrée en chantant à tue-tête jusqu'au village de Mokra Gora en haut duquel se trouve Drvengrad, le « village en bois » reconstitué par Emir Kusturica, qui s'y trouve justement avec son équipe. Nous décidons de rester une journée de plus pour essayer de les rencontrer.

Quatre-vingt-dix-huitième nuit. Emir Kusturica m'aperçoit et veut me proposer un rôle dans le film qu'il est en train de tourner : des photos de moi à des âges différents, encadrées, seraient introduites dans le film. Je lui réponds que je serais enchantée, mais que je souhaite surtout lui raconter quelque chose qui peut-être changerait la donne de manière intéressante : je suis arrivée à Mokra Gora à pied en passant par la Bosnie et la Serbie grâce à ses films. Il suggère alors qu'on fasse des photos de groupe [...]. Je rencontre l'ami qui m'a invité à lire La Nausée. *Nous avons beaucoup à nous dire, mais en peu de temps. Il est en train, dit-il, d'éditer le livre d'une femme, qui survient alors que nous parlons. Mais il s'agit d'un homme de métal qui ressemble un peu à celui du* Magicien d'Oz.

Le lendemain, en me réveillant, je note ce rêve avec un curieux sentiment. Lucile et moi traînons toute la journée dans le village en bois, dessinant l'une et l'autre les architectures des maisons de *La vie est un miracle.*

Un Serbe, me voyant dessiner dans mon carnet, se montre intéressé :

— Je suis guide pour les Américains. Je les emmène à travers le pays, me dit-il en désignant un couple de vieillards à une table. D'où viens-tu ?

Je lui raconte ma marche jusqu'ici. Il me répond aussitôt :

— Viens boire un coup avec nous, je suis sûr que cela va les intéresser.

Je m'assois donc à leur table. Le guide commande un jus de framboise pour moi puis dit aux deux touristes :

— Regardez, elle dessine. Et elle vient de faire des milliers de kilomètres à pied. N'est-ce pas fou ?

— Absolument, répond l'homme.

— Mon mari peut-il vous filmer ?

— Si vous voulez.

L'homme a déjà sorti une caméra super-8 si vieille que je ne suis même pas sûre qu'il ne faille pas l'activer avec une manivelle.

— Mettez-vous debout, comme cela, avec votre carnet. Feuilletez-le. Merci.

Et ils ne m'adressent plus une seule fois la parole. Lucile me rejoint. Nous continuons de dessiner et d'écrire tandis que je regarde autour de moi, constatant que des personnes circulent avec des mines d'équipes de film – un air un peu pressé, des vêtements à poches multiples, un petit côté cowboy pour les techniciens… J'écris donc une lettre de remerciement en pensant pouvoir exprimer mon admiration ainsi au maître des lieux. Apercevant un homme à la barbe grisonnante qui pourrait ressembler à un assistant-réalisateur, je m'approche de lui, intimidée :

— Hello, lui dis-je.

— Hello.

Il me regarde gentiment, mais je le dérange, cela est certain.

— Êtes-vous l'assistant-réalisateur d'Emir Kusturica ?

— Oui. Ça se voit tant que ça ? dit-il mi-rieur, mi-étonné.

— C'est l'ordinateur. Et la concentration en travaillant.

— Je peux vous aider ?

— J'ai écrit un courrier pour Emir Kusturica. Seriez-vous d'accord pour le lui remettre ?

Je lui tends l'enveloppe. Il hésite. Puis la prend avec gravité :

— Je vous promets de la lui remettre.

— Merci. Je suis venue à pied de Paris. C'est important pour moi. Je suis passée par Sarajevo à cause d'*Underground*.

Nous discutons un peu, en toute convivialité. Le monteur nous rejoint. Tous deux sont particulièrement amusés de nous voir à pied. Comme ils ont fait les repérages pour le film, ils connaissent certainement le coin, me dis-je ; je leur demande alors le chemin à prendre le lendemain. Comme ils ont le wifi dans ce village reconstitué complètement perdu dans la campagne serbe, nous utilisons donc les cartes en direct données par satellite !

Nous rencontrons plusieurs membres de l'équipe un peu plus tard, sommes même invitées à manger par le monteur. Prenant mon courage à deux mains, ayant vu Kusturica s'attabler, à l'heure de partir je me dirige enfin vers sa table, portée par cette fascination qui nous projette vers les hommes extraordinaires, remercie chaudement le monteur et l'assistant-réalisateur qui me répondent avec une tout aussi grande sympathie. Puis je me tourne vers le réalisateur :

— Je voulais vous dire merci. Merci pour vos films.

— Merci, me répond-il froidement avec un vague hochement de tête.

Et voilà. Mais curieusement, je me moque de sa réaction peu amène. J'ai dit ce que j'avais à dire.

26 juillet
Une rude journée jusqu'à Ljubić

Je mange des abricots orange vif sur le macadam très bleu de Zlatibor. Direction : Ljubić. Le tracé de la carte est d'une absurdité totale, risible. Si je devais la suivre, elle me ferait faire un détour d'au moins quatre-vingts kilomètres, si ce n'est plus. Alors boussole au poing, je coupe à travers les champs et les vallons de couleur vert tendre qui bordent la ville où nous venons de nous séparer avec Lucile. Me voici de nouveau solitaire.

Malgré la boussole, je me perds, d'une manière qui finit par me paraître convenue : ne souhaitant pas faire demi-tour, je prends au petit bonheur les chemins qui se présentent. Après plusieurs heures à admirer le gigantisme de la nature puis à m'ennuyer de n'y trouver personne, je rencontre enfin un chemin qui me paraît plus civilisé que les sentiers qui s'amaigrissent au fur et à mesure de mes pas.

Une clôture me mène jusqu'à une ferme, devant laquelle un géant maigre coupe du bois vigoureusement.

— Où dormir ? Il y a un hôtel à Ljubić ? dis-je avec mes quelques mots de serbe.

— Peut-être, répond-il. Un café chez moi, dans ma petite maison ? fait-il en faisant le geste de porter une tasse à ses lèvres et en montrant un petit sentier dans la direction opposée à ma route.

J'hésite. Le grand gars maigre est habillé d'un vieux short, d'un débardeur et de bottes en caoutchouc. Il tient toujours la cognée dans sa main droite.

— Loin ?

— Non, non, pas loin.

— Un petit café alors.

Il hoche la tête en souriant et me fait signe de le suivre, en emportant sa hache.

Pjer, puisque c'est son nom, est un cultivateur de baies et il me guide deux cents mètres plus loin jusqu'à une maisonnette minuscule sur le flanc verdoyant de la montagne, entourée par des constellations de taches roses que je finis par reconnaître : un champ de framboises. M'invitant à m'attabler devant la table de fer repeinte en blanc placée devant le seuil de son antre, Pjer ouvre la porte d'une cabane de bois grande comme un cagibi, pourvue d'un lit, d'un poste de radio et de quelques affaires en vrac.

Pendant qu'il met de l'eau à bouillir dans une cafetière antédiluvienne, le grand Serbe me tend un bol et désigne le champ de framboises :

— *Sama*. Seule, vas-y seule, insiste-t-il avec un sourire qui me surprend.

J'entends une voix masculine chanter dans la montagne.

Je reviens avec une écuelle pleine de fruits charnus, qu'il place dans un petit bol avec du miel :

— Mange ! C'est bon !

La mélopée persiste, se répercutant entre les sommets. Alors que je me prépare mentalement à quitter Pjer sans le froisser, surviennent deux hommes avec une machine qu'ils portent sur le dos. Le plus vieux doit avoir soixante ans, la mine sombre. Au regard qu'il me jette lorsque Pjer parle vraisemblablement de moi, je comprends qu'il est question des jolies petites Françaises.

Je refuse la rakija qui m'est présentée, histoire de ne pas en rajouter. En les observant discuter tant et plus, mon pressentiment se confirme. Lorsque Pjer se met à me faire des clins d'œil bizarres, je me lève illico et prends congé. Mais les deux collègues font de même et le grand dadais se met en route à mes côtés, insistant pour me montrer le chemin.

— *Sama*, dis-je, exaspérée.

— Tu vas te perdre !

Je soupire. Pourquoi est-ce que je ne lui parle pas plus brutalement pour qu'il me lâche ? Parce que, pour mon éducation, je n'ai pas du tout été habituée à m'exprimer de manière agressive. Et aller au-delà de cette éducation n'est pas chose aisée.

Cependant, sentant la situation tout à fait maîtrisable, je décide de le laisser m'accompagner sur les deux cents mètres qui doivent me ramener à l'endroit où j'ai rencontré le Serbe.

Mais lorsque nous arrivons non loin du seuil de la ferme, Pjer insiste encore pour continuer, tant et si bien que je cède, après cinq minutes de discussion où je n'ai jamais autant dit de ma vie *Sama*. Je veux être seule ! Mais que faire ? Pjer est un géant et ne veut pas me lâcher.

Mon cultivateur de framboises, je ne m'en étais pas trompée, a le béguin pour moi de manière un peu trop envahissante. Aussi, je décide de placer mon bâton entre lui et moi pendant que nous marchons, serrant fort la poignée et frappant le sol d'un bruit sec qui ne lui échappe pas et lui arrache des grimaces qui me font jubiler intérieurement. Il essaie plusieurs fois de faire le tour, de passer de l'autre côté, mais en vain.

Nous dépassons quelques bosquets. Un hameau, ouf. J'espère me débarrasser de mon encombrant guide auprès d'une petite assemblée de villageois, hommes et femmes confondus.

Hélas, Pjer part dans une diatribe qui m'est incompréhensible, mais qui, je le lis sur les visages des hommes et femmes présents – des vieux pour la plupart –, me fait passer pour une femme cherchant à passer à la casserole. Les femmes présentes ont cet air fourbe de celles qui soutiennent la virilité dans ce qu'elle peut avoir de pire. J'ai beau répéter devant eux que je veux être seule, ils détournent tous le regard avec un petit sourire sournois.

Tandis que nous reprenons notre marche, je sens bouillir en moi une colère qui me donne une force inédite. Pjer quitte la route.

— Pourquoi ? dis-je avec une voix excédée.

— Trop long par le chemin, dit le Serbe sur un ton tout aussi tendu.

Je regarde ma boussole, que j'ai pris soin de garder dans l'autre poing, pour signifier à Pjer que je tiens le cap à l'œil. Hélas, son allégation est parfaitement plausible. Nous parcourons des champs abandonnés, puis un bosquet de framboisiers dont il s'empresse d'écarter les branches sur mon passage pour faire figure de gentilhomme et... passer derrière moi. Au bout de dix mètres, sentant son regard concupiscent, je fais volte-face et lui ordonne de passer devant.

— Pourquoi ?

— Je te suis, c'est mieux.

Plusieurs fois, le lascar feint la fatigue avec des manières emphatiques qui, si elles ne m'énervaient pas davantage encore, me feraient ricaner.

— Je suis fatigué, me dit-il. Pas toi ?

— Non. Où est-ce ? Nous sommes bientôt arrivés ?

— *Break !*

Il s'assoit soudain dans une montée, en haletant.

— Tu t'assois ?

— Non.

— *Sit !*

— Non. Je ne suis pas fatiguée. Je suis pressée.

Il insiste encore. Je regarde autour de moi. Ce bougre nous a fait sortir du chemin. J'enrage intérieurement. Il a fait exprès de m'égarer.

Le brigand finit par se lever en maugréant et, avec une contraction sur le visage, passe devant moi à nouveau. Et je frappe le sol de plus belle, de manière suffisamment éloquente pour qu'il saisisse à quel point je me sens d'humeur à lui taper dessus avec s'il tentait de devenir un peu trop pressant.

Une heure passe ainsi. Pjer commencer à s'épuiser dans les rudes pentes, avec l'air du type qui n'est plus trop sûr d'avoir gagné la partie.

Nous voici enfin face à une crête surplombant une vallée où apparaissent des petits toits, que j'évalue être à cinq kilomètres. Soulagement.

Lorsque je prends mon élan, lui dis « au revoir et merci », il se penche vers moi et… tend les lèvres en fermant les yeux, comme un gros bébé. Son attitude est tellement attendrissante que j'en souris intérieurement.

En me hâtant sur le sentier menant dans la vallée, je me retourne de temps à autre discrètement pour m'assurer que Pjer n'a pas eu l'idée saugrenue mais ô combien possible de me suivre.

Je me perds de nouveau. Dans le champ bordant le sentier que je dévale, un agriculteur est perché sur une machine artisanale, quelque chose entre la tondeuse à gazon dotée de mâchoires automatiques et la petite moissonneuse-batteuse. Je me trouve alors en bas d'une pente à vingt mètres de lui.

En brassant l'air pour attirer son attention, je lui demande quelle est la direction du village. Je n'ai que le temps d'apercevoir ses traits : cheveux en bataille roux sur un regard de dément qui me fait reculer d'un pas, tout d'un coup prise d'un doute.

Il déboule vers moi sur sa moissonneuse de fortune en accélérant et en riant comme un fou. Avec un sentiment de lassitude générale mêlé de panique, je m'enfuis à toutes jambes dans le champ, sans me retourner, malgré les cris du dingue, qui finissent par devenir suppliants. Qu'importe s'il s'agissait d'une blague, qu'importe s'il était l'idiot du village ou si son frein avait lâché par le plus grand des hasards. Une fois suffit pour la journée !

La rage au cœur, encore sous le coup de l'épouvante, je trouve enfin le village et apprends qu'il n'y a plus de place dans l'unique hébergement qui s'y trouve. J'ai beau insister, dire que je peux dormir dans le hall à la femme éberluée de la réception, lui expliquer que je suis à pied, bref tout ce qui me vient à l'esprit, que j'ai eu des ennuis plein la journée et que je suis exténuée : rien. Je dois continuer mon chemin. Ljubić, nom maudit !

Le jour s'éteint doucement. Une petite église orthodoxe est flanquée d'une maison à laquelle je m'en vais toquer. Mais personne ne me répond et aucune lumière à l'intérieur. Revenant à l'édifice religieux resté ouvert, je songe à dormir là, sur le sol dur. La nuit va être mauvaise, mais je serai en sécurité.

M'asseyant dans les lieux en regrettant d'avoir fait l'impasse sur le duvet, je vois un homme chauve entrer, me jeter un coup d'œil surpris, puis poser des bougies de cire, les allumer et… repartir. Je sors instantanément de l'église.

L'homme pose des bougies un peu plus loin à l'extérieur, dans un petit oratoire protégeant une vierge, avec un garçonnet qui doit être son fils. Une voiture est garée. Je décide de le rejoindre avant qu'il ne reparte avec sa voiture et sa famille :

— Monsieur, s'il vous plaît, savez-vous si je peux dormir ici, dans l'église ?

Surprise. La luminosité entre chien et loup empêche de bien voir nos visages respectifs. Il faut donc trouver la bonne distance. Ni trop loin, pour que les gens puissent discerner vos traits. Ni trop proche, pour éviter de les effrayer. L'homme me répond en hésitant :

— Non, je ne pense pas. Les gens ne voudront pas, ça ne se fait pas, me répond-il dans un très bon anglais. Pourquoi voulez-vous dormir là ?

— L'hôtel est plein.

Il se gratte le crâne. Sa femme et son garçonnet attendent dans la voiture en nous observant tour à tour.

— Peut-être la ville suivante…

— Peut-être, dis-je en haussant les épaules.

L'homme réfléchit longuement.

— Montez avec nous, juste pour le prochain village. Je vais vous trouver quelque chose.

— Merci beaucoup.

Le village est à quatre kilomètres, entorse acceptable à mon fil rouge.

— Vous allez vraiment à Jérusalem ?

— Oui.

— Vous prierez pour nous !

Nous arrivons à l'entrée d'un village.

— Restez ici, je vais m'occuper de tout.

Nous restons silencieux dans la voiture. Le garçonnet me dévore des yeux. La femme me sourit. Matej passe et repasse plusieurs fois devant la voiture. Je le vois parler à des gens sur les perrons. Finalement, il revient avec un air triomphant :

— J'ai trouvé quelqu'un. Une vieille dame très gentille qui s'appelle Slavica. Elle est d'accord pour une nuit. Et pour la payer, elle m'a dit : « C'est à son bon cœur. »

Pleine de gratitude, je lui serre la main.

La vieille Slavica nous observe avec un air digne, très droite. Cette femme que le travail des champs a épuisée a un visage maigre et une voix éteinte. Malgré son regard sévère, elle m'ouvre sa porte. Matej la remercie chaudement.

Elle me fait signe de la suivre jusqu'à une grande maison, devant laquelle la famille de Slavica me regarde arriver avec un signe de bienvenue sobre, puis me montre une pièce avec un poêle cabossé, un petit lit, quelques meubles. Je dormirai là. Elle me montre la douche. Je sais juste que je suis épuisée et que j'ai marché trente kilomètres si je me réfère à ma carte erronée. Alors je lui demande si je peux dormir tout de suite, sans avoir mangé.

Cent unième nuit. Un ami me dit que je ne suis pas tendre parce que je ne réponds pas aux avances de l'un de mes collègues de travail. Plus tard, je me trouve dans un building désaffecté dont l'environnement général s'avère soudain dangereux. Un homme tente de m'attraper, mais je m'enfuis – et échappe à ses bras de métal qu'il peut projeter loin devant lui en étant capable de détruire des poutres de béton entières. J'arrive à l'air libre, mais il continue, en abattant des feux de circulation.

29 juillet 2006
La baba loucheuse
et la lecture des étoiles

Au centre du lac de Kokin Brod se trouve fichée une croix en bois, constituée de deux troncs frêles. Elle semble minuscule, entourée de toutes ces eaux bleues. Et seule.

Cinq heures de marche après Sjenica, la rencontre fortuite avec Resad, sur le perron d'un café, me permet de m'arrêter à un petit village musulman. Quelques centaines d'âmes doivent habiter ces maisons blanches aux toits couleur de brique, au centre desquelles s'élève le fin minaret d'une mosquée.

Avec son profil sec et son crâne rasé, Resad est venu naturellement me proposer son aide en m'apercevant par la vitre du café situé à l'entrée de la bourgade. Il manie assez bien la langue germanique, et pour cause : il était maçon en Allemagne.

— Je vais t'aider, Karen. Mais il faut suivre la coutume, m'explique-t-il. L'hospitalité doit être donnée par des femmes célibataires, si possible une veuve. Je pense savoir qui je peux aller voir.

Resad fait signe au jeune garçon de café, stupéfait, de m'apporter une tasse, pendant qu'il part en quête d'un hébergement. Je touille le jus noir sous le regard étonné des hommes présents, consciente de me trouver dans un lieu où les femmes ne vont pas habituellement et peut-être même, ne sont pas les bienvenues.

Resad de retour, nous remontons une rue ponctuée par quelques commerces ainsi que des potagers que la pluie rend boueux. Depuis que je me trouve en Croatie, je constate que de nombreuses bâtisses sont habitées sans avoir été achevées. Ainsi, les murs de béton ou de brique restent nus, sans être recouverts de peinture ou de chaux. Parfois, les terrasses à l'étage n'ont pas de rambarde et donnent sur le vide. J'ai aperçu une fois des enfants, les jambes ballantes, ce qui m'a causé un sentiment d'angoisse.

— La veuve qui t'accueille s'appelle Dzemila, m'avertit Resad d'une voix posée. Et sa fille, Nasia.

Mon hôtesse est une petite vieille très ronde, avec une poitrine généreuse à avoir allaité au moins douze enfants et un regard bigleux. Lorsqu'elle me sourit, ses dents brillent de quelques éclats métalliques alternant avec plusieurs trous. Elle me tapote aussitôt le dos et me fait entrer dans la première pièce depuis le seuil, où un divan, un plan de travail surmonté d'instruments culinaires et une table sont disposés de manière à pouvoir converser tout en cuisinant. Une tasse de café turc m'atterrit dans les mains. Resad échange quelques mots avec urbanité, les jambes croisées, puis s'éclipse poliment après m'avoir serré la main et souhaité bonne route.

La grand-mère m'invite à passer dans la pièce suivante, un salon dans lequel je découvre une femme qui doit avoir trente-cinq ans et qui, en m'accueillant, arbore un sourire un peu forcé : Nasia a un visage d'une dureté inouïe lorsqu'elle me regarde, le recoin des lèvres voilé par une ombre. Dépit, aigreur ? Pourquoi ? L'homme qui se trouve présent, Meho, est grand, mince et porte un costume qu'il doit réserver pour les grandes occasions. Le nez busqué et les yeux clairs, il parle allemand. Comme ni Dzemila ni Nasia ne parlent d'autre langue que leur langue maternelle, il s'emploie à jouer les traducteurs. Je m'évertue cependant à ânonner quelques mots de serbe qui les font tous trois sourire.

Je bois trop vite mon café. Ma tasse se remplit à nouveau. Cette fois, me dis-je, je vais boire à la même vitesse que la grand-mère. En tentant d'observer les uns et les autres, je croise leurs regards qui m'examinent avec curiosité, ce qui m'empêche de répondre pleinement à leurs faits et gestes. Meho insiste pour me ramener à la langue allemande :

— Je suis ouvrier à Stuttgart. Cela fait presque dix ans que j'y vis.

— C'est comment, là-bas, quand on est étranger ?

— Ça va. Disons que je gagne de l'argent, alors... Je suis revenu au pays pour les vacances.

— Ici, c'est ton village natal ?

— Non. Je viens pour trouver une femme. Je n'en trouve pas en Allemagne.

Voici la raison du sourire inquiétant de Nasia : un homme de quarante ans, tout comme elle, se trouve présent pour lui rendre visite et s'est bien habillé pour ce faire : Meho porte une montre brillante, un costume crème, une cravate, et des chaussures cirées avec soin. Diantre, je n'arrive peut-être pas au bon moment. Il va falloir que je sois vigilante dans cette maison. Aussi, lorsqu'il se fait l'interprète de ma bonne babouchka, qui me demande de l'accompagner pour rendre visite à une voisine, je n'hésite pas une seconde ; je réponds à la grand-mère en secouant la tête affirmativement avec une vivacité qui la fait rire.

Est-ce ainsi que sont arrangés les mariages traditionnels : en favorisant les occasions de rencontre, tout en les contrôlant ? Ai-je bien compris ce qui est en train de se jouer ? La famille permet-elle à la jeune femme de « discuter » avec un potentiel futur mari en quittant la maison ? Ces interrogations me taraudent pendant que Dzemila m'emmène à pied à travers le village.

L'ambiance du salon est excessivement morne à notre retour. Les amoureux ont, semble-t-il, eu le temps de ne rien se dire. D'un rapide coup d'œil, je constate la mine terne qu'ils affichent. Ma babouchka s'approche de la cafetière avec un sourire triste. Comme elle semble loucher plus qu'à l'accoutumée, je n'arrive pas à la regarder droit dans les yeux, sans avoir le cerveau qui parte en vrille.

J'ai l'impression d'être l'enfant qu'on a emmenée au parc pour l'éloigner de la maison où quelque chose doit se jouer secrètement. Cette posture enfantine m'arrange bien, car l'homme, le futur mari et beau-fils, me regarde de nouveau d'un peu trop près, tandis qu'assis sur les divans, nous buvons de nouveau le café.

Plus tard, après un somptueux dîner, Meho me demande avec un sourire :

— Tu sais où tu vas dormir ?

— Non. Je veux dire, ici, mais je ne sais pas dans quelle pièce.

— Tu vas dormir avec moi alors ? dit-il mi-riant mi-sérieux.

Je jette un coup d'œil atterré aux deux femmes silencieuses qui nous regardent avec acuité et qui, je le pense, avec l'intuition qui caractérise la gent féminine, savent très bien que se déroule devant elles une discussion suspecte. La grand-mère demande ce qui se passe, d'un air sévère. Meho lui répond. Et moi je m'écrie :

— Ah non, moi je dors avec baba !

Et je me serre contre elle comme un chat, puis pose ma tête sur son épaule en l'entourant de mes bras. Elle éclate aussitôt d'un rire cristallin, me prend dans ses bras sans broncher et me berce entre ses gros seins. Ouf, j'ai fait le bon geste. Meho tire une gueule déçue qui fait sourire Nasia avec un air de revanche. La babouchka ne me lâche plus la main et ne cesse de m'embrasser.

31 juillet-4 août 2006
Aller ou non au Kosovo

Un rude dénivelé m'emmène vers les montagnes. La chaleur est à son comble. J'aperçois une tortue écrasée sur les rails. Les fossés pleins d'eau ne cessent de coasser sur les bas-côtés de la route. Prêtant l'oreille malgré moi aux gargouillis musicaux des grenouilles, je regarde de droite et de gauche les montagnes vertes qui m'environnent, fixant une certaine direction : le sud. La carte donne un faible kilométrage d'ici au Kosovo et je sens, à la conduite des rares voitures qui passent sur la route, un état de tension anormal. Je reste sur le qui-vive dès qu'une de ces voitures s'arrête pour m'interpeller. La veille, un Serbe francophone d'une trentaine d'années, Miljan, m'a avertie d'une voix calme, lorsque je lui ai demandé si je pouvais marcher au Kosovo :

— Là-bas, il n'y a pas de police. Les gars, ils dealent sous les yeux de l'OTAN, sous les yeux des soldats, tu comprends. Et les militaires ne réagissent pas. Si tu te retrouves en pleine cambrousse… Je ne sais pas, tu vois. Ces trucs de dealers, la mafia, ces types sont des fous. Pas à pied, je pense.

L'homme avait un regard très serein avec une prunelle enfantine. Il était sous dialyse et avait trouvé en France une terre d'accueil pour des raisons médicales. Lorsque je lui avais demandé comment il s'était senti accueilli, il m'avait répondu que cela avait été une chance pour lui. Oui, il avait été bien accueilli en France. Oui, il y était heureux. C'est la raison pour laquelle, aussi, il ne voulait pour rien au monde qu'il m'arrive quelque chose en Serbie.

— Je serais toi, je n'irais pas au Kosovo, avait-il conclu.

Comme la jeune Azra avait tant insisté pour que je vienne au Kosovo chez elle, je finissais par croire qu'il serait possible d'y aller. Vincent, silhouette électronique avec lequel j'avais cette curieuse intimité d'inconnus, me disait qu'il était sans doute possible d'y aller, mais que le pays était gris, triste et sale.

Une pause au bureau de poste d'un village est propice autant à l'envoi de nouvelles qu'à un bref repos sous un toit. Le postier, un gaillard brun au regard amusé, m'interpelle en anglais depuis le guichet, tandis que je m'applique tant bien que mal à écrire un mot à ma grand-mère, la main tremblante de fatigue :

— Vous n'avez pas peur ?

— Peur de quoi ? lui dis-je, interloquée.

— C'est le Kosovo, vous savez !

— Non, je n'ai pas peur. Je devrais ?

— Attends, regarde ça.

Il sort de sa poche un pistolet. Je regarde, stupéfaite, la première arme à feu de ce voyage. Pour la première fois de ma vie, je vois sortir une arme subitement de la poche d'un civil. Stupéfaite, je demande au postier qui m'observe d'un air goguenard :

— Est-ce si dangereux ?

— Non, je suis juste étonné que tu n'aies pas peur. Les étrangers ont tous peur, tu vois. Et toi en plus, tu es à pied !

— Pourquoi as-tu un pistolet ?

— J'ai une arme simplement parce que je transporte la paye du mois des gens de la poste. Pas à cause du Kosovo.

— Je peux aller là-bas ?

— Hum, ça dépend. En soi, oui, mais fais attention tout de même, il ne faut pas marcher comme tu fais là-bas. En ville, oui, mais pas dans les zones non contrôlées. Il n'y aura personne pour rechercher ton corps dans ces endroits-là.

4 août 2006
Arrivée en sabots
à Prokuplje

Des carrioles de gitans cahotent et, en soulevant de la poussière blanche, me dépassent sur la route. Leur carénage de planches de bois est classique pour une charrette, mais est supporté par des essieux de voiture. Les conducteurs des charrettes et moi échangeons des gestes de la main amicaux, nous saluant mutuellement. Bientôt, je n'y tiens plus : entendant un cheval traîner le sabot derrière mon dos, je me retourne vivement et brasse l'air avec vigueur en faisant signe aux quatre générations aux yeux brillants assises sur le bois de leur tape-cul :

— Je veux venir avec vous !

Le conducteur, un homme maigre portant un chapeau mou, affiche un instant une mine éberluée. Son voisin, une barbiche blanche dotée d'un corps costaud qui m'évoque le Père Noël, lui dit trois mots joyeux. Le chauffeur tire sur les rênes avec un claquement de langue discret. La charrette s'arrête.

— Tu veux aller par là ? miment-ils, montrant tour à tour la direction de la route et la place qu'ils me font déjà en pensée dans leur équipage.

— Oui !

À l'arrière, un grand adolescent prématurément mûri sous le soleil et la vie gitane doit avoir tout au plus vingt ans. Les cheveux emmêlés, il me regarde avec une acuité pleine de désir, dans son tee-shirt vert troué et son jean fatigué. Il voisine malgré lui avec un garçonnet aux cheveux courts et une fillette échevelée elle aussi, qui ne manquent pas, dès que la carriole se met en branle sous le *tsss tsss* du conducteur, de se tapoter du coude avec des gloussements qui font rugir le jeune gitan.

Il se fait rabrouer, lorsqu'il me regarde un peu trop, par le convoyeur, qui doit être son père, et par le Père Noël, sans doute son grand-père. Alors le garçon, tout en restant en face de moi, me tend un CD dans une jaquette cartonnée, une copie pirate dont la couverture est une photographie de bimbo blonde. Sa bouche évocatrice et sa poitrine pointée vers l'avant s'inscrivent complètement dans l'esthétique slave que j'ai remarquée en entrant en ex-Yougoslavie.

Le garçon m'a montré ce CD comme un trésor précieux. Observant de plus près mon interlocuteur au regard incandescent, je prends tout d'un coup conscience qu'il n'a rien – pas de montre, même en toc, pas de bijou, rien. Ce CD est le seul objet qu'il a sur lui, en dehors de ses vêtements troués. Les gamins, itou. Leurs aînés portent chacun un chapeau usé.

Lorsque je leur montre ma carte et réponds à leurs questions, je perçois dans leurs yeux le même respect que celui que j'ai entrevu dans le regard d'un ancien militaire devenu vigile, à Banja Luka. Les gitans aussi savent ce qu'est le voyage, car il s'agit de leur mode de vie.

Gitans. Voilà un monde que je méconnais complètement. Pour le moment, j'ai eu de bons rapports avec les gens du voyage, d'une part parce que je suis en route, mais aussi parce que je vais à Jérusalem. La culture gitane accorde à la piété une place importante. Dans les faits, sur les deux heures passées en leur compagnie, je constate qu'ils font un signe de croix plein de ferveur en passant devant chaque église, même de loin.

Avec un œil brillant d'intérêt, ils arrêtent soudain la carriole et discutent avec vivacité. Puis le conducteur se tourne vers moi et désigne alternativement une ferme à quelques mètres de là et l'encolure de son cheval, faisant mine de mâcher de l'herbe avec délectation.

— Du foin pour leurs bêtes ? dis-je, puis je pars dans un hennissement qui les fait rire.

Le gitan confirme. Du très bon foin. Dans chacun des gestes vis-à-vis du cheval, je perçois un respect et une attention fraternelle comme j'en ai rarement vu.

Je tressaute comme mes compagnons de carriole sur la route et, au bout de quelques kilomètres, les fesses endolories, commence à entrevoir les limites d'un tel moyen de locomotion. Aux fréquentes étapes, les gitans fument des clopes qu'ils roulent avec soin et me tendent obligeamment, surpris que je refuse. Le conducteur tient alors à m'offrir des friandises, qu'il fait acheter aux gosses sur le chemin. Difficile de refuser. Un cadeau se doit d'être accepté.

Ils me déposent à Prokuplje. Bonne route ! Bonne chance ! Le conducteur met la paume sur son cœur et prononce « Jérusalem » avec intensité. Puis il joint les mains avant de claquer de la langue à nouveau. La carriole reprend sa route.

Même jour
Un mail de Deep Purple

Au cybercafé, des gamins jouent à *Unreal* et à *Counter Strike* en réseau. Ils crient, s'extasiant après une action guerrière réussie ou s'indignant lorsque leur personnage s'effondre avec un râle. J'aime observer à quoi jouent les enfants et les adolescents dans les cybercafés des pays que je traverse. En Asie du Sud-Est, les enfants jouent beaucoup plus aux jeux multi-joueurs.

Dans ce cybercafé, une fois de plus, je pense à mes collègues qui travaillent sur *Ryzom* et aux quatorze mois heureux vécus à Nevrax. J'ai de nombreux rêves relatifs à mes collègues et à mon travail d'alors, durant ce voyage, tant cette période de mon existence a eu un impact positif sur ma vie personnelle.

Je constate, tandis que j'écris une série de courriels de nouvelles, qu'un jeune Serbe assis derrière son écran cherche mon regard. N'y tenant plus, il s'approche de moi, sans se rendre compte de son intrusion, et me dit en anglais :

— Mademoiselle, s'il vous plaît, pouvez-vous m'aider ? S'il vous plaît !

— Oui ?

— Pouvez-vous m'aider à écrire un mail en anglais ? Connaissez-vous Blackmore ? Le guitariste de Deep Purple ? J'ai reçu un message de lui. C'est mon idole. Je veux lui répondre, c'est très important.

— D'accord, je vais vous aider, mais laissez-moi une demi-heure.

Le garçon est grand, maigre. Il se tient immobile, en attente, non loin de moi. J'aperçois alors le regard légèrement désapprobateur de l'homme qui s'occupe du cybercafé, puis son haussement d'épaules.

Je termine un message pour Yann, dans lequel je lui demande d'emmener dans ses bagages *Salammbô* de Gustave Flaubert et *La Mort d'Ivan Ilitch* de Tolstoï à Sofia, où il doit me rejoindre. Je le prie aussi d'acheter de petites Tour Eiffel pour pouvoir les offrir aux personnes qui m'offrent l'hospitalité. Je me tourne finalement vers la silhouette dégingandée :

— Je peux vous aider à présent.

— Je m'appelle Stevan. Voici le mail que j'ai reçu, dit-il en m'invitant à prendre son siège. Blackmore m'invite personnellement en VIP à son concert, mais je veux lui répondre que je ne peux pas venir, car je n'ai pas d'argent ni de visa. Peut-être qu'il voudra bien m'aider…

Je m'assois sur le fauteuil et lis le message. Atterrée, je constate qu'il s'agit d'une *mailing list* de fans.

— Stevan, tu sais, ce n'est pas une invitation personnelle…

— Écris-lui, s'il te plaît, écris-lui que je ne peux pas venir à cause du visa. Mais que s'il m'aide, je serai là.

— C'est une *mailing list*, tu sais...

— Tu ne sais pas écrire en anglais ? me demande-t-il d'un air dégoûté.

Je hausse les épaules et m'apprête à me lever, mais il me supplie :

— Attends, s'il te plaît, c'est important.

Je me rassois, et avec la souris, clique sur le bouton de réponse au message :

— Dis-moi ce que je dois écrire, exactement.

Il me dicte alors sa diatribe, s'y reprenant plusieurs fois de manière incohérente, puis s'exclame enfin avec ravissement, une fois le message envoyé :

— Tu viens de me sauver, comment est-ce que je peux te remercier ? Faisons une photo.

Il tapote l'épaule d'un garçon qui prend la photo.

— C'est formidable. Je suis tellement heureux ! Allez, je t'embrasse.

Nous nous embrassons sur les joues et je maintiens volontairement une distance. Je suis un peu ennuyée, mais tolère encore la situation, un peu surprise. Il reprend d'un air enjoué :

— Je veux t'aider, en échange !

— Non, pas besoin, tu ne me dois rien.

— Si ! Laisse-moi t'aider s'il te plaît !

Je cherche mentalement comment me débarrasser de mon encombrant Serbe. Le service irréprochable que m'ont rendu mes chaussures ces quatre derniers mois mérite une chirurgie d'urgence avant qu'elles ne meurent complètement. Je montre alors les coutures agonisantes de ma semelle et mime le geste d'une machine à coudre.

— Ah, OK, dit Stevan d'un air triomphant. Je sais où aller.

— Dans quelle direction ?

— Viens, je t'accompagne.

— Dis-moi comment y aller, je préfère y aller seule, dis-je en repensant à ma mésaventure de Ljubić.

— Juste sur quelques mètres ! Sinon c'est trop dur pour trouver !

— D'accord, dis-je en soupirant.

Prokuplje est calme en ce début d'après-midi. Stevan me confie en chemin :

— Je vis avec ma mère. Tu vois, je n'ai pas d'argent, je ne trouve pas de travail. Mais j'ai beaucoup d'amis. J'ai tellement d'amis, heureusement. Ils m'aident tout le temps. Ce qui est terrible en Serbie, c'est que même âgés, nous vivons chez nos parents. C'est difficile pour tomber amoureux, on ne peut jamais être tranquille. J'ai trente ans et je ne peux même pas être tranquille avec une fille. Dans ton pays, vous êtes riches et vous avez votre endroit à vous, non ?

— Euh, oui, à trente ans, c'est souvent vrai.

— Aaah que j'aimerais aller dans ton pays. Karen, c'est merveilleux ce que tu fais. De marcher comme cela. Tu es une héroïne. Tu es la femme parfaite ! Nous pourrions nous aimer et nous marier !

— Hein, mais non enfin, on ne se connaît même pas ! dis-je en restant courtoise.

— Et tu as bon cœur, reprend-il sans m'écouter. Je pourrais avoir un visa pour partir de Serbie.

Un silence gêné suit. Intérieurement, je pense qu'il est humain pour Stevan d'essayer, mais qu'il vient de semer un sérieux doute sur la possibilité d'un échange qui me convienne. Sa générosité est-elle une mascarade inconsciente ? En Asie du Sud-Est, sur les sentiers battus du tourisme routard, la personne que je rencontrais finissait à un moment ou à un autre par me demander de l'argent ou des cadeaux. Plus proche de nous, combien de fois ai-je vu des personnes riches entourées de courtisans, ces derniers ignorant même qu'ils l'étaient. Persuadés d'aimer leur ami fortuné, une fois sa fortune disparue, ils lui tournaient le dos.

Les marques de la déception doivent se voir sur mon visage. Mon guide s'arrête avec une mine déconfite :

— Non, non, ne t'inquiète pas, c'est une blague…

Puis se reprenant avec un clin d'œil séducteur :

— Enfin non, hein, si tu veux te marier, ça m'aidera.
Je m'arrête. Il reprend, un peu affolé :
— Oh non, je n'ai rien dit, oublie ça, oublie ça !

Plusieurs fois sur le chemin, Stevan donne le bonjour à des personnes que nous croisons. Je constate que c'est toujours lui qui salue en premier, avec un empressement que les gens que nous rencontrons saisissent avec un léger froncement de sourcils ou en souriant avec un peu de gêne.

— Tu vois, j'ai des amis partout !

— Nous arrivons bientôt ?

— Oui, c'est juste là, me répond-il en me montrant un petit centre commercial, puis une vitrine de cordonnier.

Lorsque nous entrons, l'homme supposé tenir boutique brille par son absence.

— Attends ici, je vais aller demander où il est. S'il le faut, je lui téléphonerai de venir immédiatement pour toi !

Et j'attends donc, assise sur un tabouret. Quelques minutes après, un homme bien en chair, aux tempes grisonnantes et portant un tablier bleu entre en me gratifiant d'une poignée de main franche, Stevan sur les talons. Il observe mes chaussures avec une moue pessimiste.

— Très vieilles, dis-je en serbe en m'excusant.

Il s'assoit et se met au travail sans rien dire. Lorsqu'il me tend les chaussures et que je lui demande son prix, il secoue la tête négativement. Stevan intervient :

— Non, non, Karen, il ne veut pas d'argent. C'est mon ami, il ne te demande rien !

Devant la boutique, je prends congé en remerciant Stevan.

— Tu t'en vas ? Oh non, pas maintenant. Viens manger chez ma mère, je suis sûre que tu n'as rien mangé.

— C'est loin d'ici ?

— Juste à côté ! Oh, tu viens, c'est génial, ma mère va te faire à manger, tu vas voir.

Une vieille dame grimaçante me reçoit dans son appartement, dont de vieux meubles en bois attestent d'un niveau de vie moyen, peut-être même davantage. Elle garde une fillette qu'elle tape sur les doigts, lorsque je m'assois sur la chaise qu'elle m'a désignée. J'ai envie de quitter les lieux aussitôt. Mais comment partir alors que je viens d'arriver ?

La mère de Stevan place devant moi une salade de tomates et de concombres, ainsi qu'une fricassée de légumes, des œufs et de la viande froide et des bureks. Un festin. Comment quitter la maison ?

Stevan insiste pour me montrer sa chambre, dont les murs sont recouverts de posters de guitaristes. Je constate, étonnée, la présence de beaucoup de matériel informatique, de piles de CD vierges et d'une guitare électrique. Le jeune Serbe ferme la porte avec un petit verrou :

— C'est pour que la petite ne vienne pas nous embêter. Elle veut toujours entrer.

— Ah non ! dis-je sur le qui-vive.

— Je la protège de ma mère, qui est méchante avec elle et la tape, tu as vu ?

— Ouvre la porte.

— D'accord, d'accord. Pas de problème.

— Je vais partir.

— Attends au moins que je te joue un air de guitare de Blackmore pour te remercier.

— D'accord, mais un seul air.

Je m'assois sur une chaise, loin de lui. Stevan joue bien. Il tient ensuite à me faire écouter du rock serbe, me gravant même une compilation sur laquelle je lui demande de placer un morceau qui me manque beaucoup : en plus d'*Everloving* de Moby, j'aurais aimé emporter avec moi *Child in Time* de Deep Purple, pour pouvoir entendre le chanteur perdre la tête et se donner complètement. Stevan en profite pour faire des photos avec sa guitare électrique. Une heure passe. Je veux partir. Il a l'air contrarié et regarde le ciel par la fenêtre :

— Mais regarde, il est tard, tu ne veux pas dormir ici ?

— Non.

— Mais regarde le ciel !

— Je m'en vais, dis-je fermement en ouvrant la porte.

— Bon, je te raccompagne, dit-il déçu.

J'acquiesce, trop heureuse d'être bientôt loin de lui. Non content de me raccompagner, il traverse toute la ville avec moi, jusqu'à la voie de chemin de fer.

— Karen, il faut me promettre de me rappeler et de revenir !

— D'accord.

— Embrassons-nous. Pas sur la bouche, sur la joue.

Il me prend dans ses bras et je maudis ma stupide politesse. Je le quitte avec soulagement. Qu'est-ce qui m'a pris de courir le risque de me retrouver dans une situation pénible ? Suis-je aveugle ? Ne suis-je pas claire ? Est-ce que j'émets des signaux qui m'échappent ? À ce moment précis, je m'interroge sur ma propre sensualité. Ce sujet n'est décidément pas une mince affaire. Dans le cas précis de ce garçon, je ne peux pas nier que je me suis laissé « séduire », quelque part. Le contact physique me manquant, il a dû le percevoir, a fait des avances, a vu que je les refusais mais que je ne le plantais pas là pour autant. Éternelle histoire.

En quittant Prokuplje, je me sens en colère contre ce qui vient d'arriver. Je décide de dire explicitement à mes futures rencontres masculines qu'il n'y aura jamais de sexe entre nous. Mais comment dire cela ? Le dire crûment, d'accord, mais avec quels mots ? Dites à un homme débordé par ses hormones : « *No sex.* », il n'entendra pas la négation. Ou alors s'excitera à la simple évocation du mot. Certains se diront même : génial, elle sait de quoi il s'agit, alors nous sommes sur la même longueur d'onde.

Je suis à un stade de mon voyage où je considère ces moments ponctuels d'intrusion comme tolérables au regard de toutes les belles choses qui m'arrivent au quotidien, et me dis alors : on ne peut pas tout avoir.

Même jour
Un conducteur de bus appelé Zoran

Même en arpentant le macadam d'un pas rapide, je suis forcée de constater que j'ai eu les yeux plus gros que le ventre. Je demande donc à droite et à gauche aux personnes que je rencontre sur la route où je peux trouver un hébergement, m'adressant aux femmes, aux couples et aux familles dans le désir secret qu'ils m'inviteront. Rien. Pour une fois que je souhaite recevoir l'hospitalité en Serbie, rien. Les doigts se tendent derrière mon dos. Je trouverai un hôtel à Prokuplje. Et moi, je ne veux pas y retourner car je crains d'y croiser Stevan. Il fait nuit. Je ne vois quasiment plus rien sur la route, car je viens de quitter la zone périphérique de la ville éclairée par les lampadaires. Un arrêt de bus. Un couple qui y attend me dit de le prendre pour revenir en arrière.

Avec un soupir, je m'adresse au jeune conducteur qui s'arrête dix minutes plus tard et demande avec force gestes :

— Il y a un hôtel ici ?

Il me fait signe de monter. Durant le trajet, je lui demande s'il pourra me montrer la direction puis si l'hôtel est cher. Il me regarde longuement, puis me fait signe de ne pas m'en faire et de rester avec lui. Il ne parle pas anglais. Nous nous comprenons à l'aide des rares mots de serbe que j'ânonne.

— Je m'appelle Karen.

— Moi, Zoran. Je vais t'aider. Ne va pas à l'hôtel, c'est cher. Je sais où tu peux dormir – dans notre bureau.

Nous arrivons à la gare routière proche de la voie ferrée où nous nous sommes séparés avec Stevan. Je m'attends, un peu inquiète, à le voir surgir. Les passagers descendent. Le garçon me montre au loin l'endroit où sont garés d'autres bus municipaux, me faisant signe de l'attendre là.

— Fais attention aux chiens. Ne t'approche pas trop. Pas peur. Attendre dix minutes ! Dix, OK ?

Ouaf ouaf, mime-t-il en souriant. Il s'agit de son premier sourire, car jusque-là, Zoran a été très sérieux.

Sans être sûre de tout comprendre, mais voyant qu'il est sincère dans son désir de m'aider, je vais donc jusqu'au grillage qui entoure le parking et patiente quelques minutes. Lorsque le bus de Zoran passe la grille, les chiens se mettent à japper. Je crois comprendre alors pourquoi il ne faut pas que je m'approche : pour éviter qu'ils n'alertent le gardien. Le bus s'immobilise. Un homme survient. Je vois le jeune Serbe baisser sa vitre et parler avec lui, répondant à ses questions brièvement à chaque fois. L'homme s'en va. Zoran descend du bus, regarde à droite et à gauche, m'aperçoit enfin et me rejoint. Nous traversons ensemble la route pour rejoindre le snack de la gare routière, illuminée de néons jaunâtres.

Il règne ici une ambiance triste. Nous mangeons en silence un hamburger que le jeune homme tient à m'offrir, en attendant de devoir reprendre le service. À vingt-cinq ans, il est conducteur de bus municipal depuis trois ans. Zoran a une amoureuse. Gentil, il est aussi d'une rigidité de pierre – il prend parfois un ton aimable, puis se referme soudain sans raison apparente. Il reprend à vingt-deux heures pour une tournée de trois heures, m'annonce-t-il. Il suffira que je dorme dans le bus le temps d'arriver à bon port, si je suis d'accord. Je hoche la tête, étonnée de l'étrangeté de l'aventure qui s'annonce : je vais me retrouver, un temps, à vivre un quotidien de conducteur de bus. Jamais je ne me serais attendue à cela en partant. Mais tout a l'air si évident, lorsque je suis face à la situation. Prendre le vent lorsqu'il arrive dans les situations d'apparence simple me rend heureuse. Un peu comme les marins de Sisac, un peu comme de devenir la coqueluche du souk de Novi Pazar ou de dessiner un escargot géant sur l'incubateur d'un éleveur de gastéropodes en France. Avant de reprendre le bus avec Zoran, je l'arrête cependant et, en le regardant droit dans les yeux :

— *No sex ! You're OK with that, no sex ?* lui dis-je en faisant un geste de mes deux mains croisées en signe de refus.

Il a un rire franc très surpris :

— *No problem ! No sex !*

Nous nous serrons la main. La poignée est franche.

Zoran travaille jusqu'à une heure du matin. La distance de la station à son terminus est d'une cinquantaine de kilomètres. Le lendemain, il doit reprendre à six heures du matin, ce qui nous fait nous réveiller à cinq heures et demie. Son service est en moyenne de douze heures chaque jour. Souvent, il fait plus pour gagner davantage d'argent. Et puis : il a un rêve. Son père est conducteur de bus international. Il espère faire comme lui pour pouvoir quitter la Serbie et voyager. Mais il est coincé à Prokuplje, pour le moment.

Dans le bus, Zoran me dit de me placer non loin de lui et de ne pas prendre de billet – il s'arrangera avec le contrôleur, lequel ne manque pas de survenir, une heure plus tard, me regardant sévèrement, puis Zoran, qui lui dit je ne sais quoi. Je m'endors finalement sur la banquette.

Le jeune conducteur me réveille. Il fait nuit noire. Nous descendons du bus, garé à côté d'un bâtiment blafard, sous la lune. Il me fait signe de rester silencieuse, lorsque nous entrons en catimini dans le bâtiment et montons à l'étage. Il ouvre une porte avec une clef, qui donne sur une pièce où se trouvent deux lits séparés de plusieurs mètres. Douche, brossage de dents rapide. Zoran s'allonge dans ses vêtements sur son lit. Bonne nuit ! Je suis assez méfiante pour mimer aussitôt une respiration de sommeil afin que Zoran ne croie pas que j'attends dans le noir, sans arriver à dormir. Bientôt, j'entends sa propre respiration, lente. Je dors d'un sommeil léger.

Cent dixième nuit. Je me réveille. Zoran est en train de se lever. Je suis engourdie, regarde autour de moi et me souviens. Nous dormons dans les chambres réservées aux conducteurs de bus […]. J'apprends de Zoran le suicide d'un autre garçon. Je fais le recoupement avec le fils d'une connaissance française en m'exclamant d'un « oh » surpris.

Le réveil sonne. Quatre heures et demie de sommeil qui laissent à Zoran un sourire las. Nous nous habillons rapidement, et sans même avoir déjeuné, reprenons le bus. Je note à présent que chaque fois que je suis dans une situation de potentiel danger – en l'occurrence dormir chez un homme seul –, mes rêves sont souvent une réplique du réel, ce qui me fait croire, lorsque je rêve, que je suis éveillée.

Zoran a cet air de somnambule concentré lorsqu'il conduit. Il pleut des trombes d'eau, ce matin-là, dans la nuit, puis l'aurore. Nous arrivons à la station de bus, il me prie de l'attendre cette fois en me mêlant aux passagers serbes en attente. Je le vois entrer dans un bureau et peux continuer de le suivre des yeux par la baie vitrée. Un homme, de dos, lui parle sèchement. L'air soucieux, Zoran se fait rabrouer. Faute professionnelle, ai-je l'impression d'entendre de la voix du supérieur, qui de dos, lance des imprécations qui font se renfermer mon ami.

En sortant, il vient me chercher en haussant les épaules et m'emmène au café de la gare dont il connaît le jeune serveur – un garçon musclé qui pose devant nous deux tasses de café et une pâtisserie que Zoran m'invite à prendre. S'ensuit une discussion entre eux, qui ressemble fort à des paroles de consolation. Ayant le sentiment que mon ami a des ennuis par ma faute, je demande à Zoran ce qui arrive.

— Rien, ne t'inquiète pas, me répond-il.

Je ne saurai donc jamais rien de ce qui s'est passé, mais il me semble bien que Zoran a été pris en faute par sa hiérarchie et qu'il s'est fait sévèrement réprimander. En même temps, malgré son air maussade, un sourire est apparu plusieurs fois, pendant qu'il parlait, resplendissant. Il a pris des risques vis-à-vis de sa vie sociale, de son travail, pour m'aider et ce faisant, il a pris quelque part une liberté dont il semble fier et heureux… Pendant ce voyage, plusieurs personnes ont été généreuses ainsi. Comment ne pas en être profondément touchée ?

Il tombe des cordes, dehors. Zoran, après m'avoir montré des photos de sa femme, sort en me faisant une fois de plus signe de l'attendre. Il revient une demi-heure plus tard avec un parapluie, son cadeau pour que je puisse continuer ma route.

7 août 2006
Une identité prête à se perdre à Vlasotince

À Vlasotince, dernière ville importante avant la frontière bulgare, je sors innocemment mon passeport et observe machinalement l'effacement progressif des caractères dorés sur la couverture bordeaux, ce qui me plonge dans un délicieux sentiment de satisfaction : aucune administration ne peut supporter longtemps le contact de la vie et du réel sans perdre de sa froideur.

Depuis plusieurs mois qu'il est dans la doublure de mon pantalon, prenant la pluie, ma propre transpiration et sans doute le soleil ardent par la même occasion, même à travers le tissu, mon passeport s'est parcheminé de manière très satisfaisante. Tout à mes pensées, je sens finalement une impatience chez celui qui vient de me demander sèchement mes papiers. Le passeport quitte ma paume. Un doigt se tend vers une chaise : je dois m'asseoir. Le passeport disparaît de la pièce.

J'attends en serrant les dents, inquiète, comme toujours, lorsque je vois mes papiers sortir de mon champ de vision, exaspérée par ce sentiment qui me submerge, un sentiment très urbain, très intégré dans ce monde où l'on n'existe que si l'on a une vie administrative.

Cependant le passeport revient avec deux paires d'yeux inquisiteurs. Un petit gros au front dégarni, tout droit issu d'un film slave, s'assoit gravement derrière son bureau sur lequel il pose les mains en conquérant. La femme est pincée, sèche, tout aussi amicale que son mari. Je n'ai droit à aucun mot de politesse. Ils pointent mon passeport d'un doigt accusateur.

— Il n'y a pas de tampon d'entrée sur le territoire, par où es-tu passée ?

— Comment ça, pas de tampon ?

Je les gratifie d'un sourire énervé en leur montrant les pages où se trouvent les tampons de Bosnie et de Serbie.

« Combien de temps vas-tu passer ici ? », « Depuis combien de jours es-tu en Serbie ? » « Pourquoi ? » « Où vas-tu demain ? » Une hâte impérieuse à quitter la Serbie me prend. Ce couple d'hôteliers, avec ses airs suspicieux et cette manière de poser sur moi l'étiquette « Pouilleuse, aventurière, moins que rien », est en train de provoquer chez moi un soudain écœurement. Je me lève, prête à partir. Ils me font signe de me rasseoir avec une douceur exagérée :

— Ça va, on va te donner une chambre.

— Pour combien ?

Ils me proposent un prix que je refuse, indignée.

— Tu as combien ? reprennent-ils sur leur ton faussement adouci.

Je leur réponds le tarif en vigueur en Serbie... et récolte une chambre à l'aune de laquelle ils m'évaluent : c'est petit, moisi, laid, défraîchi. La femme qui me la montre, une brunette en tablier et talons, a des manières si gentilles que je laisse tomber la moue désabusée que je comptais afficher pour quitter les lieux en haussant les épaules.

En bas, j'entends les rumeurs d'un mariage, mais comprends bien qu'il n'est pas question pour moi de mettre un pied hors de ma chambre. L'honnête jeune fille en voyage doit rester dans sa chambre jusqu'au matin, à l'heure prévue. Cerise sur le gâteau, mes antipathiques hôteliers refusent de me rendre mon passeport, ce qui ne m'étonne guère. Sur cette rumeur intérieure, pleine de dépit, je prends conscience de la proximité avec la frontière bulgare, me souvenant qu'à chaque fois que j'ai approché une frontière, en dehors de l'Union européenne, j'ai senti cette atmosphère électrique la journée précédant le passage de cette drôle de ligne imaginaire qui ne l'est définitivement pas tant.

Mais comme il n'est pas question de laisser à quiconque le droit de m'empêcher de sortir, je quitte ma chambre et pars acheter une énorme pastèque dans une épicerie du centre et reviens avec, la tenant sous le bras, traversant la salle de fête sous l'œil médusé de mes aubergistes et de quelques convives de la noce. Revenue dans ma chambre, je ris longtemps sous cape, en me régalant de la chair rouge.

7 août 2006
Loups frontaliers et les oui-non

Le lendemain, adieu Vlasotince la soupçonneuse ! Je m'enfuis presque sur le ruban de goudron qui serpente à travers les montagnes. La carte, peu précise, présente en cet endroit un réseau de routes qui me paraît emberlificoté, me faisant craindre le pire : les paysages de montagnes qui se révèlent au-devant de mes pas sont de ceux qui accueillent peu de hameaux ou de villages. D'ailleurs les agglomérations rencontrées ont un air figé, avec des carcasses de voitures abandonnées telles des villes fantômes de western.

Pendant des dizaines de kilomètres superbes et éprouvants, je me gave de prunes et de mûres, puis en apercevant une tortue avançant sur l'asphalte, fais une pause pour la laisser me dépasser – juste pour le geste. Les cieux s'assombrissent. Une voiture blanche d'âge honorable s'arrête à mes côtés, avec à l'avant, deux jeunes hommes surpris, aux cheveux courts :

— Que fais-tu ? Tu n'as pas peur ?

— Pourquoi ?

— Les loups, il y a des loups ici.

J'ouvre grands les yeux – encore les loups ? Décidément, dans les Balkans, ils sont craints plus que je ne le pensais.

— Les loups, tu sais, wouhouhou ! *Vuk ! Vuk !* fait le garçon en mimant le hurlement.

Et là, je dis en riant :

— Oui, oui, je sais, les loups, mais non, je n'ai pas peur.

— Tu es folle ! Fais attention, la nuit tombe !

Stupéfaits, les jeunes Serbes me regardent longuement avec un air effaré avant de redémarrer.

Vuk signifie donc « loup ». Depuis que je suis en route, je suis supposée avoir peur tout le temps. Si je devais écouter tout ce qui m'est dit, je ne devrais pas être en chemin. De fait, l'énumération de tout ce qui pourrait m'arriver me procure plutôt un effet anesthésiant. Jeter le bébé avec l'eau du bain est une tentation très grande, que j'essaie cependant de bannir de mon fonctionnement : il ne faut pas badiner avec la sécurité. Déjà deux fois que j'aperçois les visages pris de peur de solides gaillards qui, semble-t-il, se donnent volontiers un rôle viril. Il faut donc tirer cette histoire au clair et ce, au plus vite, en croisant les informations.

Je marche encore quelques kilomètres avant de passer par un village niché dans les hauteurs. Deux vieilles paysannes avancent d'un pas vif sur le même chemin pierreux que moi. En me voyant, elles s'arrêtent. Je m'exprime avec quelques mots de serbe en accompagnant mes paroles de force gestes :

— Là-bas, les montagnes ! Plus de soleil, la nuit, dis-je en désignant les cieux. Il y a des loups ici ? Dangereux ? Wouhouhou ?

Elles éclatent de rire, puis miment des loups qui déguerpissent :

— Les loups, ils ont peur de nous, il suffit de taper au sol avec un bâton.

Et en s'emparant de mon bâton, elles donnent des coups secs sur la terre, avec leur visage ravi de vieilles pommes ridées.

Je m'enquiers alors :

— La frontière est loin ? Bulgarie ?

Elles me montrent un chemin de terre :

— Non, pas loin, c'est facile, il faut juste marcher sur le chemin.

Alors je reprends la route, et, entre chien et loup, malgré les humeurs joyeuses des vieilles femmes, je ne peux m'empêcher de commencer à imaginer des yeux dorés et des silhouettes prêtes à bondir dans les feuillages qui bordent le chemin. En percevant de soudains bruissements qui me font hâter le pas, je me prends parfois à pousser un petit trot doublé d'une semi-panique. Les derniers kilomètres jusqu'à la frontière sont d'une rudesse inhabituelle. L'incertitude cartographique multiplie l'inquiétude liée à la tombée du jour. Il est très désagréable de marcher de nuit, en montagne, surtout avec un imaginaire galopant dans ces régions boisées.

Ma route goudronnée sort des montagnes, et laisse voir au loin un hameau illuminé : le poste frontière. Il fait nuit noire. Il est près de vingt-deux heures. Un moment j'ai la crainte que la frontière soit fermée. Épuisée, j'espère un hébergement dès mon premier pas en Bulgarie.

Le bureau de change ne permet pas de changer la monnaie serbe en monnaie bulgare, pas plus qu'il ne permet de retirer de l'argent avec ma carte bleue ou mes chèques. Entrer en Bulgarie sans monnaie locale me met dans l'embarras, même si ce n'est pas la première fois que ce genre de choses m'arrive.

Alors que je tends mon passeport à un visage désabusé, jeune calvitie en costume fatigué, mes papiers d'identité me reviennent avec un regard amusé et l'inévitable question :

— Tu es à pied ?

— Oui. Depuis Paris.

— Tu quittes le pays pour aller en Bulgarie, mais tu sais qu'ils sont bizarres avec les femmes là-bas ? Ils font de l'exportation, ajoute-t-il en gloussant.

Son acolyte rit aussi, puis me dit :

— Tu n'as pas peur ?

Je hoche la tête vigoureusement :

— Non.

— Tu as de la drogue, tu as des armes ?

— Non, dis-je en hochant la tête et en éclatant de rire.

— Tu as des armes ?

— Mais non !

— Alors ne fais pas ce geste-là, tu es bientôt en Bulgarie !

— *Chto ?*

— Tu veux dire « non » et tu fais ça…

Et l'homme, ce faisant, accompagne son « non » ferme d'un hochement affirmatif du menton.

— Tu vois ? Tu as compris ?

— Oui, dis-je sans pour autant comprendre, mais refrénant un fou rire à cause de la demi-gravité de mon interlocuteur.

— Non ! Tu as fait « non » !

Alors j'ai compris, ou plutôt, je me suis souvenue. Pour dire « oui », les Bulgares hochent la tête comme nous ferions « non ». Et inversement. Cette particularité partagée avec les Indiens est, je le sens, source de quiproquos qui, je l'espère, resteront toujours de l'ordre du cocasse.

Suite du 8 août 2006
Les seins de la vieille Bogdana

Le garde frontière bulgare, quelques mètres plus loin, chuchote avec un clin d'œil :

— Tu as bien fait de quitter les Serbes – ils sont fous et violents. Il y a eu la guerre là-bas !

Je soupire, sans trop savoir s'il est sérieux. Je suis fatiguée. Ils m'énervent tous autant les uns que les autres. S'ils savaient à quel point ils sont prévisibles, ils cesseraient sans doute leurs plaisanteries. Je change de sujet illico :

— Il y a un hôtel où, s'il vous plaît ?

— Pas d'hôtel, désolé, me répond-il.

Un vétérinaire spécialisé dans les chevaux, soixante ans, la barbe drue et portant chapeau, me fait un petit signe :

— Tu trouveras un motel quatre kilomètres plus loin dans la direction de Trn. Je te propose même de t'y conduire.

— Non, merci.

— Il fait noir, il n'y a pas de lampadaires et les routes ne sont pas très bien fréquentées, insiste-t-il.

— Non, je fais tout ce voyage à pied.

M'enfonçant dans la nuit, après un kilomètre sur la route déserte, une curieuse silhouette zigzagante apparaît. L'errant semble avoir de l'alcool plein les veines. Puis je croise le cadavre totalement écrasé d'un chien dont seuls les testicules ont été mystérieusement épargnés, en une vision d'horreur qui me laisse livide. Drôle de manière d'entrer en Bulgarie.

La lune est pleine, ce qui me permet d'avoir une meilleure vision durant la marche. Dans le village de Slishovtsi, que je rejoins après trois quarts d'heure de marche, je ne vois pas âme qui vive, ni la moindre lumière dans aucune des bâtisses du village. Les gens sont déjà couchés. J'aperçois finalement une fenêtre, illuminée par l'écran d'une télévision. Curieusement, je n'ai pas le cran de sonner, et poursuis mon chemin.

Le motel en question, dont je finissais par douter de l'existence, est une grande bâtisse longitudinale ornée d'une longue guirlande de néons rouges. J'hésite un peu, craignant d'arriver dans un lieu de prostitution, avant de traverser finalement les champs jusqu'au perron de l'hôtel, interrompant un groupe de Bulgares attablés près de la porte principale, qui me regardent avec stupéfaction. La lune étant pleine, avec mes frusques de voyage, mon sac à dos et mon visage épuisé, je dois avoir l'air halluciné.

— Je cherche une chambre pour une nuit, leur dis-je après les avoir salués.

Quittant son air surpris, un homme mûr, petit gabarit bien en chair, fait signe à une jeune fille qui doit avoir seize ans, de s'occuper de moi. Cette dernière m'emmène à l'intérieur du hall jusqu'à une petite réception.

— Combien pour la chambre ? dis-je en tendant mon passeport.

— Vingt levas, me dit-elle.

Je ne me souviens plus du taux de change pratiqué à la frontière.

— Puis-je payer en euros ?

Après avoir tapoté sur une calculatrice, elle annonce :

— Quarante euros !

— Pardon ?

Elle me montre le résultat de la calculatrice, avec un air timide. Impossible qu'une chambre dans un motel soit à ce prix. Mais je sors ma carte bleue, à bout de forces.

— Pas possible. Pas de machine à carte bleue.

— Je n'ai pas tout cet argent, dis-je, d'un ton où perce le découragement.

Et avant qu'elle ait répondu quoi que ce soit, je prends congé d'une voix lasse. Passant par la terrasse, je salue l'assemblée, accablée, quitte la lumière des néons du motel pour m'enfoncer d'un pas décidé dans les hautes herbes du champ et la nuit sombre où je vais dormir cette nuit.

— Stop ! Hé, arrête, viens !

Je me retourne, surprise, et reviens sur mes pas. C'est l'homme bedonnant qui me hèle, stupéfait. La jeune fille a rejoint le groupe et semble leur narrer l'épisode de la carte bleue. L'homme reprend :

— Sonja dit que tu n'as pas d'argent. Qu'est-ce que tu veux faire ?

— Je pars.

— Tu vas dormir dehors ? dit une vieille femme aux cheveux courts et blonds avec un air alarmé.

— Oui, dis-je en haussant les épaules avec fatalisme.

— Viens, me dit l'homme courtaud en faisant signe d'approcher, avec un sourire.

Et alors que je reste immobile, ne sachant que faire :

— Allez, viens manger avec nous !

Prête à m'enfoncer de nouveau dans les ténèbres, je réponds :

— Je dois trouver un endroit où dormir.

— Viens, on verra après, ne t'inquiète pas, ajoute-t-il en riant franchement.

Je m'assois alors à côté de la vieille femme, qui me fait une place avec un geste affectueux, puis dévore l'assiette que l'on place devant moi : salade de tomates, concombres et oignons, pain et fromage, avec de l'ayran, une boisson lactée.

Chacun y va de son commentaire lorsque je raconte que je suis à pied. Je constate que d'un point de vue linguistique, le bulgare et le serbo-croate sont différents, mais se ressemblent pour bien des choses, ce qui m'arrange et me permet déjà d'avoir vite un peu de conversation. L'homme m'admoneste gentiment :

— Il ne faut pas dormir dehors, c'est dangereux. Il y a des loups et des rôdeurs.

— *Vuk* ? dis-je en me souvenant du mot.

— Oui, *vuk*. Et des hommes mauvais. Tu vas dormir ici avec Bogdana.

La vieille femme me sourit en mettant la main sur son cœur.

— C'est moi, Bogdana.

— Babouchka Bogdana, dis-je, en me remémorant ma vieille loucheuse de Sjenica, ce qui fait éclater de rire les six personnes assises autour de la table. Mes yeux tombant soudain sur une pendule, je constate éberluée, qu'il est anormalement tard, alors que je viens à peine d'arriver en Bulgarie. Par quel mystérieux tour de passe-passe le temps s'est-il enfui ? Ai-je, pendant cette errance sur la route, perdu complètement le fil du temps, choquée par le cadavre du chien ou la silhouette de l'ivrogne ? Mais je comprends soudain : je viens de changer de fuseau horaire. Cela explique que les gens étaient déjà couchés dans le village précédant le motel. Changeant d'heure ainsi pour la première fois de mon existence, je me sens submergée par une euphorie toute particulière, celle d'avoir joué avec le temps. Après les frontières géographiques, j'apprivoise un autre genre de frontière. Une nouvelle étape vient d'être franchie – une nouvelle libération.

Bogdana me borde en bienveillante grand-mère. En apercevant ses seins lorsque nous nous couchons, je ne peux m'empêcher d'être troublée par le fait qu'un jour, j'aurai aussi cette poitrine fripée et ce dos courbé. Aujourd'hui, j'ai marché d'après mon évaluation près de soixante-cinq kilomètres. Si j'ai eu un sommeil tourmenté cette nuit-là, je ne me souviens de rien au matin.

9 août 2006
Début de l'errance

Lorsque je me rends compte que la jeune Sonja s'est trompée la veille en m'annonçant quarante euros, là où il s'agissait de dix euros, j'ai beau tenter d'expliquer la confusion, chacun me prie de garder mes derniers euros.

— Tu vas en avoir besoin, surtout qu'il n'y a pas de banque avant trente kilomètres à Tran.

Champs de tournesols sur vert tendre et couleur de foin, surmontés de cieux d'un bleu clair lumineux, gonflés de grappes de nuages. Au loin, des monts épisodiques, sans aspérités, recouverts de forêts vert foncé. Des pruniers chargés de fruits se succèdent aux bords de la route. Je me régale, songeant à mon grand-père. Je place sans y prendre garde sur son visage celui de Tom Sawyer, marquée par le dessin animé de mon enfance. Tran, cette ville au nom que je n'arrive pas à prononcer, m'apparaît comme une cité glauque : je perçois chez les personnes rencontrées des humeurs aussi sombres que le goudron de la route. J'ai observé dans la périphérie deux portails de maisons sur lesquels était accroché un large nœud noir porteur d'une funèbre nouvelle. C'est pourtant par Tran que je dois passer pour trouver de l'argent – malheureusement, ma carte bleue n'est pas acceptée dans l'unique banque ouverte de la petite ville. Et si j'arrive enfin à changer des pièces serbes et les fameux dix euros en levas sonnants et trébuchants, c'est grâce à une couturière affable.

Cent quatorzième nuit. Alors que je marche avec mon sac à dos, une voiture passe en trombe à côté de moi et j'aperçois un oiseau tomber sur la route, alors même que le véhicule ne l'a pas touché. L'oiseau a été assommé par le souffle de la vitesse. Il est de couleur bleu piscine. Je comprends que j'ai cru morts de nombreux volatiles durant mon voyage, alors qu'ils n'étaient qu'évanouis. Cependant l'oiseau pourrait être écrasé par une autre voiture, maintenant qu'il gît sur le goudron. Je m'approche pour le ramasser et le touche. Le contact est pareil à celui d'une peluche mouillée et m'effraie. Une voiture arrive. Je pousse l'oiseau sur le bas-côté. Il s'éveille.

En notant ce rêve au matin, j'ai le sentiment de l'avoir déjà fait auparavant sans avoir pu en coucher le souvenir dans mon carnet. Il s'agit d'un rêve consolant. Dans les premiers jours de mon voyage, près de Charmes, j'ai été troublée par la vision d'un oiseau bleu clair et blanc, dans une flaque de boue.

10-17 août 2006
Sofia, un désir de sagesse contrarié

La périphérie de Sofia me fait découvrir de longues avenues grises sur lesquelles s'égrènent des enseignes clignotantes et des publicités criardes. La capitale semble sous le coup d'une calme ébullition : les passants se croisent en se pressant, tandis que les tramways serpentent nonchalamment sur les boulevards. En arrivant à la gare routière, mes premiers regards vont à une petite Bulgare toute fripée qui mange avec application une soupe froide, ses mains osseuses tremblant dans de vieilles mitaines. Sur ma droite, une enseigne exubérante annonce un sex-shop en lettres triomphales. Je manque de me faire renverser par un jeune homme en tee-shirt moulant dont les oreilles sont recouvertes par un casque audio.

Ma marche m'emmène jusqu'à la cathédrale Alexandre Nevski où j'ai rendez-vous avec Isabelle. Le rite oriental, lourd d'encens, me fait rêvasser dans la nef. J'entends soudain mon prénom, me retourne, Isabelle tombe dans mes bras et toute la tendresse que j'ai pour elle remonte. Nous passons deux jours ensemble avant de nous donner rendez-vous à Istanbul. Elle a affiné certains aspects de son pèlerinage en se focalisant sur la thématique des « mangeurs de pain ». Je confie à Isabelle mon désir de continuer le voyage à vélo, lui faisant part de l'état de fatigue dans lequel je me trouve. Elle est un peu déçue, elle qui voulait marcher sur la seconde partie du voyage, mais elle n'insiste pas. De mon côté, la question du moyen de transport est non négociable.

Cent dix-septième nuit. Une route plate s'étend à perte de vue. Quelqu'un me demande de réaliser quelque chose que je n'arrive pas à mener à bien – mais je n'ai aucun souvenir de la tâche en question, sauf que je dois répondre par oui ou par non à des questions d'anniversaire d'hommes et femmes célèbres, comme dans un jeu télévisé.

Cette question de l'inversion du « oui » et du « non » chez les Bulgares doit me tarauder, me dis-je en dévalant un escalier flanqué de boîtes à lettres en ferraille encastrées dans la chaux. Le couloir de l'immeuble où je loge à Sofia est pavé de losanges de céramique ocre. Il mène à la rue par une porte massive, pourvue de quatre carreaux épais recevant un trop-plein de lumière. J'espère en la sagesse à Sofia, de toutes mes forces et de tout mon cœur. Arriver dans la capitale à pied est symbolique. Cependant, dans les rues de la belle cité, les différences de niveau des pavés me font si régulièrement trébucher que je finis par me demander si je ne dois pas y trouver un sens.

Est-ce la raison pour laquelle j'ai cessé alors d'écrire mes rêves pendant les six jours durant lesquels je me suis laissé aller, heureuse de retrouver Yann, qui me manque tant ? De mes rêves, je n'ai pas même mentionné les contextes qui les précèdent. Premier « îlot » de pause onirique durant mon périple, Sofia n'est pas capable de faire rimer complètement intériorité avec accalmie, et je ne prends pas garde à l'état d'esprit que peut dévoiler cette pause. S'astreindre à écrire ses rêves jour après jour implique une discipline : chaque matin, lorsque j'ouvre les yeux, mes pensées doivent se fixer aussitôt sur le carnet qui se trouve à côté de moi. Tous les jours. Cela fait presque cent vingt nuits que je suis en chemin, et mes aventures nocturnes me pèsent.

18-21 août 2006
Tensions sur la route

Adrien marche devant moi en rêvant, d'une foulée hésitante, parfois en zigzaguant. Souvent, il ralentit, puis reprend de la vitesse de manière inattendue. Au bout de quelques heures, j'impose le fait que je vais passer en tête, expliquant sur un ton agacé :

— Tu marches trop lentement et ce n'est pas très agréable de te suivre, du coup.

Je me maudis aussitôt lorsque Adrien arbore un visage blessé. Intérieurement, je sens monter une révolte en moi, car mon jeune ami a pris un bus pendant deux jours pour me rejoindre, ce qui l'a épuisé, et c'est moi, en plein milieu de mon voyage, au moment où la fatigue à long terme commence à peser sérieusement, qui vais devoir prendre sur moi.

Un peu plus tard, dans un café, il me dit d'une voix douce, avec un air peiné :

— Tu sais, ce n'est pas très sympa, ce que tu m'as dit tout à l'heure.

— C'est vrai, je suis désolée d'avoir été dure, dis-je, sincèrement désolée. N'empêche que ce n'est quand même pas agréable.

— Toi, ça fait longtemps que tu marches. C'est plus facile d'aller moins vite pour toi que d'accélérer pour moi.

J'ai l'impression alors qu'Adrien omet un élément important : ce voyage est le mien, pas le sien. Les coupures de rythme peuvent être fatales à mon projet, qui doit tenir sur la longueur. En arrivant par bus pendant deux jours, dans un état d'épuisement complet lié à ses examens, est-il respectueux de moi ? Je pense alors : « Si tu n'es pas capable de t'aligner, tu n'as qu'à partir, car je ne peux pas me permettre de perdre le fil. »

Nous avions déjà soulevé ce sujet à Sofia car il nous agitait l'un et l'autre intérieurement, chacun dans notre vie : lorsqu'une friction a lieu entre des êtres humains, pour ne pas céder à la violence, il faut mettre de la distance. Mais cette distance crée un sentiment de rejet – et n'est-ce pas là une violence aussi ? Pour être en harmonie avec son environnement, il faut atteindre un équilibre si subtil en permanence ! Il est miraculeux de constater que les habitants de cette planète arrivent à vivre ensemble, globalement.

Mais je ne parviens pas à exprimer à Adrien le fond de ma pensée, tout en étant confuse d'avoir eu des propos blessants. Mon jeune ami méconnaît complètement les conséquences de la fatigue du voyage au long cours, puisqu'il ne les a jamais vécues.

Cependant nous dissipons vite la tension en chantant à tue-tête entre de hauts maïs puis en marchant pieds nus dans l'eau d'une rivière. Et nous parlons à n'en plus finir, comme si nous allions mourir demain. Adrien croyait que la Bulgarie était minée, en arrivant, ce qui montre bien à quel point les Balkans sont une région difficile à cerner.

Nous croisons plusieurs fois des carrioles de bois juchés sur des pneus Michelin fatigués et menés par des chevaux depuis Ihtiman. Leurs propriétaires, des gitans très bruns, sont parfois joyeux, d'autre fois taciturnes. Une fillette aux cheveux roux nous suit longuement du regard, sans dire un mot, tout comme les adultes qui l'entourent, sans répondre au « hello » que nous avons lancé avec gaieté et qui tombe à plat. Dans les chardons d'un pré, un cheval blanc porte un élégant couvre-chef rouge, comme en fête, et tire une carriole délabrée de couleur bleue. Son maître active la faux avec force, nous observant sans un mot dans ses rudes habits. J'ai l'impression que nous nous trouvons là sans être forcément les bienvenus, mais sans pour autant qu'une animosité se dégage réellement. Nous sommes dans les environs de Kostenec et les gens du voyage ne manquent pas, refoulés aux périphéries, non loin des décharges. Ce jour-là, passant à côté d'une ferme, nous voyons des chiens bondir vers nous, tous crocs dehors. Adrien s'en va précipitamment, tandis qu'immobile, j'appelle en vain le propriétaire en donnant de la voix. Les chiens m'entourent. Adrien est à cent mètres de là et regarde la scène, atterré. Dans l'urgence, je n'ai pas le loisir d'avoir peur et appelle jusqu'à ce qu'enfin, le propriétaire des molosses survienne et les ramène à lui. Mon jeune compagnon de voyage revient avec, dans ses yeux brillants, une expression désolée :

— Karen, je t'ai laissée là, je me suis enfui…

Impossible d'en vouloir à Adrien. S'il ne m'est jamais arrivé de lâcher un compagnon de route devant des chiens, j'ai déjà agi de manière peu courageuse en d'autres circonstances. Tant que l'on n'est pas confronté à une expérience « extrême », il est difficile d'anticiper ses réactions. Mieux vaut avoir de l'humour et de la lucidité, alors…

Cent vingt-cinquième nuit. Partagée entre plusieurs endroits différents où j'ai posé mes bagages, je suis sous pression. La salle de banquet d'un manoir comporte une grande table pour des invités qui ne sont pas encore arrivés. Devant chaque couvert est posé un masque en bois ou en pierre taillée qui représente le visage de chacun des invités avec une précision déconcertante. Je reconnais le mien. Plus tard, les masques sont devenus de cire. L'hôtesse de la maison est morte, comme l'annonce son blason cerné de noir.

Ce rêve est particulier. Alors que je le note, l'esprit encore embrumé, la référence au blason cerné de noir me rappelle les nœuds noirs rencontrés sur les portes extérieures des maisons bulgares, signalant la présence de la mort.

22-24 août 2006
Le go et la guerre jusqu'à Plovdiv

Nous jouons aux échecs pendant les pauses que nous nous octroyons, le soir dans l'hébergement que nous avons trouvé, dans les bars et même dans une station-service. Adrien est certainement bien meilleur que moi et entreprend de m'inculquer les règles très simples qui régissent un autre jeu millénaire : le go. Et tandis que je l'observe, hébétée, m'expliquer les mécanismes du jeu, je saisis à quel point j'ai le cerveau pris dans une forme d'engourdissement dont je n'étais pas consciente. L'idée m'effleure que je suis épuisée. Voilà quatre mois que je voyage, et je rogne sans doute sur mes réserves, sans m'en rendre vraiment compte. Je suis dans un état mental tout à fait particulier qui consiste, puisque je suis exténuée, à me conditionner pour avancer. L'étrangeté de la situation est nouvelle. Jamais auparavant je n'ai marché si longtemps d'affilée. Si le go me laisse voir l'étendue de cette fatigue, je n'arrive cependant pas à en faire l'évaluation.

Par ailleurs, cela fait déjà quelques semaines que la guerre ensanglante le Liban. Aussi, je tente de changer d'état d'esprit pour être capable d'arrêter le voyage si cela apparaît nécessaire. Je songe déjà à faire une boucle européenne en passant par le nord, par la Roumanie ou par la République tchèque. Depuis le 12 juillet, je regarde, atterrée, les informations, grappillant dans la bouche des locaux quelques informations, prenant également les nouvelles sur Internet, lorsque je passe par les cybercafés. À certaines personnes qui m'avaient demandé pourquoi je voulais partir si vite, j'avais répondu :

— J'ai l'impression que c'est le moment de faire ce voyage maintenant. Les tensions sont si fortes dans ces régions.

Peut-être que bientôt, il ne sera plus possible d'y aller, et ce pendant des dizaines d'années.

Et tandis que le conflit s'étend toujours plus, je ne cesse de me dire, tout en ayant conscience que mon voyage pèse si peu comparé aux atrocités que vivent les gens là-bas : « Et voilà, je suis partie trop tard… »

25-27 août 2006
Dérapage dans les Rhodopes

Nous nous sommes serrés dans les bras avec Adrien, à Plovdiv, après en avoir battu le pavé durant deux jours de franche gaieté. Lorsque son bus est parti, je me suis mise à pleurer. Mon jeune compagnon parti, reprendre la route est difficile.

J'ai marché quelque quatorze kilomètres en six heures à vol d'oiseau depuis ce matin. C'est que j'ai perdu mon chemin, mal balisé, qui était pourtant indiqué sur la carte. À l'endroit supposé être le départ du sentier, la barmaid à laquelle je demandais la direction dudit sentier m'a recommandé de ne pas partir seule sur le chemin. À cause des ours. Allons donc, nous sommes en été tout de même. Elle a l'air effrayée. Je lui demande si elle randonne un peu. Oh non, bien sûr que non elle ne randonne pas, mais les ours sont dangereux. Que faire dans ces conditions ?

Je me mets en marche, perds mon chemin, erre, fais des boucles, me hissant toujours plus haut jusqu'à ce que le sentier qui semble exister encore aboutisse à un promontoire rocailleux que j'escalade vigoureusement pour me rendre compte qu'il s'arrête là. Dérapant soudain, je me retrouve sur le bord et entends un grognement qui me pétrifie. J'écarquille les yeux – et les oreilles. Je me sens alors misérable ! Je suis à un endroit où il est impossible de s'enfuir sans chuter de haut. Je n'ai pas écouté cette femme, je suis tellement stupide ! Pourquoi est-ce que je n'écoute pas les gens ? Le grognement se fait entendre, ainsi que des craquements de branches et de feuilles, mais je ne vois toujours rien. Je tape plusieurs fois le sol avec mon bâton. Et tends l'oreille à nouveau. Plus rien. Encore une minute. Toujours rien.

Peu rassurée, j'entreprends une descente de la rocaille sur les fesses qui me fait atterrir sur un autre promontoire tout aussi peu accueillant. Je ne suis pas alpiniste et me retrouve complètement désarçonnée dans cette descente où il me faut être un peu plus acrobate que mes capacités ne me permettent normalement de l'être. Alors j'entreprends de descendre maladroitement, mes doigts s'agrippant à qui mieux mieux aux aspérités, lentement, laissant chuter mon sac à dos au fur et à mesure en contrebas, jusqu'à atterrir… dans un champ de ronces et d'orties, où je me déchire en poussant des cris que moi seule peux entendre. Encore de l'escalade et des épineux, sans rien savoir de l'endroit où je me trouve. Sauf qu'il me semble entendre le bruit d'un cours d'eau, ce qui m'indique le chemin à suivre. Car qui dit cours d'eau annonce des retrouvailles heureuses avec une orientation sensée. Me rapprochant en battant les fouillis de ronces de mon bâton, j'entends même un vrombissement. Une route ! Avec une joie sans limite, je me hâte ! Jamais je n'ai autant apprécié de retrouver le goudron. Je me serais presque agenouillée pour l'embrasser.

Le lendemain, c'est un dénivelé des plus rudes que j'ai eu à affronter en marchant. Je me suis arrêtée à de nombreuses reprises sur la même pente menant aux crêtes. Il m'a fallu me consoler plus d'une fois en me rappelant que si je suis dans les Rhodopes, c'est que, outre le fait d'avoir envie de traverser ainsi l'extrémité de la Bulgarie, s'ajoute une dimension mythologique qui enchante ce relief accidenté : en effet, en bas des montagnes de l'Est, Orphée est supposé avoir vécu ses plus belles heures. Les voisins grecs ne sont pas du même avis. Orphée a bien vécu de belles heures, mais de l'autre côté de la frontière, chez eux. Le poète chantait si joliment que les animaux sauvages l'approchaient pour l'écouter. Le jeune aède charmait même les êtres inanimés avec sa lyre.

Lorsque j'ai vu la voiture partir, il faisait très chaud. Pendant que les conducteurs m'adressaient un geste d'adieu que je leur renvoyai instinctivement, je me suis mise à pleurer. Ce matin, je me suis perdue dans des petits chemins qui m'ont emmenée dans un village touristique bulgare. Une famille dont le père était collaborateur d'un secrétaire de l'ONU m'a proposé de me ramener à mon point de départ pour que je puisse continuer ma route. J'ai accepté. Mais ils se sont trompés de chemin et ont redescendu toutes les Rhodopes. Comme ils n'avaient pas le temps de remonter, ils m'ont dit :

— Ça ne te dérange pas si nous te laissons en bas ? Nous avons perdu le chemin.

— Eh bien, je préférerais revenir à mon point de départ…

— Les Rhodopes, tu les as vues, trois jours c'est bien, pas plus. Tu as assez vu les montagnes comme ça, renchérit-il d'un ton paternel.

Je n'ai rien répondu. Je n'avais pas mon mot à dire. Ils sont partis en me faisant un geste du bras distrait. J'ai le cœur brisé. Complètement brisé. Ces gens ont choisi pour moi. En déclarant avoir fait les choses pour mon bien, ils m'ont subtilement ôté quelque chose d'intime. Je me sens bafouée. Je me sens un peu malade aussi. Je n'arrive pas à accepter les faits : les Balkans, avec leur passé si lourd, leur accueil si chaleureux et empreint de passion, les changements de rythme survenus nécessairement lors du partage du chemin avec mes compagnons de route, les quatre mois à arpenter jour après jour dans la plus grande incertitude un bout de cette planète, tout cela a pour conséquence un épuisement général que je me refuse à regarder en face.

Alors comme d'habitude lorsque je n'en peux plus, j'en rajoute. C'est donc dans les Rhodopes que j'annonce aux miens le changement de mes plans. Comme pour désamorcer les quelques réflexions taquines – et si peu utiles – que cela va me valoir à coup sûr, j'ai décidé d'aller plus loin :

jusqu'au Caire en Égypte. Je souhaite alors faire le retour aussi à vélo, en passant par la Grèce et l'Italie, et j'annonce que je serai de retour pour Noël. Sur le coup, je suis convaincue, mais n'est-ce pas une fuite en avant ?

Que faire lorsqu'on est malade et qu'on marche ? Je n'ai pas à me poser la question : je crois que l'on ne tombe pas malade lorsqu'on marche. On tombe malade après. Et si on tombe malade en cours de route, c'est plutôt mauvais signe. J'ai l'impression d'être malade – d'une grande faiblesse. Le fil rouge de ma marche brisée par ceux qui m'ont déplacée sans mon consentement inaugure une errance de l'esprit comme du corps. J'ai à ce moment du voyage, en marchant d'un pas hésitant, une série de souvenirs qui resurgissent brutalement. Je pleure souvent en chemin. Je pleure pour un oui ou pour un non : pour les animaux écrasés, pour la guerre qui a lieu au Liban, pour un film qui m'émeut, mais surtout en pensant à mon grand-père. Le fait d'être seule facilite les choses.

Je m'immerge dans *Salammbô* avec d'autant plus de force que je plonge, en Bulgarie, dans des strates émotionnelles très profondes. L'atmosphère vibrante à la fois sanglante et sensuelle plantée par les mots de Flaubert a pour vertu de m'emmener dans un Orient imaginaire, aux couleurs vives loin du temps présent, où je peux me reposer des affrontements quotidiens avec mes propres émotions. L'auteur a eu l'audace fabuleuse d'inventer un mot punique pour les besoins d'un ouvrage « historique » : le zaïmph est le voile sacré de la déesse de la lune que vole Mathô, chef des mercenaires barbares, à Salammbô.

Mais cette débauche de scènes ciselées et de figures tragiques et plus que vivantes ne suffit pas à arrêter ma lente descente : mes lâchetés m'apparaissent. Les miennes et celles des autres. Je suis seule pour affronter la chose. Tant mieux, ce n'est pas beau à voir. Je parle de temps à autre toute seule, je crois. Le cerveau marche à plein régime. Mon ongle incarné se fait à présent sentir et mes chaussures sont en bout de course. Est-ce que je suis malade ?

Cent trente-deuxième nuit. Je suis dans un bloc opératoire et des chirurgiens se félicitent de son futur déménagement, même si le bloc est très grand. Je leur raconte comment on fait les ćevapi[1]*, sans intestins pour les emmailloter. Je parle de gril et veux en acheter un au retour. […] Je suis dans une espèce de cité dans une place où il y a des annonces. J'évite un homme qui veut me convertir parce que je parle français et pars acheter un chausson aux pommes avec des levas bulgares. Je repars dans la campagne, trouve un bunker où se trouve une jeune femme malade du sida. Je la prends dans mes bras. Elle me dit que les autres n'osent pas le faire. Je vois son grain de peau en la serrant contre moi.*

1. Grillades marinées que j'ai découvertes à Prijedor puis Sarajevo.

TROISIÈME PARTIE

LA PERTE DES ILLUSIONS

TURQUIE

31 août 2006
Trois pays et deux frontières

En franchissant deux frontières, je me retrouve donc dans trois pays différents dans la même journée : quittant Svilengrad au petit matin, et par là même la Bulgarie, j'arrive en Grèce. Je n'y marche que quelques heures, sans trop m'attarder, étonnée des visages fermés que je rencontre. Seul le changement d'alphabet m'émerveille alors et je répète à voix haute les noms des villages traversés, non sans gourmandise : Kapitan Andreevo, Dike, Dilofos, Marasia !

Enfin parvenue à la frontière turque, je suis bien mieux accueillie que partout ailleurs. Un officier de la douane m'invite à boire le thé et m'exhorte à la prudence :

— Ici, nous sommes en Turquie, c'est différent, pas comme en France.

Mais je m'émerveille d'avoir les deux pieds dans ce pays qui m'a fait me mettre en route. Et je suis étonnée : que de vert et que de fleurs !

Je suis surprise de la variété des visages : des bruns, des blonds, des peaux du plus clair au plus foncé. La diversité déroutante de la Turquie m'apparaît dès les premières heures.

Deux vieux me font signe de leur verger et me tendent des pêches, les yeux pleins de bonté, répondant à ma joie d'être là. Je dois décliner nombre d'invitations qui me sont adressées par des familles debout sur le seuil de leurs maisons bordant la route goudronnée que j'arpente.

Je me laisse finalement émouvoir par un groupe de femmes et de gosses de tous âges qui m'interpellent gaiement. Un peu intimidée dans cet univers de tapis et de joyeux glapissements enfantins, je suis accueillie avec des gâteaux et du café turc, échappant de peu au Nescafé que la jeune maîtresse de maison tient absolument à me servir. Des garçonnets de sept ans bondissent autour d'elle, tendant la main pour recevoir quelques pièces de leur mère et partir acheter du café chez l'épicier. Plusieurs fois, en Turquie, les gens préféreront m'offrir du Nescafé en portions individuelles, reniant leur précieux café.

En attendant, une ribambelle de gosses et d'adultes défilent dans le salon, et tenant à examiner mon passeport, me questionnent en turc – et déjà, les quelques mots appris les jours précédents en Bulgarie dans les villages turcs me servent. Lorsque je dis que je suis venue à pied, les femmes me regardent, épouvantées, et me supplient avec force gestes de ne pas continuer et de prendre un bus. Enfants et adultes insistent ensuite pour que je reste dormir chez eux. Je réponds avec un sourire d'excuse que je souhaite gagner Edirne le soir même, pour pouvoir arriver dans sept jours à Istanbul. Une femme maigrelette particulièrement vive tient à ce que je l'appelle au téléphone au prochain Noël « Christmas », même si nous ne parlons pas la même langue. Pour Noël ? La main tendue m'émeut plus que je ne le pensais.

Avoir passé la frontière m'emplit de force, mais je souhaite arriver au plus vite là-bas, pour Isabelle, certes, mais aussi parce que je suis épuisée et que je dois me reposer impérativement. Je n'ai jamais atteint auparavant un tel degré de fatigue physique et psychique.

Une fois repartie, encore bien des sourires me seront décochés chaudement en chemin, des perrons ou des jardins bordant la route.

Encore quelques heures et j'aurai parcouru quarante kilomètres dans la même journée. Et enfin, au loin, je distingue dans le soleil couchant les minarets d'Edirne, émerveillée. Du vieux pont qui mène à la ville, ouaté par un crépuscule rose, j'aperçois un vol de hérons planant au-dessus des eaux de la Meriç. Le rouge d'Andrinople (du nom ancien de la ville) est un pigment que l'on classe à présent plutôt parmi les orangés. Un secret accompagnait sa composition – peu ragoûtante selon la légende. Cette couleur servait essentiellement à la teinture.

En pénétrant dans la ville, les yeux rivés sur les minarets, j'ai un profond sentiment de bonheur, celui d'avoir réalisé enfin ce que je devais accomplir. Dans la rue, hommes et femmes me regardent, étonnés et rieurs. Je croise deux librairies dont les vitrines recèlent quantité d'ouvrages de littérature tout autant turque qu'internationale. Et cela me frappe beaucoup de voir Dostoïevski, Orhan Pamuk, poètes, philosophes et écrivains d'Occident et d'Orient les uns à côté des autres comme en bonne compagnie. Les devantures de ces librairies me paraissent si idéales. Est-ce donc si beau, la Turquie ? Est-ce cette si parfaite rencontre entre l'Occident et l'Orient ? Je suis euphorique.

Je me dirige vers un cybercafé où je demande, une fois encore, en quel endroit je puis dormir en sécurité à Edirne. Le jeune tenancier s'adresse à un garçonnet qui s'en va parler à une jeune femme menue, qui travaille sur Internet derrière un poste public. Elle doit avoir mon âge. Elle a un visage triangulaire et fin qui contraste avec la vive force de caractère qui émane d'elle. Elle s'appelle Şirin.

31 août-2 septembre 2006
Şirin d'Edirne

Lorsque je lui demande en anglais où je puis trouver un hébergement, Şirin me dit :

— D'où viens-tu ?

— De France. Je suis venue à pied.

— Vraiment ?

Comme d'habitude, les jeunes gens autour lui demandent de traduire pour comprendre. Elle obtempère sans me quitter des yeux avec ce je-ne-sais-quoi d'amusé et d'émerveillé. Les gens portent leur main à leur bouche. Je suis alors très heureuse, moi qui ai le cœur palpitant de cette longue journée, de trouver quelqu'un ici avec un excellent anglais.

Şirin est étudiante en philosophie à Winnipeg. Edirne est sa ville natale. Elle y passe ses vacances pour retrouver sa famille, avant de repartir prendre un avion pour l'Amérique du Nord, où elle a là-bas ses cours et son petit ami.

Griffonnant un numéro de téléphone sur un morceau de papier qu'elle me tend, elle me donne rendez-vous le lendemain pour le petit déjeuner, car elle doit rejoindre ce soir sa famille. En cours de route, elle a négocié une chambre avec un jeune hôtelier courtois.

Je dépose mes affaires avec un soupir de soulagement. Le sac à dos est tout de même à la fois lourd et voyant. Je me sens escargot chaque soir. La chambre est sobre, très correcte, chiche sans être glauque. Je pars chercher de quoi manger, opte pour un *dürüm kebab*, spécialité de l'échoppe d'un vieux cuistot, puis le yaourt turc vanté par Robert et Josy dans l'un de leurs mails.

Pour couronner le tout, après une longue hésitation, j'entre dans une imposante pâtisserie, dans laquelle j'achète pour quelques liras des baklavas, ces petits gâteaux à base de pâte feuilletée, garnis de miel et d'amandes. Un délice. Ce dîner me ravit, habituée que je suis aux kebabs proposés dans la rue en France et aux baklavas bon marché – et souvent si secs.

En arpentant les rues, le cœur joyeux, je décide de rester une journée de plus à Edirne pour visiter l'étonnante ancienne capitale de l'Empire ottoman.

Au petit matin, j'erre à la découverte d'Edirne, en attendant Şirin. Alors que je suis assise sur les marches d'une banque, un vieil homme survient et me questionne avec une curiosité sympathique. À Şirin qui est apparue, il demande qui je suis. Ils échangent quelques mots en turc, et la jeune femme, alors que nous traversons la rue, me dit :

— Nous sommes dans une petite ville. Les gens ont plus de temps pour s'intéresser aux autres que dans les grandes villes.

— Les gens vivent davantage dans la rue, aussi, non ?

— Ici, c'est vraiment différent de chez vous. Les jeunes parlent dehors, la rue appartient aux amoureux. Chez vous, ça ne se fait pas de s'aborder dans la rue – c'est très mal vu. Cela fait partie du choc culturel, je pense.

Nous nous asseyons à la terrasse d'un café, entourée d'arbres. Lorsque le garçon vient prendre les commandes et que je réponds *çay*, Şirin est surprise :

— Tu sais ce que c'est, *çay* ?

— Les officiers de la frontière m'ont offert du *çay* hier.

Le garçon revient avec les petits verres traditionnels remplis de thé fumant :

— *Teşekkür ederim* (Merci beaucoup), dis-je lorsqu'il pose le plateau sur la table.

Şirin est de nouveau surprise. À mon tour de l'être. C'est la moindre des choses que j'ai appris ces mots en entrant dans le pays.

— Tu n'es arrivée que la veille !

— J'ai retenu quelques mots – en fait, je les mémorise bien pendant que je marche – je répète, quoi. Attends, écoute !

Et j'annône une phrase en turc le plus clairement possible : « Je voudrais retirer du liquide s'il vous plaît. »

— Qu'est-ce que tu dis ?

Je répète.

— Et qu'est-ce que cela signifie ? me demande Şirin en souriant.

— Que je veux retirer du liquide à la banque !

Elle rit franchement : je n'en suis pas encore à pouvoir gérer des transactions financières en turc.

D'ailleurs, lorsque j'ai essayé ce matin-là devant le guichetier de la banque en attendant Şirin, les gens m'ont regardée avec des yeux ronds. Je sais prononcer quelques mots, ce n'est déjà pas mal, mais c'est tout. Le premier mot en turc que j'ai appris, c'était en Autriche. *Elma*. Cela signifie « pomme ». J'avais acheté dans une petite épicerie turque bordant une grande route une boisson gazeuse aux pommes. Quand je pense à la langue turque, je pense toujours à ce mot, *elma*, que je trouve très beau.

En Turquie, il est impossible d'empêcher les gens de nous inviter. Il faut savoir se laisser faire, accepter ces bontés. Devant les olives, les petits pains chauds, le fromage, le miel, tomates et concombres qui constituent le petit déjeuner traditionnel turc – auquel, bien sûr, il faut ajouter des litres de thé, Şirin me demande :

— Sais-tu pourquoi tu fais ce voyage ?

Je le lui dis – je lui raconte que je viens pour comprendre, pour la Turquie et l'Europe.

— Tu sais, répond-elle après avoir écouté avec intérêt, l'Europe avec les Turcs, ici, personne n'y croit. 90 % de la population n'y croit pas une seconde.

— Est-ce que les Turcs veulent que la Turquie fasse partie de l'Union européenne ?

— La question ne se pose plus pour eux de savoir s'ils veulent ou non en faire partie – puisque de toute manière, les pays européens ne veulent pas de la Turquie et trouveront toujours une raison pour que ce ne soit pas possible. Ils font attendre le peuple turc en faisant des promesses alors qu'ils savent pertinemment que cela n'aura de toute manière pas lieu.

Je ne sais pas quoi dire. Şirin a une vision très pertinente de la situation, il me semble. Elle a constaté cela sans morgue, en haussant juste un peu les épaules. J'ai pourtant le sentiment de déceler chez elle une forme de tristesse.

Je suis cependant si heureuse d'être en Turquie, si heureuse de rencontrer en Şirin une jeune femme avec laquelle je me sens autant d'aspirations communes que de différences.

Ça me rend d'humeur très optimiste. J'ai l'impression d'avoir eu raison dès le départ. Mon voyage a un sens, après tout. Et je suis fière d'être porteuse du discours que j'adresse aux personnes chaque jour rencontrées : « Je viens à vous à pied car je désire vous rencontrer et je sais que vous êtes dignes d'être connus. » Je suis heureuse de savoir que je vais pouvoir dire à mon retour en France : « Je suis allée en Turquie et n'ai rien vu de ce que vous fantasmez. Je ne veux pas croire une seconde à la scission culturelle dont vous parlez et qui vous autorise à être racistes. »

Je quitte mes belles pensées lorsque je vois le visage de Şirin s'éclairer soudain. Ma nouvelle amie fait un signe de la main à un homme dans la rue, un homme à la démarche et aux traits singuliers, la quarantaine, qui en avançant jusqu'à nous montre des yeux d'une douceur inexprimable. Ses cheveux longs sont inhabituels ici.

— Je te présente Safak. C'est mon meilleur ami. Safak est un médium très réputé dans la région.

Safak est d'un naturel si bienveillant, si loin de toute intrusion spirituelle, que j'en oublie vite ses talents. Şirin traduit, car il ne parle aucune langue étrangère. Il reste cependant discret, nous écoutant parler en attendant la traduction, sans interrompre l'échange comme cela a souvent lieu lorsque je rencontre des gens. Son téléphone sonne. Il répond, l'air concentré.

— Il est en consultation. Il est tout le temps débordé.

De quoi avons-nous parlé ? De tout. Littérature, politique, religion, langues, amour, liberté et sens de la vie. Un lien inoxydable s'est noué avec Şirin. Safak revient puis repart dans ses consultations téléphoniques. Il finit enfin par avoir un peu de temps pour respirer et m'interroge sur le voyage, sur mes aspirations.

— Tu devrais écrire un livre, laisse-t-il tomber très simplement. Ce peut être intéressant pour les gens.

Nous nous sommes quittés en nous promettant de nous revoir le lendemain matin pour le petit déjeuner. J'ai marché dans la ville, allant d'une mosquée à l'autre touchée par tant de splendeur – Edirne est réputée pour ses mosquées monumentales, semblables à des palais. Les fins minarets s'élancent vers les cieux. J'arpente aussi les quartiers périphériques de la ville, surprenant un quotidien moins « exotique », où j'entraperçois dans les échoppes et dans les rues une vie âpre. J'observe en particulier les femmes qui vont à leur travail. Il y a autant de femmes qui portent le foulard que de femmes qui n'en portent pas.

Cimetière. Il ne ressemble pas à ceux que j'ai vus en Bosnie ou Serbie. Les tombes sont différentes selon que le mort est un homme ou une femme. Le genre masculin hérite d'un « couvre-chef » tandis qu'une ornementation florale échoit au genre féminin.

J'ai décidé de me teindre les cheveux de couleur cuivre et j'ai trouvé du henné dans une boutique « beauté » d'Edirne. Les femmes se retournent lorsque je passe – je suis mal habillée et n'ai pas beaucoup pris soin de moi pendant des mois. Les sourires sont encourageants cependant.

Déposant mes affaires sur le lit de l'hôtel, j'allume la télévision pour voir à quoi ressemblent les émissions turques. Des publicités envahissent les coupures entre les programmes de la chaîne Kanal D. Une news intolérable montre un homme malmené brutalement par des policiers, en alternance avec la photo d'une jeune femme. La caméra filme des vieilles femmes en larmes, pleines de douleur. Les images repassent en boucle, au ralenti, jusqu'à l'écœurement. Je prépare le henné dans une petite bassine. Une heure passe et je suis une autre personne : mon front est à présent lumineux.

À peine ai-je les cheveux secs que le téléphone sonne. La voix de l'hôtelier m'annonce que Şirin tient à me parler :

— Karen, je suis avec mes cousines et Safak. Ça te dit de venir manger une glace avec nous ?

— J'arrive !

Heureuse de cet imprévu, je me hâte de rejoindre Şirin, les deux jeunes filles intimidées qui sont ses cousines et Safak, qui me semble être à présent un visage familier.

Comme personne d'autre que Şirin ne connaît l'anglais, la jeune femme va faire la traduction durant toute la soirée. Les glaces traditionnelles turques sont ce que nous pourrions appeler un sandwich de glace compressée entre deux larges gaufrettes.

Safak propose soudain de me tirer les tarots. J'opine de la tête gaiement, à la surprise de Şirin.

Je pose alors la question la plus importante à mes yeux : est-ce que mon grand-père va bien ? J'ai marché des milliers de kilomètres en pensant à lui. Il est dans mes pensées depuis sa mort, un an avant que je ne parte. Il est dans tous mes gestes, je ne me remets toujours pas de son départ. Pourtant, je puise dans son souvenir une force inébranlable et mon amour pour lui est d'une puissance que je ne soupçonnais pas. Depuis que je suis en Bulgarie, je crains un phénomène que mon compagnon appelle « retenir les morts » – c'est-à-dire empêcher la personne aimée défunte de partir de son esprit, une forme d'amour possessif. J'explique la situation à Şirin, qui fait la traduction à Safak.

— Non, me répond mon étonnant interlocuteur. Tu l'as fait, mais à présent tout va bien pour lui. Et il t'aime infiniment. Durant ton voyage, tu auras des épreuves dures à surmonter, mais il veillera sur toi.

Safak a dit d'autres choses que jamais il n'aurait pu savoir. Quelque chose s'est passé dans mon cœur. Quelque chose s'est terminé.

Cent trente-septième nuit. Je suis en possession d'œufs minuscules – de la taille d'un millimètre – de lapins et de tortues dont je sais que je ne devrais pas les avoir ou même les voir, à cause de mon voyage. Les œufs éclosent. De minuscules animaux apparaissent. Les lapins sont en fait des canards. D'abord de couleur uniforme, ils se différencient peu à peu, galopant partout entre les planches d'un cageot. Anxieuse, je tente de les remettre dans le cageot, près de la salade. Mais j'en perds, à mon grand désarroi, car les animaux lilliputiens se confondent avec le gravier. De plus, je me trouve empêchée d'agir correctement du fait d'un homme, un ouvrier intrusif. Je retrouve finalement les tortues qui sont également des escargots.

Le lendemain, Şirin achète un pendentif turc, œil bleu clair et blanc sur fond bleu roi, un porte-bonheur pour que je sois protégée en route. Il est temps de nous séparer. Je suis très émue. Elle me dit, presque dans une prière :

— Passe par les nationales pour être en sécurité, pas par les petits villages, c'est important.

Avant de nous quitter, à la sortie d'Edirne, nous tombons dans les bras l'une de l'autre.

2 septembre 2006
Devoir sourire

J'ai repris la route en songeant longuement à tout ce que me disent les Turcs sur ma présence ici. Je suis dans l'expectative. Paysage très plat. Champs de tournesols brûlés. Des milliers de véhicules empruntent cette nationale. Tonitruants. Je marche plus que jamais sur le côté gauche de la nationale, pour voir arriver les voitures. Je prends aussi volontiers les voies en construction, qui m'évitent la pollution et le bruit des voitures et des camions.

Un homme en mobylette me fait sursauter en passant à dix centimètres de moi derrière mon dos. Il a une béance dans le regard qui me surprend désagréablement. Plus tard, un jeune camionneur m'interpelle joyeusement du haut de son véhicule. Je le salue, mais continue mon chemin. Il crie. Je me retourne, lui faisant signe que la discussion n'aura pas lieu. Il me hèle de nouveau en riant. Je poursuis ma route.

Quelques secondes plus tard, j'entends de nouveau sa voix, plus proche, il roule au ralenti sur le bas-côté de la route tout en continuant à me parler. Je ne le regarde pas. Il m'interpelle plus fort, sur un ton fâché. Je lui fais signe sèchement de partir. Le gars fronce les sourcils, avance, se gare, descend de son camion, et vient vers moi avec un sourire.

Je me raidis et m'arrête, sidérée de son insistance. Il me dit je ne sais quoi et s'approche. Je recule, sur mes gardes. Le gars fronce les sourcils et m'invective. Je recule encore et lui fais signe de partir, la main prête à sortir le couteau. Il s'en retourne en rage vers son camion et démarre brutalement.

Je poursuis ma route, avec un sentiment de malaise, sans savoir si j'ai bien agi. En même temps, j'ai écouté les conseils de Safak et Şirin, me semble-t-il. Je regarde avec envie les horizons qui cernent la nationale. J'aurais préféré passer par les villages. L'arrivée à Istanbul ne va pas être une partie de plaisir.

3 septembre 2006
Une rencontre de trop

Autoroute ou nationale ? Je contemple l'horizon plat de champs gris où se découpe au loin un minaret. Suivre cette route est épuisant. Le soleil fait miroiter le macadam, parfois, me faisant écarquiller les yeux. Je ne cesse de penser avec envie aux petits chemins au loin, qui glissent d'un village à l'autre. Je m'impatiente de ne rencontrer personne sur cette voie sans fin ! Mais je continue de suivre les conseils qui m'ont été donnés. Je suis d'humeur de plus en plus inquiète : dans aucun pays je n'ai entendu autant de mises en garde, et cela ne fait que quatre jours que j'arpente les routes turques. Je ne fais plus étape qu'aux stations-service pour prendre de l'eau et acheter des barres chocolatées et des chips. Régulièrement, un conducteur de poids lourd me klaxonne.

Babaeski est encore à cinq kilomètres lorsqu'un jeune homme en voiture me fait signe du bras de l'autre côté de la route. Je plisse les yeux. Il porte un haut moulant de couleur. Ses lunettes de soleil relevées sur le front et sa coupe de cheveux soignée lui donnent un air branché. Sa voiture blanche est d'un modèle assez classique ici. Il fait un geste que je n'arrive pas à déterminer. Obscène ? Je ne saurais pas dire. Il a l'air interrogatif. Je suis fatiguée. Dans le doute, je lui tourne le dos et continue ma route.

Cinq minutes après, je le retrouve garé, cette fois de mon côté de la route. Il me fait signe de la main sans pour autant aller à ma rencontre comme le jeune camionneur de la veille. Alors que je passe près de la voiture, tout en restant devant son volant, il me fait signe de regarder une carte de visite en signifiant que c'est la sienne :

— *Cameraman ! Televizyon ! Kanal D !*

Kanal D est la chaîne nationale la plus importante du pays. Il me montre une carte professionnelle de télévision :

— *Kanal D ! News !*

Et il prend une caméra professionnelle à l'arrière de sa voiture, qu'il me montre, en faisant signe de filmer.

— Je n'ai pas le temps ! Je dois continuer à marcher !

Il fait un geste d'incompréhension.

— Tu ne parles pas anglais ?

— *No english.*

— Désolée, je ne peux pas. Que veux-tu filmer ?

— *Movie !*

— Désolée, je continue mon chemin.

— *Lütfen !* (De grâce, s'il vous plaît.)

L'homme a dit « *Lütfen* » dans un geste de prière, en joignant les deux mains. Je m'immobilise, surprise.

— *Lütfen*, redit-il de plus belle.

Pourquoi ce gars me supplie-t-il ? À ce moment-là, je commence à le regarder davantage. Je ne crains pas quelqu'un qui me supplie. Le type part dans une diatribe à laquelle je ne saisis rien de précis.

Je comprends, je ne sais comment, qu'il doit faire ce film et que sinon, il va perdre son travail. Son travail ? Je repense à mes amis intermittents du spectacle. Je repense à Yann. Ils galèrent tous. Alors je finis par dire, après dix minutes de tergiversations :

— D'accord, mais moins d'une heure. *One hour !*

— *Teşekkür ederim !*

— Ici ? On tourne ici ? dis-je en montrant la route.

— *Yok.* (Non.) Studio.

— Un studio ? Où est-il ?

Il me montre le sens inverse de mon chemin puis m'invite à m'asseoir sur le siège passager de la voiture. Je reste perplexe. Il ajoute, affolé :

— Cinq kilomètres ! Cinq minutes !

Avec force signes, je lui fais comprendre qu'il me ramène ici après, sinon je ne viens pas.

— OK.

Il ouvre la portière arrière pour mon sac à dos. Il n'y a pas de siège, c'est un rangement. Je m'installe à côté de lui. Il démarre.

— Comment t'appelles-tu ?

Le gars hésite :

— Ahmed.

— Moi, c'est Karen. Enchantée.

Zut, il a hésité. Vigilante, j'ai tout loisir de l'observer : Ahmed est un jeune homme qui doit avoir trente ou trente-cinq ans, taille moyenne, mince, plutôt beau garçon, barbe jeune, cheveux courts à la mode, tee-shirt de couleur verte et jean bleu délavé moulant. Pourquoi a-t-il hésité ? La réponse ne se fait pas attendre : nous quittons soudain la nationale pour prendre un petit chemin qui ne me laisse rien augurer de bon. Je réagis immédiatement dans mon mauvais turc :

— *Neden ? Neden yol ?* (Pourquoi ? Pourquoi – chemin ?)

Il soupire d'énervement. Je reprends en haussant le ton :

— Stop ! Laisse-moi ici !

Il ne me répond pas.

— Hé ? Tu m'écoutes ?

Il se tourne vers moi en ramenant en cadence ses bras vers lui avec obscénité :

— *Sex ? Sex ?*

— *Hayer !* dis-je d'une voix indignée, sentant la révolte s'emparer de moi. *Hayer,* tu comprends ? *YOK !*

Il prend un air buté, tout en continuant à rouler, ses mains sur le volant. Folle de rage et d'impuissance, je regarde dans la voiture à la recherche d'une solution. Je me maudis intérieurement : ça y est, bravo, là tu es en pleine galère ! C'est grave, ma fille. Pense à la famille, pense à Yann, pense à tout le monde, Şirin, le garde-frontière, tous ils t'ont mise en garde et tu n'as pas écouté. Pauvre idiote ! Maintenant, accroche-toi pour le rodéo !

J'interpelle Ahmed d'une voix claire :

— Tu vas avoir des problèmes avec la police. Tu saisis ?

Mais il reste sourd à mes paroles. Je répète avec un calme qui me surprend :

— Les *jandarmas* ! La police !

Je ne peux pas sortir à cette vitesse en ouvrant la portière. D'un autre côté, il a choisi de ne rien me faire tant qu'il conduit, semble-t-il. Nous sommes à égalité dans notre détermination et notre fureur.

Il freine soudain et, avant que j'aie pu ouvrir la portière, me saisit brutalement le poignet de sa main droite. De sa main libre, il agrippe sa braguette, qu'il tente d'ouvrir, ce qui me laisse un court répit d'une demi-seconde : un brusque éclair de lucidité me fait chercher frénétiquement mon couteau. Je déboutonne la poche que je lui ai dédiée sur mon pantalon. Ahmed surprend mon geste, tente en vain de m'empoigner davantage, j'entends le tissu de mon pantalon se déchirer tandis que je pivote brutalement vers lui et projette mes pieds le plus vigoureusement que je puis – il me lâche, j'attrape alors la lame que j'ouvre en un quart de seconde et brandis immédiatement sur son sternum puis sur son bas-ventre, aussi rageuse que terrifiée. Son visage se décompose, soudain blanc, tandis qu'il reste bras en l'air, craignant de bouger.

J'hésite, est-ce que je dois planter mon couteau dans sa cuisse pour le mettre hors d'état de nuire ?

J'ouvre la portière tout en continuant de brasser l'air de ma lame, volontairement très proche de sa braguette. Je sors, ouvre la portière arrière, attrape mon sac à dos et prends mes jambes à mon cou, lorsque j'entends soudain derrière moi :

— Stop !

Je continue de courir.

— STOP !

Le ton furieux et péremptoire me fait me retourner. Ahmed est là, à une vingtaine de mètres de moi, brandissant un revolver vers moi, en me faisant signe d'approcher et de lâcher mon arme. La boîte à gants ! Je dépose mon sac et lève les mains en l'air, sans abandonner mon couteau.

— Tu vas avoir des problèmes, ne fais pas cela, lui dis-je d'une voix que je tente de rendre calme, tandis qu'il se rapproche avec un air curieux, hors de lui-même, pantelant. Il me fait signe à nouveau de son pistolet de lâcher ma lame. Je hoche la tête négativement, avec vigueur. Je regarde le canon de l'arme sans rien ressentir, ni terreur ni colère. Je suis juste concentrée. C'est la première fois de ma vie que je trouve dans une situation aussi dramatique. Je continue d'une voix basse, sans émotion :

— Tu vas avoir des problèmes avec la police.

Je parle en français, mais cela n'a pas d'importance. Je parle, c'est tout. Dans un éclair de lucidité, je pense qu'il ne faut pas que je dise son prénom. En général, appeler une personne violente par son prénom la désarçonne. Mais là, je pense que son prénom est faux. Si je l'appelle par un faux prénom, ce sera comme si j'entrais dans son jeu et je serai perdue. Il hurle de rage.

Puis son visage change – il s'approche avec un air d'enfant, se baisse et pose le pistolet d'un air pitoyable, en me suppliant. Il me prend dans ses bras, mais je reste à distance, comme si nous dansions. Qu'ai-je fait du couteau ? À ce moment-là, je ne sais plus si je l'ai toujours dans le poing ou si je l'ai replié. L'homme tente de m'agripper en douceur. J'ai l'impression qu'il va pleurer. Je tourne pour éviter le contact de sa poitrine et faire en sorte qu'il se retrouve éloigné de son arme. Est-ce le sang-froid qui soudain m'anime ? Les quelques mètres nécessaires à mon évasion deviennent subitement possibles. Je m'arrache à son étreinte et au même moment, il sort de lui une plainte triste.

Avec des gestes automatiques, sans faire cette fois l'erreur de reprendre mon sac, je me précipite à toute allure en direction de la route, en me répétant comme une mélopée hypnotique et incongrue : « N'était-ce que cela ? J'ai échappé à cela, à cette violence, à cette arme à feu. J'y ai échappé. Ce n'était que cela. Je suis saine et sauve. » Je traverse à une allure à perdre définitivement le souffle deux cent mètres de champs labourés en priant sans me retourner que l'autre ne m'abatte pas à travers les fourrés sur la longueur du champ qui me sépare de la route. Telle une marionnette folle, je surgis sur la nationale en faisant de grands gestes pour arrêter les automobilistes, puis me jette au milieu de la route lorsque je m'aperçois, terrorisée, que personne ne freine. Des voitures me contournent même en accélérant. Personne ne m'aide, mon Dieu, personne ne veut me secourir. Des secondes horribles s'écoulent, pendant lesquelles j'ai encore peur d'être abattue. Pourquoi personne ne s'arrête ?

— *Miss ! Problem miss ?*

C'est une femme turque qui me parle en anglais, dans une voiture qui vient de freiner sur le bas-côté. En un coup d'œil à l'intérieur, j'évalue la situation : une famille.

— Je suis poursuivie par un homme. Il est fou !

— Entrez ! Entrez !

La portière arrière s'ouvre sur un couple de vieux qui se pousse pour me laisser de la place. Je me retrouve à côté d'un grand-père aux cheveux blancs dont le nez soutient une paire de lunettes épaisses. La femme, à la place du mort, se tourne vers moi :

— Que se passe-t-il, mademoiselle ? Nous ne voyons personne.

— Vous me comprenez ? C'est un homme, il a un pistolet, il doit être encore là-haut !

— Je suis professeur d'anglais, je comprends bien la langue, rétorque la femme. Qui est cet homme ?

— Il a dit qu'il s'appelait Ahmed, qu'il était cameraman pour Kanal D – il a une caméra professionnelle. Il est fou, il faut avertir la police, il est très dangereux.

— Vous êtes certaine qu'il vous a agressée ? demande la femme d'un air dubitatif en m'observant d'un œil pénétrant.

— Mais bien sûr !

Je la regarde avec désespoir. Que croit-elle ? Pourquoi me pose-t-elle cette question absurde ? Elle doit me croire sous l'emprise de la folie. Je tremble comme une feuille.

— Où est votre sac de voyage ?

— Là-haut. Je l'ai abandonné en m'enfuyant.

— Allons le chercher.

— Non, vous ne comprenez pas, il est fou et a un pistolet !

— Mais nous sommes cinq ! Vous êtes sûre que vous ne voulez pas aller rechercher vos affaires ?

— Je ne sais pas.

Je suis tétanisée, un trou noir envahit mon esprit.

— Venez, nous allons le rechercher, vous savez où il se trouve ?

— Oui, c'est la petite route parallèle, nous allons croiser la fourche qui y mène.

— Allons-y alors. Mais que faites-vous ici ?

— Je vais à Istanbul à pied depuis Paris. Cela fait quatre mois maintenant.

Silence.

— Vous êtes sûre qu'il y a bien une route ?

Encore une question de ce genre et je vais vraiment sombrer dans la folie. Heureusement, la route apparaît.

— C'est là. Il faut remonter pendant cinq minutes, je pense.

Je regarde le paysage défiler avec anxiété, reconnaissant les lieux, puis croyant ne plus les reconnaître.

— Oh, regardez là ! s'exclame le conducteur.

Mon sac à dos orange gît à terre. L'homme arrête la voiture et ouvre la portière. Tétanisée, je lui dis :

— Faites attention, je vous en prie !

— C'est bon, vous voyez bien, il n'y a personne.

Effectivement, nulle trace de mon agresseur, comme évaporé. Je remarque que l'homme porte un costume lorsque je le vois s'éloigner du pare-brise et empoigner vivement mon sac de voyage qu'il me ramène.

— Toutes vos affaires sont là ?

— Oui.

— Alors allons-y.

Et nous faisons demi-tour.

— Que voulez-vous faire, *miss*, à présent ? me demande la femme.

— Je ne sais pas. Il faut que j'aille voir les *jandarmas* pour leur dire. Cet homme est dangereux, il peut menacer d'autres personnes.

— Les *jandarmas* ne connaissent pas l'anglais, vous allez rester peut-être une journée entière, vous savez.

Dans l'intonation de sa voix, je perçois comme un mensonge, mais je n'ai plus de force. Je réponds faiblement, comme un disque rayé :

— Cet homme est dangereux…

— Ils ne vous croiront pas. Ce sera compliqué, croyez-moi. Ne voulez-vous pas plutôt que nous vous déposions à un hôtel à Lüleburgas ?

Premier réflexe idiot : non, il faut que je continue à pied. Et puis… Non. Que répondre. Il ne m'est venu que plus tard à l'esprit que cette famille ne voulait pas avoir affaire aux *jandarmas*, ni devoir faire un témoignage et se retrouver avec plein de tracasseries administratives sur le dos. À leurs yeux, je suis sans doute folle.

— D'accord. Seulement, j'ai un problème, mon pantalon est déchiré.

Nous nous arrêtons à une station-service, la femme m'accompagne aux toilettes après que j'ai réussi tant bien que mal à me faire une sorte de pagne avec un pan de tissu. Lorsque je reviens, d'un pas de somnambule vers la voiture, j'ouvre la portière d'une autre voiture et surprends le regard de chacun à mon égard – je suis une détraquée. Je me rassois sur la banquette arrière. Le grand-père place sa main sur ma cuisse avec un curieux sourire bienveillant :

— Tout va bien maintenant, ne t'inquiète pas.

J'ai envie de hurler. Mais je suis sans force et comment vais-je pouvoir me révolter contre cette main sur la cuisse ? C'est le père de mes sauveteurs ! L'esprit comme ligoté, j'accepte la glace qu'ils m'offrent pour patienter un peu, sans doute pour que je reprenne mes esprits. Une fois la glace mangée, nous repartons. À Lüleburgas, la femme m'emmène à un hôtel trois étoiles. Lorsqu'elle discute avec la réceptionniste en me désignant du menton, je la prie de ne rien dire de l'incident. Elle prend un air outragé :

— Bien sûr que je ne parle pas de vos ennuis !

J'ai un sourire bête, le cerveau liquéfié. Elle me dit au revoir en me tendant la main, les lèvres pincées.

Un groom me conduit en ascenseur jusqu'à ma chambre. Je laisse tomber mon sac et me fais couler un bain. Et je repense : alors ce n'était que cela ? Et je me rends compte soudain que je suis dans un état second, dont je n'arrive pas à sortir, que la scène tourne dans ma tête. Je suis l'oiseau qui ne pensait pas pouvoir être attrapé.

Un monde s'écroule.

Je m'aperçois que je respire de manière entrecoupée et que le haut de mon poumon droit me lance. Je vois pointer un surmenage, sans avoir envie d'appeler quiconque au téléphone.

Ce qui me plonge davantage dans la détresse, c'est cette résistance à laquelle j'ai eu droit lorsque j'ai voulu aller voir les *jandarmas*. Les violences faites aux femmes ne relèvent sans doute pas de ce qu'on peut dire publiquement. Je prends un bain, et pour me changer les idées, décide de sortir dans la ville. Chaque fois que je croise quelqu'un dans la rue, j'ai un tressaillement inquiet, surtout lorsqu'un homme se rapproche de moi, volontairement ou non. Je me réfugie dans un cinéma – décide de regarder *Pirates des Caraïbes 2*, vois le film se dérouler sans le regarder, sans un sourire, sentant venir un effondrement de ma personne. Dans un cybercafé, je me connecte sur MSN. Personne n'est en ligne. La première personne à se connecter est un ex-petit ami. Lorsque je lui raconte la situation, il me répond :

— Au moins, cela signifie que les hommes te désirent.

En quelques mots, il m'enfonce plus bas que je ne suis. Mes amis Patrick et Fouzia, eux, me remontent le moral. Je sens leur inquiétude au bout du fil. Fouzia veut me téléphoner. Je refuse, je n'ai pas la force. Patrick insiste :

— Appelle-nous si ça ne va pas. Promets-le.

— Je promets.

Mon ami américain Brian écume de colère contre mon agresseur, protection mâle qui me fait du bien, une fois n'est pas coutume. Yann n'est pas là et je ne veux pas l'appeler. Je pense à l'angoisse terrible qui va le prendre. À quoi bon, il arrive à Istanbul dans sept jours.

Je retourne à l'hôtel après avoir avalé un *iskenderun kebab* au yaourt – sans goût, forcément, avec ce qui vient de m'arriver. Je dessine dans mon carnet, tente de traduire l'épisode de violence au travers de deux dessins. Je m'efforce de rester calme : j'ai bien réagi, je me suis sortie d'affaire, j'ai fait les bons gestes au bon moment, je ne pouvais pas faire mieux. J'ai même eu la lucidité de ne pas appeler ce type par le prénom, sans doute faux, qu'il avait donné. Comment vais-je faire pour ne plus détester ce nom ? Je fais encore un troisième dessin, constitué de chats stylisés et d'un grand œil vertical. Qu'en dire… Cela ne suffit pas à faire cesser mon désarroi. J'arrive malgré tout à m'endormir.

Cent trente-neuvième nuit. Je cours dans une forêt de grands arbres verts en Syrie, grouillante de militaires, que je cherche à fuir par des sentiers. Et j'ai mon sac. À un moment, j'arrive dans un terminal de bus. Je marche vers Silivri [Silivri est une ville turque précédant Istanbul – il est prévu que j'y passe]. Dans une association d'aide aux étrangers, un jeune homme maigre me dit de parler puis s'énerve contre moi car il me trouve silencieuse. Je tente de lui expliquer ma détresse, mais il m'interrompt tout le temps. Il me demande si je parle anglais, alors que je m'exprime justement dans cette langue. Finalement, je lui explique quasiment en pleurant que je marche depuis Paris jusqu'ici, Silivri, que je suis très fatiguée et faible, et que j'ai besoin de voir un docteur, mais remboursé par la sécurité sociale. Il me répond en souriant en français. J'ai un soupir résigné. En fait il était français et me testait. Il me donne une liste d'informations et de formalités en français.

4-6 septembre 2006
Le cauchemar continue

Le lendemain, les cieux sont brûlants. La plaine s'étend, me permettant de voir loin devant moi. Il m'est très difficile de me remettre en marche. J'ai peur, tout simplement. Je mets un pied devant l'autre sans plaisir pour terminer ce voyage. Je ne profite plus de ses beautés. Je préfère continuer de marcher pour éviter une dépression qui me pèse comme une épée de Damoclès. J'ai toujours du mal à respirer. Si j'inspire trop, lorsque j'y arrive, mes poumons me font souffrir. J'ai beau tenter de rendre consciente l'idée que je refuse de respirer l'air de l'extérieur, le mal ne se dissipe pas. Pis, le lendemain, il a même empiré.

Lorsque je suis partie, malgré moi ou sans le savoir, je souhaitais raconter une belle histoire, démontrer ici en France, que le monde était plus beau que ce que l'on racontait ou croyait. Je trouvais alors la défiance vis-à-vis des étrangers insoutenable. Oui, je voulais comprendre, mais je m'étais déjà forgé un discours sur le monde, exempt alors de certaines souffrances que j'allais découvrir pendant le voyage. Je me méfiais des cruautés du groupe et j'avais une confiance exagérée en l'individu. Quelle naïveté ! Je pressentais chez les habitants de la Turquie une grande peine et un infini sentiment de rejet vis-à-vis de l'Europe. J'avais lu des sondages, des articles d'intellectuels turcs, tout ceci me rendait triste. Je suis partie, innocente, et l'innocence, si elle a des qualités et nous épargne bien des épreuves, peut devenir aussi un danger en voyage : la réalité survient immanquablement dans toute sa crudité au moment où l'on est épuisé, pour percer notre bulle d'illusion. C'est peut-être à ce moment-là que se révèlent en nous de vraies qualités, une fois surmonté un tel choc. Sommes-nous capables de pardon envers la personne qui nous blesse ou souhaite notre mort ? Sommes-nous capables de garder confiance et désir d'ouverture en sachant les noirceurs susceptibles d'habiter notre interlocuteur ? Sommes-nous nous-mêmes capables du meilleur lorsque nous sommes durement atteints ?

Des plaines jaunâtres et beiges m'environnent. La nationale est bondée de voitures filant à toute allure, tandis que se répète dans ma tête, malgré moi, la scène de la veille, le cœur atteint d'une peine que je ne lui connaissais pas. J'ai perdu quelque chose d'inestimable sans comprendre au juste la nature de la perte. Je ne cesse de rabâcher à l'intérieur de moi-même : j'ai survécu à cela, n'était-ce donc que cela ? Y ai-je vraiment survécu ? Est-ce que mon cerveau n'est pas en train de me mentir, de me faire croire que j'ai réussi à m'échapper. Est-ce que je ne suis pas morte et que mon cerveau, en un temps infiniment court mais qui peut me sembler une vie, ne me raconte pas une suite qui panse les blessures ?

Car j'ai mal comme je n'ai jamais eu mal. Que quelqu'un ait osé m'empoigner sans mon consentement a porté atteinte à mon système de pensée tout entier. Que cette même personne, alors que je me suis défendue et que je l'ai menacée puis l'ai laissée indemne, ait osé profiter de ma bonté pour me menacer davantage, m'est insupportable. Comment avoir confiance à nouveau ?

Et les voitures et camions ne cessent de s'arrêter sur le bord de la route, attendant que je passe à leur côté. Je décide donc, lorsque je les repère, de laisser une distance de cent mètres entre eux et moi et d'attendre qu'ils se lassent. Parfois, ils reculent ou avancent pour me rejoindre, et je m'éloigne davantage, jusqu'à ce qu'ils abandonnent.

À ce moment précis de mon voyage, je ne rencontre plus personne, je suis devenue sourde, je ne ressens plus rien, ni amour, ni haine, j'ai le cœur vide, je ne suis moi-même plus qu'une coquille vide. Je ne continue de marcher que parce que j'ai peur de m'écrouler. La discipline de la marche m'empêche de m'effondrer complètement, mais elle est une violence de chaque seconde. Dans ma tête, les images de la veille ne cessent de tourner en boucle et je pense à ma famille, à mes amis, à mon ami Yann, qui déjà étaient inquiets à mon départ. Comment leur dire aussi cela ? Vais-je devoir mentir à tout mon entourage – dire : non, non, je n'ai pas eu de gros soucis, que du bon… Dire que j'ai fait ce voyage en croyant dur comme fer que jamais ce genre de choses ne m'arriverait – quelque part, je faisais aussi ce voyage pour dire cela –, que nous étions tous frères et que les fantasmes de violence concernant le Proche-Orient étaient une fabrication visant à nous séparer les uns des autres. Je croyais aux chocs culturels, mais je croyais aussi qu'en les vivant pas à pas au fur et à mesure de ma lente progression vers l'Orient, je porterais alors sur moi l'empreinte des lieux traversés, limitant la mise en danger.

Plus tard survient une autre interrogation : que dire aux femmes, en particulier aux jeunes femmes qui voudront se mettre en route et qui m'appelleront pour me demander conseil ? J'ai à ce moment précis une responsabilité qui me dépasse – un fardeau inattendu, alors même que je suis sans force. J'ai si mal que je n'arrive pas à pleurer. Face au désastre, face aux ruines qui habitent mon cœur, je ne peux m'empêcher de penser toujours plus fort, jusqu'à parler tout haut : « Pourquoi n'ai-je pas écouté les miens ? »

Avançant telle une somnambule sur la route de Lüleburza à Çorlu, je ne vois qu'une plaine immense qui s'étire à perte de vue, aride, à l'image du sentiment de vacuité que j'éprouve. Il ne me reste plus qu'un mince souffle pour atteindre la mégalopole.

Sur le bas-côté de la nationale, un vieux vendeur de melons me fait signe. Il est assis sur un fauteuil de jardin fatigué, derrière des piles de gros fruits, sous une toile autrefois criarde, poussiéreuse. Craintive, je ne sais plus comment réagir. C'est un petit homme rond mal rasé aux traits bienveillants. Je vois bien que je suis face à un choix qui oriente mon voyage. Si je cède à la fermeture avec ce vieux vendeur de fruits, je ne serai plus capable d'ouverture durant la suite du voyage. Alors à sa nouvelle invitation, je m'assois à côté de lui derrière les pyramides de melons. Au sourire dont il me gratifie, je sens renaître des forces et de l'espoir. Il découpe un melon avec soin et me le donne :

— *Yemek !* (Manger !)

— *Teşekkür ederim !* (Merci beaucoup !)

Il parle allemand, je lui dis un peu de turc qui le fait sourire, les phrases habituelles à présent : je suis à pied depuis Paris, je suis française. Il éclate de rire franchement.

— *Du bist brav ! Aber ein bissen verrückt !* (Tu es courageuse ! Mais un peu folle !)

Lorsque je dois partir, qu'il me serre les mains avec une franche bienveillance, j'ai le sentiment d'avoir déjà fait un pas vers la guérison de cette défiance que j'ai à présent pour tous les hommes de la planète.

Et cependant, comme si ma vie n'avançait plus, comme si mon horloge interne de souvenirs s'était arrêtée peu après Babaeski, lancinantes, les questions, les visions reviennent. Je continue de penser à Yann, je ne sais pas comment lui dire ce qui m'est arrivé – cela ne peut pas être un secret entre nous, et pourtant, je sais que cela va poser un problème pour la poursuite du voyage. Il vient dans quelques jours, cela me laisse un peu de temps pour y réfléchir. Il n'y a pas que Yann, il y a aussi les voyageurs en route, avec lesquels je suis parfois en contact. Robert et Josy, Olivier et Rémi aussi. Et François-Xavier est le contact naturel de tous les pèlerins francophones qui s'en vont sur le chemin. J'ai peur d'envoyer ce mail funeste à tous, en leur disant de prendre garde. Un *dürüm kebab* peu goûteux accompagne ces pensées tristes.

— Ce qui est fou, c'est que ce type n'a pas réussi à me faire quoi que ce soit. Il a juste attrapé mon poignet – et il m'a pris dans ses bras. C'est tout.

Je crois rabâcher intérieurement, mais j'ai parlé à voix haute. Merde.

Cent quarantième nuit. Je suis sur le lieu de mon ancien travail. Un collègue est en train d'inspecter le bouquet de fleurs de mon bureau. Ce sont des fleurs-oiseaux – semblables à ces petits oiseaux gris à mi-chemin entre petites chouettes et frêles rapaces dont j'ai aperçu les cadavres sur la route. Elles ne sont pas toutes ouvertes et il y a des bourgeons-oisillons très mignons. En riant, mon collègue tente de les ouvrir de force, ce qui m'effraie.

Poétiquement, cette nuit-là a évoqué, j'en ai le sentiment, l'angoisse de la violence sexuelle.

Le jour suivant, apercevoir la mer est un vague réconfort, un petit moment de gaieté, avant d'affronter la façade touristique de Marmara. J'ai très mal aux poumons. Je dois avertir mon ami écrivain Nicolas que je serai dans quelques jours à Istanbul. Il ne sera pas présent à mon arrivée, alors je ne lui dis rien de mon état catastrophique, pour ne pas l'inquiéter – je lui dis juste que j'ai eu un souci en cours de route. Sa femme, Filiz, m'accueillera, me dit-il.

Deux jours plus tard, en banlieue stanbouliote, à vingt kilomètres de l'Asie, sonne le glas de la première partie de mon voyage : un homme, jeune, aux cheveux courts et à l'air déterminé, me suit le long de la nationale portant dans son poing la forme de ce que je devine être un pistolet dissimulé sous un mouchoir ou un bout de tissu blanc.

Me voici plongée dans un désarroi atroce. Le tenant à l'œil avec toute la présence d'esprit possible, je marche sur un kilomètre en changeant régulièrement de côté de la route. Il fait de même, met ses pas dans les miens quand je change de côté. Je hâte le pas. Il fait de même. Je trouve le courage de me retourner pour lui signifier que je l'ai vu. Il attend sans rien dire. Les voitures passent en nombre, furtivement, mais j'ai le sentiment d'être seule. L'homme disparaît dans un terrain vague accotant la nationale. Je respire, mais je respire mal : il reparaît quinze minutes plus tard, toujours en serrant dans son poing discrètement ce que je sais à présent être clairement un pistolet dissimulé sous un linge blanc.

Le type se met soudain à marcher vite vers moi, à petite foulée. Vu l'état dans lequel je me trouve, je me mets moi aussi à cavaler brusquement à en perdre le souffle, prenant des risques insensés en filant entre les voitures sur la nationale. Je pense intérieurement : « Non, ce n'est pas possible, je vais me faire abattre, tout le monde va laisser faire ce fou, personne ne m'aidera, je suis seule au monde et je vais mourir. » L'expérience précédente sur la route m'a ôté tout espoir que quiconque me vienne en aide.

Mais immédiatement, après cinquante mètres de course aveugle, voitures et motos s'arrêtent, les portières s'ouvrent sur des visages alarmés se portant à ma rencontre, me faisant signe de les rejoindre, par des gestes amicaux, des gestes de protection, qui que je sois. Un père de famille me crie :

— *Miss ! Miss, of what are you afraid, do you need help ?*

Au même moment, deux jeunes hommes à moto freinent à ma hauteur et me tendent la main, la mine affolée. Tous ces gens épousent, je le vois bien, ma terreur, et sont là pour m'aider. Je tente de reprendre mon souffle.

— C'est cet homme, là-bas, il me fait peur, il me suit et il a une arme !

Des dizaines de paires d'yeux suivent la direction indiquée par mon bras. Les deux garçons en moto redémarrent vers le poursuivant, lui faisant des gestes menaçants.

— Entre, tu es en sécurité avec nous, me répond l'homme au volant de la voiture.

Toute la famille se presse pour me laisser de la place. Le conducteur appuie sur le champignon. Pendant ce temps, le type, sentant la moto s'approcher, se retourne et s'arrête. La moto freine, les deux hommes juchés dessus vitupèrent. Mon poursuivant se met à discuter avec eux, mais ils ne cessent de le houspiller. Mon chauffeur les rejoint et fait de même. L'arme a disparu du poing du gars, je ne sais où, puisqu'il n'a pas de sac avec lui. Mais à ce moment, au comble de la paranoïa qui s'est emparée de moi, je m'en moque, j'ai juste peur que ce cinglé tire sur tout le monde. Mon conducteur a arrêté la voiture sur le bas-côté en pleine circulation, et tendu par la colère, il crie sur le gars, maintenant entouré de toutes parts, et qui s'explique avec virulence. Moi, je n'entends plus rien, car la douleur revient dans mes poumons avec une acuité ahurissante : deux tentatives d'agression se sont télescopées en un laps de temps si court… Nous redémarrons. Que s'est-il passé ? Je n'ose pas regarder le type qui m'a suivie. Le père de famille se retourne vers moi, confiant :

— Ne t'inquiète pas, ce type n'est pas un fou, c'est quelqu'un de la police en civil, il t'a suivie parce qu'il te trouvait suspecte. Ne t'inquiète pas. Mais tu ne peux pas continuer à pied, tu es toute tremblante. Je ne vais pas à Istanbul, même si ce n'est plus très loin, prends un bus, je t'accompagne.

J'opine du chef, remercie tout le monde. Hommes et femmes de toutes les générations me prennent la main, me souhaitent bonne chance. Je ne connais même pas leur prénom. Le père de famille m'emmène jusqu'à l'arrêt de bus, hèle un conducteur, lui explique la situation, me confie à lui. Nous nous serrons la main et repartons vers nos vies respectives. Lui ne saura sans doute jamais à quel point, au comble du désespoir, je l'ai vu surgir, lui et les siens, et tous ceux qui d'un seul élan, se sont réunis spontanément pour me venir en aide au vu de ma panique. Déjà, je pressens à quel point la Turquie, ce pays immense de par sa géographie autant que par son passé et par la diversité qui la compose, va représenter une nouvelle manière d'envisager un territoire et un peuple. Dans le bus, le conducteur insiste pour que je ne paie pas. Ce gars maigre, amoureux de l'équipe de football Galatasaray, riant de mon équipée ahurissante, subit les foudres d'une passagère, car tout à sa discussion avec moi, il a une conduite des plus sportives, qui fait frémir les passagers du bus. Lui, frondeur, répond poliment en n'en pensant pas moins, et me prie de lire des phrases de turc dans mon livret d'apprentissage. Nous dépassons l'antenne immense de télévision turque, dans les hauteurs – une étendue urbaine à perte de vue, tentaculaire se laisse voit alors : la voici, après ses banlieues âpres, cette cité intense à la croisée de l'Europe et de l'Orient, voici Istanbul. Istanbul ! J'ai de la peine à y croire, la mégalopole est si belle, si folle, mosaïque de mentalités si différentes. J'y suis arrivée comme en bout de course, ayant perdu des miettes de mon intégrité psychique, ayant perdu des plumes mais ayant gagné, après ces milliers de kilomètres, un drôle de sentiment nourri de gens et de paysages ! J'y suis arrivée ! Enfin !

6 septembre 2006
Arrivée à Istanbul

En descendant à Taksim, je reste longtemps les bras ballants, sidérée par la jeunesse qui y déambule, en toute insouciance, tellement semblable à celle que je connais à Paris, avec ces garçons et ces filles qui descendent ensemble l'avenue principale bras dessus dessous, ce que je n'ai vu finalement que ponctuellement à Edirne et que j'avais fini par oublier en quelques jours. Sur un tee-shirt, je vois passer un slogan *I'm a supermetrosexual* comme on pourrait en voir dans les métropoles d'Europe de l'Ouest ou en Amérique du Nord.

Encombrée de mon sac à dos, je trouve un vendeur de cartes téléphoniques dans la rue et appelle Filiz, qui me propose de prendre un taxi jusque chez elle à vingt-deux heures, le temps qu'elle revienne à Istanbul. Je ne me sens pas très à l'aise dans mes oripeaux de voyageuse et m'engouffre dans un cinéma pour passer le temps.

Lorsque je sors dans la rue, il fait nuit, alors je descends puis remonte Istiklal Caddesi, la longue rue piétonne qui descend de Taksim vers Beyolu, puis prends un taxi. Filiz m'a conseillé de m'asseoir dans le taxi, et uniquement à ce moment-là, de demander à aller à Kadiköy chez elle, car les taxis rechignent à aller sur la rive asiatique d'Istanbul à partir du centre. Je suis donc ses conseils, mal à l'aise. Le conducteur est l'archétype du chauffeur de taxi dans les films : rondouillard et moustachu, il a un bagou enjôleur qui fleure bon la fripouille.

En voyant une minute après le taxi s'éloigner, j'aurais juré que même la carcasse du véhicule souriait.

Me voici dans un quartier plutôt calme, où pas même la silhouette d'un chat ne se laisse apercevoir. Devant l'immeuble de Filiz et Nicolas, je cherche des yeux la sonnette « Cluzeau ». Une voix me répond chaleureusement de monter à l'étage. Une femme, celle qui venait de parler au chauffeur de taxi, m'ouvre. Elle doit avoir quarante ans ; plus petite que moi, elle a un visage encadré de cheveux mi-longs très bruns et un nez long et fin. Elle a l'air aussi intimidée que moi. Avec un fort accent anglais, elle me dit aussitôt :

— Tu es Karen ? Entre donc, je suis Filiz.

7 septembre 2006
Filiz d'Istanbul

Si Filiz n'avait pas été là pour prendre soin de moi, il est certain que mon voyage se serait arrêté ici, à Istanbul, me dis-je, émue d'être accueillie à bras ouverts par cette femme qui ne me connaît pas. Par ailleurs, son intelligence aiguë et sa manière d'être également une aventurière s'interrogeant sur les sociétés turques, me touchent beaucoup. Historienne, elle écrit une thèse sur une grande figure féminine de l'ancienne Lycie.

La violence du machisme la blesse tout autant que moi. Aussi, lorsqu'elle apprend mon histoire, est-elle épouvantée. Elle a les paroles réconfortantes que je voulais entendre, aujourd'hui, après la filature du jeune homme lors de mon entrée dans Istanbul :

— Cet homme, le second, il était peut-être policier, mais rien n'empêche de penser que c'était un policier cinglé. Je me demande pourquoi les gens t'ont dit cela. En tout cas, reste ici tout le temps qu'il faut. Fais comme chez toi.

Gênée par cette invitation si spontanée, je me confonds en remerciements. Le soir même, malgré la fatigue, nous entamons une longue discussion qui me revigore.

Cent quarante-troisième nuit. Je fais une course sur la glace, perchée sur une luge portant un singe congelé. Puis je surfe sur mes chaussures dans la neige avec maestria. Sentiment de fierté.

À part en rire, je ne sais quoi dire de ce rêve. Il est le dernier que j'ai noté à Istanbul. Les périodes où l'on renâcle à écrire ses rêves sont aisées à comprendre : cette double vie partagée entre des nuits peuplées de mondes fantastiques et des jours où la nouveauté est la seule chose constante avec les besoins de nourriture et de sommeil, génère une vie si dense que j'en suis épuisée. Discuter ou croiser régulièrement mes amis, ma famille, mes collègues et les autres personnes rencontrées dans mes rêves est parfois si curieux et plein de sens.

De la même manière que je m'étais préparée physiquement au voyage en faisant un footing chaque matin, quatre mois avant de partir, je me suis conçu un programme d'entraînement onirique en notant mes rêves jour après jour, avec discipline, pour être prête le jour du départ. Bien m'en a pris. Mais la lassitude vient, à toujours faire le même sport. Maintenant que je suis à Istanbul, je prends volontairement de longues vacances de cette double vie et m'imprègne avec joie des propos d'Hadrien, l'empereur romain auquel Marguerite Yourcenar prête des pensées sur la bénédiction du sommeil sans souvenir : « Ce qui nous rassure du sommeil, c'est qu'on en sort, et qu'on en sort inchangé, puisqu'une interdiction bizarre nous empêche de rapporter avec nous l'exact résidu de nos songes[1]. »

Le lendemain, alors que nous discutons sur le sofa comme si nous nous connaissions depuis longtemps, Filiz me confie :

— L'un de mes meilleurs amis pense comme moi que tu as à la fois eu une mauvaise réaction et une bonne. Tu as eu la naïveté d'entrer dans la voiture de ce fou. Mais tu as eu la présence d'esprit de te défendre et de t'enfuir. Moi je ne sais pas si j'en aurais été capable.

Et après un moment de silence :

— Tu sais, il est nécessaire que tu te teignes les cheveux. Le roux, comme ça, c'est comme le blond. Autrefois, les prostituées étaient obligées de teindre leurs cheveux en blond ou roux.

— En noir alors ?

— Par exemple.

8-16 septembre 2006
Des journées pour guérir un peu à Istanbul

En arrivant à Istanbul dans un état d'épuisement dans lequel j'ai rarement été, j'ai le sentiment qu'il serait sans doute plus avisé de me reposer ou de cesser le voyage dans l'incroyable mégalopole. Cependant Isabelle, doucement mais fermement, compte sur moi.

Et en mon for intérieur, je ne souhaite pas m'arrêter là, gardant Jérusalem comme point culminant de ce voyage, non seulement pour des raisons personnelles mais aussi pour tenir mes promesses à la fois envers Isabelle et tous ceux qui m'ont transmis leurs prières. Écartelée entre une intuition qui m'enjoint d'arrêter tout et ces principes de

1. Marguerite Yourcenar, *Mémoires d'Hadrien*, Folio, 1974, p. 25.

fidélité qui m'animent depuis des années, je me retrouve de surcroît en proie à un douloureux paradoxe dans mon rapport à autrui. Pleine d'allant et de curiosité au début de mon voyage, j'ai basculé dans la plus complète défiance. Je prends conscience que j'ai toujours été dans la crainte constante de l'autre depuis que je suis enfant – que cette peur, moteur puissant, se cristallise en un élan qui se concrétise dans ce projet aventureux. Mais à présent, la peur n'a plus de catalyseur. À présent, je me contrains. Le sentiment de perdre quelque chose d'essentiel me taraude sans cesse, m'ôtant un certain goût des choses. Il faut alors, pour être joyeuse, certains ingrédients que je ne sais plus comment recueillir.

Je recule donc le moment des retrouvailles avec Isabelle par courriers électroniques. Dans un premier temps, je me concentre sur la venue de Yann, que je suis si heureuse de voir, mais dont j'appréhende la réaction quand je lui ferai état de la situation… Finalement, alors que nous buvons un thé dans l'hôtel que j'ai déniché à Sultanhamet, en revenant de l'aéroport, je lui dis avec une boule dans la gorge :

— Je ne voulais pas te le dire au téléphone ou par mail, je préférais attendre que tu sois là. J'ai eu un souci en chemin. Un gros.

— Que t'est-il arrivé ?

Je lui explique tout, sauf que j'ai accepté de monter dans la voiture parce que Ahmed, comme cameraman, me rappelait mes amis intermittents, de peur que Yann le vive mal. Il réagit alors exactement comme il faut, en occultant sa colère contre mon agresseur, mais sans zapper ni en affichant une espèce de sourire plein de pitié. Il affiche une apparente distanciation et en plaisante comme si l'aventure avait été incongrue et me félicite d'avoir eu les nerfs solides. Et à aucun moment il ne cherche à savoir si je suis « passée à la casserole » – avec cette compassion malsaine qu'ont certains hommes à l'évocation d'un viol ou de sa possibilité pour leur copine. Il me dit alors lentement :

— Et tu peux continuer quand même ?

— Oui, je pense.

— D'accord, répond-il d'une voix où perce l'inquiétude qu'il tente de dissimuler.

Pendant les quatre jours où nous vivons en amoureux dans Istanbul, il constate mon état de tension permanente, lorsque dans la rue, les hommes ont des regards trop pressants. Nous sillonnons Sultanhamet et Taksim, mangeant dans de petits restaurants tranquilles et visitant palais, mosquées, musées… Nous savons que c'est la dernière fois que Yann peut me rejoindre à l'occasion de ce voyage. Il ne peut plus supporter ces allers-retours en avion. L'idée d'entrer dans un aéroport lui donne des nausées. Mais malgré tout cela, l'amour est toujours plus fort, s'affermissant durant le voyage avec une puissance qui nous surprend…

Je repousse le moment où nous devons nous retrouver, Isabelle et moi, à Istanbul. De plusieurs jours. Je ne me souviens plus combien exactement, mais de quoi inquiéter Isabelle. Ce n'est pas complètement volontaire de ma part, et j'en éprouve une certaine honte. Mais je me préserve au maximum en allant doucement d'un endroit à un autre de l'immense cité, en réapprenant à croire en la bonté chez toute personne, en prenant d'étranges vacances de l'esprit.

En lisant les mails où pointe l'inquiétude d'Isabelle, je prends conscience que je ne suis pas si sûre de vouloir continuer le voyage avec elle. J'ai perçu au sein de ses mails, de son blog, une volonté forte de « témoigner ». « Témoignage », pour les chrétiens, signifie la plupart du temps « prosélytisme » à l'égard de ceux qui n'ont pas envie qu'on vienne leur apprendre la vie. J'orthographie souvent « prosélytisme » avec deux i car il m'évoque « néolithique » et ce genre de mots liés à des pierres et à la préhistoire. Âge de pierre. Ne s'agit-il pas d'une forme d'intrusion violente et invisible ?

Ce qui me gêne est que j'ai moi-même un discours durant ce voyage. Nombreuses sont les dimensions souterraines qui m'échappent, mais je communique sur ce périple en étant présente sur la route, en en expliquant les tenants et aboutissants à ceux qui m'interrogent. Jérusalem étant une ville juchée sur une tectonique mouvementée, écartelée entre les trois monothéismes, il me faut sans cesse signifier que je ne pars pas pour des raisons religieuses. J'ai trop peur de la fantasmatique liée aux croisades et aux templiers. Pourtant, il serait malhonnête de prétendre que cela ne m'évoque rien : quelque part, je ramène volontairement ce voyage à des interrogations que certains qualifient de citoyennes pour proposer une anti-croisade. La maladresse du propos est évidente, car ce voyage n'en est qu'à des prémices juvéniles, mais l'intention d'être dans un présent fraternel est là.

Au moment où je lui rends visite à Istanbul, Nicolas, qui écrit habituellement des romans médiévaux fantastiques, travaille à un projet ambitieux dont le contexte historique est celui des croisades, vues du côté turc. Plus que jamais il me semble important de pouvoir proposer, par une narration romancée, un autre point de vue que celui qui a cours en France et en Europe de manière plus générale.

En lisant le blog d'Isabelle, constatant qu'elle va de relais familial en accueil amical ou monastique par le biais du réseau chrétien, je n'ai pas le sentiment que nos comportements racontent fondamentalement la même chose. Déjà, à Sofia, un doute m'a assaillie lorsque je l'ai vue faire l'impasse sur la xénophobie de deux séminaristes. Sagesse ou aveuglement ?

La dernière semaine à Istanbul, j'entends de la bouche de Turcs nombre de réflexions du plus grand intérêt. Filiz me confie alors, au sujet de l'omniprésence d'Atatürk :

— Nous n'arrivons pas à dépasser l'héritage de Kemal. Les kémalistes sont laïcs mais ils ont fait de Kemal un dieu ! C'est devenu une religion, du coup.

Nicolas et Filiz me proposent de regarder le film *Uzak* de Nuri Bilge Ceylan qui raconte le fossé séparant Yusuf, un jeune chômeur ayant quitté son village pour trouver du travail à Istanbul, et son cousin Mahmut, photographe et réalisateur publicitaire aisé. Durant le film, Yusuf suit une jeune femme dans les rues, provoquant l'inquiétude chez cette dernière, ce qui fait dire à Filiz :

— Ces problèmes entre les hommes et les femmes sont souvent un problème d'éducation. Beaucoup d'hommes ne sont pas en relation avec d'autres femmes que leur mère jusqu'à leur mariage. Et certains restent célibataires. Ils ne savent pas comment parler avec une femme. Ils n'ont pas d'éducation. Alors ils sont brutaux. Par exemple, ils les suivent dans la rue ou ils les regardent comme des bœufs, comme Yusuf. Ils ne sont pas méchants en soi, mais ils sont frustrés. Et ils manquent de l'éducation nécessaire pour sublimer ce besoin. Nous avons une configuration spéciale dans ce pays : Istanbul est immense. Il y a un cinquième de la population qui y habite. Tu n'as pas idée de l'immigration constante qui y afflue. Ça veut dire que tout le monde en Turquie a forcément un membre de sa famille ici. Ça veut dire aussi, comme la famille est sacrée, que nombreuses sont les personnes qui viennent du fin fond de la Turquie pour tenter de trouver du travail ici, et le peuvent grâce à quelqu'un de leur famille qui les héberge. Tu imagines, ces hommes qui n'ont pratiquement jamais vu une fille se retrouvent à Istanbul et en voient plein dans la rue qui, en plus, ne portent pas l'habit traditionnel. Ça les rend fous. Du coup c'est dangereux.

— C'est intéressant de savoir ça parce que, en France, dans la rue, près de la porte de Clichy, je me fais souvent suivre par des Turcs. Plein de gens, du coup, se font une idée de la Turquie aussi à partir de ça.

— Les pays occidentaux veulent importer de la main-d'œuvre pas chère. Alors forcément elle n'est pas éduquée. Plein de « Yusuf » viennent. Et les Turcs ont une réputation horrible, bien sûr ! Moi quand je viens en France, je le sens le racisme. Par exemple, je suis allée dans une boulangerie une fois et j'ai demandé en anglais le prix d'un gâteau. La femme m'a dit, avec un air pincé : « En français ! Parlez en français ! » *Ttttt*, fait Filiz avec une moue avant d'ajouter :

— Tu as vu ça, ce que j'ai fait, là ?

— Oui, plein de Turcs le font.

— Si un homme t'adresse la parole et qu'il t'ennuie, fais la même chose. Surtout, ne lui souris pas pour t'excuser. Les Occidentales sourient et les gars, même s'ils entendent « non », croient que tu as dit « oui ». Nous avons une chanson ici, écrite par un très célèbre poète musicien. Et cela raconte que même lorsqu'une femme lui dit non, elle lui dit oui. Tu comprends mieux la mentalité ? Donc *tttttt* – le geste est connu ici.

Je me suis enfin décidée à retrouver Isabelle. Je suis allée au consulat français d'Istanbul qui abrite un monastère où elle loge. Nous prenons un thé ensemble. C'est agréable de la revoir. Je l'ai avertie par mail avant d'arriver à Istanbul qu'il fallait qu'elle fasse attention sur la route en arrivant, que j'avais eu moi-même un problème, sans forcément entrer dans les détails. Lorsqu'elle me prie de lui en dire davantage, une fois l'une devant l'autre autour d'un verre de thé, une fois mon histoire racontée, elle me regarde avec des yeux tristes et un peu absents, témoignant d'une écoute superficielle, sans doute pour se protéger.

Isabelle, qui avait déjà accepté à Sofia de continuer à vélo, malgré son désir de marcher pour la suite du voyage, de nouveau consent à un changement de cap : pourquoi ne pas passer par la côte sud et visiter ainsi l'antique Nicée, Izmir, Antalya puis la ville du mausolée de Mevlana, réputée pour être le berceau du soufisme : Konya ? D'accord, me répond-elle.

17-18 septembre 2006
Au revoir Istanbul

J'arpente le quartier aux vélos d'Istanbul, à deux pas du pont Galata. La recherche d'un coursier digne de ce nom, mais économique, me mène finalement dans un hypermarché. Je trouve enfin mon nouveau compagnon d'aventure, un vélo tout-terrain, apparemment apte à la route, mais que j'ai toutes les peines du monde à faire sortir du magasin dans son intégralité : constatant, après avoir quitté la caisse, que le frein est mal ajusté, je le ramène au magasin. Puis la chaîne se casse, de nouveau à quelques mètres de l'entrée, alors que je m'apprête à rentrer chez Filiz et Nicolas. Rassurant… Les deux vendeurs du rayon décident de démonter un autre vélo pour remplacer la chaîne. En les voyant remettre l'autre vélo en place, je me demande qui sera l'heureux acheteur de ce tas de ferraille.

En quittant l'hypermarché, je découvre au fur et à mesure l'étendue de mon ignorance en matière de vélos : rien n'a été ajusté – la selle n'est pas serrée et bien sûr, impossible alors de la rehausser. Je n'y connais rien, à part tenir en selle. Je roule dans des conditions abracadabrantes jusque chez mes amis, peu fière de mon acquisition.

Le lendemain, je pars tout faire resserrer et vérifier dans une boutique voisine de chez eux, qui fixe également les pièces que j'ai décidé de rajouter : garde-boue, selle en gel, panier avant, porte-bagages, éclairages et autres broutilles telles que sonnette ou plaques réfléchissantes.

Mon pantalon, que je recouds en partie, descend jusqu'à terre et est constellé de poches. J'ai pris soin de le rendre anti-glamour au possible. Avec ma chemise bleue et mon foulard, mes cheveux teints, je ne suis plus la même. Aucun risque que quiconque puisse considérer ma silhouette comme sexy. Nicolas, en me voyant, sourit :

— Karen ressemble à une jeune Turque moderne, tu ne trouves pas, Filiz ?

Sur le moment, je ne fais qu'en sourire, comme lui. Je n'ai nullement le sentiment que les gens vont être dupes. D'ailleurs, je ne recherche rien de ce genre. Mais je me demande alors si je n'aurais pas dû acheter des vêtements très éloignés de la culture locale pour signifier que je suis étrangère, donc… moins accessible ! Le désir d'être caméléon n'était déjà pas véritablement présent au départ, par contre, je souhaitais éviter une tendance que j'avais remarquée chez certains voyageurs au long cours à avoir un look d'aventuriers.

19 septembre 2006
Débuts d'Anatolie

Les terres striées d'or et de brun encadrent notre route entre Gemlik et Inegöl. L'Anatolie, cette région dont le simple nom évoque habituellement aridité, silence et désolation, nous émeut de sa blondeur éclatante et ses escarpements lunaires. Les monts beiges mouchetés de rocs gris et de petits arbres vaillants laissent poindre dans le lointain des villages d'où émergent les minarets, à la façon des clochers dans les pays à dominante chrétienne.

La raison de mes essoufflements s'explique enfin par un atout d'Uzak, dont je ne connaissais pas l'existence : l'usage des vitesses. En deux mots, je roule depuis Istanbul à la vitesse minimale, adaptée aux montées les plus escarpées. Avec un sourire naïvement triomphant, je me transforme soudain en bolide. Isabelle est à présent derrière moi, mais elle ne se presse pas pour autant : elle peaufine son rythme de cycliste depuis deux mois et demi et par conséquent sait très bien ce qui lui convient.

Avant d'enfourcher nos montures à Yalova, Isabelle avait proposé ce nom de baptême pour mon vélo : *Uzak !* « Loin ! ». Elle a aussi placé un drapeau dans son panier avant :

— Tu as un drapeau français sur ton vélo ? dis-je, désagréablement étonnée.

— Oui, j'y tiens beaucoup. C'est un cadeau de ma famille.

J'ai regardé l'étendard qui flottait déjà au vent avec un sentiment horrifié de panique et de colère. Et j'ai pensé : cet objet raconte le contraire de ce que je dis en effectuant ce voyage. Isabelle ayant insisté sur sa valeur sentimentale, je n'ose discuter davantage, tout en ayant la désagréable impression qu'il faudrait arrêter notre équipée sur le champ, ce que l'intrusion de deux types peu après, alors que nous roulions, n'avait fait qu'augmenter car Isabelle ne leur avait vus aucune mauvaise intention, à mon grand effarement. J'avais alors dit à une pause, peu après :

— Je ne veux pas devoir m'occuper de toi. Je ne veux pas devoir te protéger.

— Je ne te demande pas cela. Et puis, tu irais m'aider tout de même, n'est-ce pas, si j'étais en danger !

Inegöl est une ville aux larges avenues grises que nous découvrons entre chien et loup. Perchées sur nos vélos, nous fouillons les rues du regard, à la recherche de silhouettes féminines à qui demander notre chemin jusqu'à un hébergement. Mais pas une seule femme en vue, seulement des hommes. Nous apercevons plusieurs *karves*, ces cafés exclusivement masculins dont le *çay*, le café turc, et le backgammon sont les attributs traditionnels. Isabelle finit par dire d'un ton sombre :

— Alors, je croyais que les Turcs étaient hospitaliers ?

Et je me sens blessée de l'amertume que je perçois chez ma compagne de voyage.

21 septembre 2006
Les morts vivants de Sivrihisar

Nous roulons entre les horizons blonds sur la nationale anatolienne au rythme que nous avons à présent intégré. Les véhicules roulent vite, mais sagement. Isabelle est non loin de moi, derrière mon dos. Mes pensées caracolent, mais sont très pragmatiques : je ne rêve plus depuis belle lurette.

À une cinquantaine de mètres, à côté de bâtisses agricoles, des chiens aboient furieusement en nous apercevant, rendus fous par nos vélos. Après avoir constaté qu'il ne s'agit sans doute pas de kangals, ces chiens réputés tueurs que les voyageurs au long cours craignent tant, je continue mon chemin comme si de rien n'était.

— Karen, ils arrivent ! crie soudain Isabelle.

— Quoi ?

Je tourne la tête et aperçois le regard terrifié d'Isabelle, tandis qu'elle tente de me doubler en se rabattant follement contre mon vélo, m'obligeant, pour éviter le choc, à me décaler vers les bolides et à freiner d'un coup. Un claquement de mâchoires près de mes talons me fait accélérer brutalement. Le regard en coin, sans oser me retourner, j'aperçois une meute de chiens à l'échine massive, la bave aux lèvres, à mes trousses, d'une vélocité confondante. Pédalant comme si nous avions le diable après nous, nous semons enfin les aboyeurs.

Après qu'on a eu retrouvé notre souffle, Isabelle a un regard incroyablement peiné :

— Je suis désolée, Karen.

Je hausse les épaules. Le vernis a sauté, mais Isabelle l'a reconnu aussitôt. C'est pour cela que j'ai de l'amitié pour elle.

Plus tard, une silhouette beige hurle avec désespoir au centre de la route. Un grand chien tourne un regard affolé autour de lui, hagard, tandis que les voitures circulent à folle allure sur les voies. Que faire ? Le chien a l'air abattu, étonné, suppliant. Nous avons vu ces derniers jours deux fois des pans entiers de chair écarlate joncher la route, comme si les animaux avaient explosé d'un coup en dizaines de morceaux de boucherie. Ce chien n'a aucune chance, mais il est encore vivant. Je constate que son arrière-train est paralysé. Il a dû être percuté déjà une fois. Je n'ose descendre de mon vélo pour le ramener au bord, de peur qu'il ne me morde sous la panique et la douleur. Je m'attends, tout le temps que je le voie, à voir un bolide le percuter de plein fouet en une gerbe d'éclaboussures. Les véhicules, agiles, font une légère embardée pour l'éviter, lui octroyant quelques secondes de sursis. Pour combien de temps encore ?

Voilà cent kilomètres que nous roulons de manière ininterrompue, jusqu'à nous laisser envelopper par une nuit noire, éclairées uniquement par la faible lumière du phare de la monture d'Isabelle. Je ne cesse de me réprimander intérieurement de n'avoir point de piles pour alimenter ma propre lampe. Sur le bas-côté de la nationale, les deux jeunes idiotes que nous sommes avalent les kilomètres les uns derrière les autres en espérant arriver à bon port.

Lorsque enfin apparaît une station illuminée, nous traversons la route avec un profond soulagement. Isabelle filant aux toilettes, je me retrouve seule à garder deux vélos sous une lumière peu rassurante et vois avec une pointe d'angoisse soudaine deux hommes sortir de la cantine de la station et s'approcher en crabe, regardant obstinément de côté. Veillant à placer les vélos entre eux et moi, je ne peux les empêcher cependant de toucher les selles, puis le guidon, s'approchant insensiblement, avec une béance dans l'œil propre à m'épouvanter. Je ne suis pas dans un rêve ni dans un jeu vidéo d'horreur, tel *Resident Evil*, je suis dans une station-service d'Anatolie à attendre ma coéquipière pendant que les deux morts vivants tâtent le terrain. Je me mets à transpirer, mains tremblantes. Heureusement, le jeune employé tenant la boutique de la station survient en proposant son aide. Les autres reculent en silence. J'attends Isabelle pour aller chercher en vain des piles pour ma lampe.

Tandis qu'avec un soulagement sans nom, je vois l'enseigne de la station diminuer derrière mon dos, je repense aux paroles de ma mère avant mon départ : « Tu sais, se faire harceler tout le temps en voyage en gâche le goût. »

Nous continuons de rouler côte à côte, de nuit sur une nationale, sans phares. Je ne vois rien devant moi, les yeux fatigués de devoir spéculer sur la limite du bas-côté qui s'arrête brutalement dans un grand fossé. Isabelle, de l'autre côté, est au plus près des voitures. Mon Dieu, rouler ainsi est périlleux, me dis-je en maugréant intérieurement, à bout de nerfs.

Soudain, je chute. Me voici dans le fossé. Je me relève en jurant, tâte mes membres, rien de cassé, juste une envie terrifiante de tout envoyer balader. Isabelle se tient coite.

Peu après, une voiture stoppe en face de nous, sur la bande d'arrêt d'urgence, ses phares allumés.

— On s'arrête, dis-je en freinant.

Isabelle pile aussi abruptement que moi.

— Pourquoi ?

— Voiture à cent mètres, en pleine nuit.

— Ah, mais attends, ne dis pas de bêtises !

Nous entrevoyons la silhouette d'un homme qui sort de la voiture et nous fait signe du bras. J'explose en voyant Isabelle s'apprêter à le rejoindre :

— Pourquoi ce mec sort ! Ça ne se fait pas en Turquie de parler à deux femmes en pleine cambrousse. En plus on est en pleine nuit et sur la route !

— Reste ici, je vais voir.

Et je vois partir mon amie, le cœur déchiré, impuissante. S'il lui arrive quoi que ce soit, je m'en voudrai toute ma vie. S'arrêter ainsi de nuit est tellement louche ! De loin, j'aperçois l'homme prendre quelque chose dans le coffre et le tendre à Isabelle, qui me fait signe de venir avec un geste rassurant. Je les rejoins, la mort dans l'âme. L'homme porte un costume et a un visage doux. Isabelle me dit, d'un air enchanté :

— C'est pour nous aider ! C'est sympa, non ?

Le Turc se tourne vers moi, le gilet à la main, et s'emploie à vouloir me l'enfiler, ce que je refuse aussitôt : je veux mettre le gilet moi-même. L'homme affiche un air surpris et désolé. Tant pis. Il n'est pas question une seule seconde de céder à la politesse dans une situation pareille, après mes ennuis précédents. Isabelle, radieuse, se laisse aider et enfile prestement ce cadeau de la providence.

— Tu vois, me dit-elle plus tard, alors que nous sommes de nouveau sur la route, cet homme est un gentleman.

Je grommelle. Elle a raison. Il n'empêche que cela me paraît indélicat de vouloir absolument passer un gilet à une femme seule dans le noir. Je me demande aussi très sérieusement si je ne suis pas devenue paranoïaque.

Nous arrivons enfin à Sivrihisar où, aidées par les *jandarmas* et les gens du coin, nous trouvons un petit hôtel pour dormir, tandis qu'un maraîcher serviable propose de garder durant la nuit nos vélos dans son hangar, entre ses piles de cageots de fruits et de légumes.

Cent cinquante-septième nuit. Un homme brun, arabe ou turc, me dit qu'il est déçu car il a le sentiment que c'est lui qui amène tout. Il porte un costume gris et c'est à moi qu'il en veut. Il me reproche de recevoir sans rien donner.

Je me remets à noter mes rêves. Enfin. La période du 7 au 21 septembre 2006 avait marqué une césure dans ce voyage. Reprendre est d'autant plus difficile : j'ai perdu le rythme.

Double lecture pour ce rêve. D'une part le rapport passionnel que je noue avec les hommes à ce moment précis – et en particulier en Turquie. D'autre part nous recevons jour après jour une hospitalité sans égale. Pour ma part cela fait cinq mois qu'au hasard des rencontres, j'entre dans les maisons de personnes désireuses de me rencontrer ou de me venir en aide. Du contact qui a lieu découle un échange. Mais de quelle nature est-il, exactement ?

Jusqu'à Havsa, je me sens digne de recevoir tout ce qui m'est donné. Après la rencontre malheureuse avec Ahmed, rien n'est très clair. Suis-je aussi ingrate que ce que me dit cet homme de mon rêve ? En réalité, j'éprouve une certaine culpabilité : j'ai le sentiment de manquer de générosité : je n'ai plus confiance en quiconque.

Isabelle, sans le savoir, compense ce que j'ai perdu. Il me semble que l'équilibre n'est atteint que grâce à elle. J'ai alors du mal à accepter cet état de fait. Bien sûr, ma défiance n'est perceptible, je pense, que par les personnes qui la subissent – les hommes sur la route – et par Isabelle, bien entendu, qui doit composer avec ce passif qui doit lui être tout aussi pénible qu'à moi, sa « naïveté ».

23-24 septembre 2006
Ankara, capitale administrative de la Turquie

Je crois que je n'ai jamais vécu de ma vie plus atroce entrée dans une ville à vélo qu'à Ankara. Les artères se frôlent, se séparent, emportant avec elles des nuées de voitures qui, elles, à la différence de nous, savent où aller. Nous désespérons de trouver un seul panneau qui pourrait nous indiquer le centre. Ankara, capitale sans centre, voici comment cette cité m'apparaît à présent, du fait de ces premières émotions si âpres. De nous deux, c'est Isabelle qui tient la route, ce jour-là, me redonnant courage autant qu'elle le peut, tandis que mon visage s'affaisse kilomètre après kilomètre. Cela n'en finira donc jamais, ce béton, ces constructions, cette banlieue interminable ? Les passerelles se succèdent et nous sortons enfin de ces routes pénibles, pour nous arrêter sur un trottoir face à un fleuriste et demander à un couple de passants où nous pouvons trouver un hôtel :

— Aucune idée, répondent-ils, sur un ton désolé et plein de sympathie.

— Et le centre ? Il n'y a pas au centre des foyers d'hébergement économiques et sécurisés pour des filles ? dis-je.

— Quel centre ?

Ah, encore cette histoire de centre, décidément… La nuit tombe, alors que nous ne trouvons toujours pas d'hébergement. Les gens, lorsqu'ils connaissent un endroit, nous assurent avec des yeux éberlués que la distance pour y parvenir est colossale.

— Qu'importe, quelle est la direction s'il vous plaît ? demandons-nous.

Les doigts se tendent, vagues, dans l'une ou l'autre direction, et nous découvrons sur le tard un quartier d'hôtels un peu miteux.

Cent cinquante-neuvième nuit. Je me trouve dans une barque, sur une petite rivière, à la nuit tombante, des lucioles tournoyant ici et là au-dessus de la surface de l'eau et dans les arbres. J'ai abandonné mes affaires qui se trouvent plongées dans l'eau. Tout d'un coup, prenant conscience de la chose, je les retire, espérant que mon appareil photo et ma clef USB n'en pâtiront pas. Ils sont bien sûr trempés, mais il semble qu'il est possible de les sauver en les laissant sécher à l'air libre. Şirin se trouve dans une autre barque, non loin de moi. Je lui fais signe de me rejoindre. Un grand amour m'envahit. Nous sommes comme des sœurs incestueuses.

En mettant tous mes souvenirs du voyage dans mon appareil photo et ma clef USB, mais également des versions digitales de mes papiers d'identité et tout ce qui relève de l'administratif, je place des informations qui me sont importantes dans des objets somme toute plutôt fragiles et aisés à perdre. J'ai beau souhaiter partir « légère », je reste attachée à ces objets, extensions de ma mémoire et de mon identité, donnant une dimension électronique à mon corps de voyageur, sans que j'en sois réellement consciente. Même si la « prothèse » ne fait pas partie de moi physiquement, mon esprit reste sur le qui-vive quant à leur devenir. Ce qui me fait bien entendu réfléchir sur ce que peuvent être les différentes facettes du dépouillement dans lequel je suis partie. En gardant contact avec les miens, en ayant ces objets sur moi et en craignant malgré tout de perdre mes papiers d'identité, je suis bien loin de l'essentiel de ce que peut être un renoncement. Cependant, j'ai perdu quelque chose de plus précieux peu avant Istanbul.

J'ai aussi reçu un trésor. Ces mots reçus à Edirne par le biais de Şirin et Safak. Rêvant rarement de mes rencontres de hasard, sauf lorsque je me trouve dans une situation où je reste vigilante, comme avec Safet en Bosnie, Darko en Croatie ou Zoran en Serbie, le fait que Şirin apparaisse dans ce songe relève donc de l'inhabituel tout en ne m'étonnant guère, étant donné le rôle important qu'elle a joué dans ce périple, et qui lui échappe certainement.

Ayant décidé d'une seule voix de rester une journée de plus pour visiter la capitale administrative turque, nous assistons à la relève de la garde du mausolée d'Atatürk. Kemal, père des Turcs, dont le tombeau est à l'échelle du culte qui lui est dédié : immense, le vent s'engouffrant dans des avenues d'albâtre sur un promontoire surmontant Ankara, il évoque la sobriété de la Russie. Le musée qui lui est dédié comporte plusieurs grandes salles de reconstitution historique tout à fait convaincantes en matière de « communication ». De grandes scènes de batailles sanglantes en sont le clou : ces immenses toiles narrant les épisodes « héroıques » de la guerre entre les Turcs et les Grecs au siècle dernier sont accompagnées d'une bande sonore exaltée et… exaltante. Isabelle avoue en toute simplicité être émue. J'admire sa sincérité, car j'aurais aimé pouvoir dire la même chose : tout ici a pour vocation de vous faire venir les larmes aux yeux et réveiller en vous la bravoure et l'héroïsme guerrier offerts à la nation. Je refuse de me laisser toucher par ce qui présente tous les traits d'une propagande mise au point avec talent.

Une autre partie du musée fait la liste triomphante de tous les bienfaits apportés par Kemal, notamment une certaine forme de modernité à la Turquie. La laïcité, aussi. Après tout, cet aspect m'interpellait énormément avant de quitter Paris. Car la Turquie est l'un des rares États laïcs. Et ce culte de la personnalité alors ? Plusieurs fois j'ai entendu des Turcs affirmer que le kémalisme pouvait s'assimiler à une religion. Je cherche dans mes souvenirs ce qui, en France, pourrait être du même ordre. Difficile de ne pas tenter de comparaison. De Gaulle ? Le Panthéon ? Je n'y suis jamais allée. Il faudra que j'y aille.

C'est le début du Ramadan ce soir. Ici, on prononce *Ramazan*.

26 septembre 2006
Première invitation de Ramadan

Jour après jour, nous filons à travers l'Anatolie, constatant le labeur éprouvant des saisonniers dans les champs, lesquels ne leur appartiennent pas. Quelques-uns d'entre eux nous font signe au loin, sous un soleil dur et sec, se relevant de grandes bâches bleu piscine dans lequel ils déposent des brassées dont je n'arrive pas à identifier la nature. Des oignons jonchent parfois le bord de la route, donnant sans doute un indice. Des tentes aperçues au loin que nous avons prises pour des cabanes de clochards s'avèrent être leurs habitats.

Alors que nous pédalons non loin d'un hameau dont nous apercevons les maisons, une bande d'enfants et d'adolescents bondissent du parapet que nous longeons, tonitruants, joyeux, en haillons, et entourent nos vélos, inquiétants comme des « sauvageons ». Nous priant avec force cris joyeux de monter avec eux par-dessus le parapet de terre battue, la bande aux cris retentissants nous accompagne jusqu'à leur mère, une matrone aux traits épais et aux yeux brillants de gaieté qui nous verse du thé et nous donne à manger, malgré le Ramadan.

Sur la route qui mène au cœur de Kirikkale, une grande ville par laquelle nous arrivons, une vieille Turque voilée à laquelle nous demandons notre chemin nous prie de venir dîner chez elle. Son fils, Tahsin, est un jeune homme qui nous évoque un prince des Mille et Une Nuits : nez fin et camus, yeux noirs aux cils recourbés. Nous conversons en anglais, langue qu'il parle assez bien, comme l'arabe.

Il travaille en effet comme ouvrier en Arabie Saoudite dans une entreprise agroalimentaire de dattes. Il ne s'est pas encore marié car il s'occupe de sa mère. Mère se dit *Anne* en langue turque. Il est le bon fils. Car son père est mort. À notre arrivée chez eux, *Anne* nous montre le portrait d'un homme sévère, accroché au mur, en mettant sa main sur son cœur avec affliction. Elle est veuve.

— Et vous, vous êtes mariées ? demande Tahsin.

— Oui, dis-je aussitôt en montrant une bague sertie de jade offerte deux jours avant par une famille amicale.

Isabelle ne répond pas. Je prends le parti depuis le départ de répondre toujours en premier, espérant que nos hôtes se satisferont de la réponse et ne demanderont rien à mon amie.

— Hum, ça n'est pas une bague de mariage, ça, dit Tahsin avec une moue sceptique.

Je désigne à Tahsin une phrase s'y rapportant dans mon guide de phrases turques : « Je suis mariée. » Il sourit en hochant la tête et me fait signe de lui donner l'ouvrage. Je le lui tends à contrecœur et, par malchance, il tombe sur la page dédiée à la sexualité. Il ne s'y trouve rien de particulièrement explicite, sauf « Touche-moi » et « Utilisons un préservatif », mais bien entendu, ces pages suscitent son intérêt. Inquiète qu'il considère le fait d'avoir cet ouvrage en ma possession comme une invite, et peinée qu'il en tire des généralités qui feraient des femmes occidentales en voyage des assidues du sexe en mal de virilité pour les satisfaire, je ne peux m'empêcher de trouver une ironie mordante au fait que ce groupe de phrases est une page parmi deux cent cinquante autres sur des thématiques aussi diverses que les problèmes bancaires, la religion, la météo et les régimes végétariens. Je n'arrive pas à me résoudre à déchirer ces pages dédiées à l'amour et la sensualité depuis le départ, sans arriver à déterminer réellement pourquoi : est-ce l'idée de mutiler un livre ?

Au plus profond de moi, je suis agitée d'une révolte intérieure : je trouve insoutenable l'impossibilité pour les femmes d'exprimer leur sensualité sans recevoir une volée de bois vert – quel que soit l'endroit sur cette planète. En attendant, ne pas en tenir compte pourrait me mettre en danger. Et Isabelle aussi. Il lui arrive d'y faire allusion sans pour autant faire pression. Tout comme sur le fait que dans mes affaires, le soir, je porte un pantalon noir et un cardigan de coton noir également, mais qui devrait, selon elle, descendre à mi-cuisse. Elle me l'a dit deux fois, je crois, mais jamais je n'ai vraiment écouté.

Pour évacuer la pensée désagréable qui me traverse en voyant Tahsin lire avec attention la page litigieuse et pour confirmer le fait que j'ai un homme dans ma vie, je sors le portrait de Yann que je fais une fois de plus circuler.

— Ton mari est très beau ! s'exclame la mère.

Le cube transparent fait une fois de plus son petit effet. La lumière ajoute une lueur bleutée au cristal, qui dans la légère pénombre de la demeure, est du plus bel effet.

— Et toi alors, Isabelle, tu es mariée ? demande Tahsin.

— Non, répond finalement Isabelle.

La mère hoche la tête avec un sourire. Le garçon reste silencieux, puis dit tranquillement :

— Avez-vous besoin de quelque chose ?

— Oui, pour notre vélo, répondons-nous. Et nous cherchons aussi un cybercafé.

— Alors je vous y accompagne.

Tandis que nous marchons dans les rues de Kirikkale, Isabelle me dit en aparté :

— J'ai l'impression qu'*Anne* aimerait bien me marier à son fils.

— Je crois que tu as raison.

Dans la foule où nous sommes les seules touristes, les gens nous observent d'un œil étonné, parfois perçant. Notre beau prince des Mille et Une Nuits, regarde autour de lui, un peu nerveux, donnant le bonjour ici et là.

— Ça fait parler, que vous soyez là. Mais ne vous inquiétez pas, je suis avec vous.

Il a dit ça avec une simplicité sympathique, estimant qu'il est de son rôle de nous protéger et décochant quelques regards féroces de temps à autre à des individus dont l'œil s'attarde un peu trop sur nous. Nous arrivons enfin devant une vitrine emplie d'un bric-à-brac d'accessoires, de chambres à air et de tout ce dont un vélo peut avoir besoin.

Après que nous avons trouvé le petit matériel qui m'est nécessaire : embout, pompe à air, rustines, dans la boutique de vélos où Tashin nous emmène, Isabelle lance d'un air inspiré :

— Tu as vu, il n'y a pas une femme qui travaille dans les boutiques !

— C'est vrai.

— Regarde les pâtisseries, les vêtements... Ce sont des hommes qui les tiennent !

Je n'y avais pas pris garde. Où sont donc les femmes ? Elles traversent la rue, des courses ou des enfants à la main. Mais il y en a peu. Où sont les autres ? J'observe plus attentivement les lieux publics.

Pourtant, la veille, nous étions à Ankara où dans beaucoup de quartiers de la capitale nous avions constaté les allées et venues de femmes allant au travail d'un pas pressé ou faisant des achats dans les commerces, accompagnant parfois leur mari ou leur copain, parfois seules ou en groupes du même sexe. La diversité turque est une réalité, raison pour laquelle certaines personnes reviennent d'Istanbul avec la certitude que les Turcs ressemblent tous aux universitaires qui les ont invités. Et d'autres, ne voyant que les voiles et la modestie de l'éducation dans un autre quartier, diront que cette société est traditionnelle jusqu'au bout des ongles et est à des années-lumière des mentalités dites européennes.

— Tu as vu, ce sourire qu'ont les veuves lorsqu'elles nous disent qu'elles n'ont plus leur mari ? me dit Isabelle.

Nous avons rencontré deux veuves en Turquie. Isabelle a été frappée de les voir sourire grandement en disant que leur mari était décédé. Je n'en ai pourtant pas souvenir, mais il est vrai que nos observations sont souvent complémentaires. Chaque fois que l'on croit pouvoir tenir une piste, en Turquie, que l'on croit avoir compris quelque chose, il y a de grandes chances pour que nous ayons cédé à la tentation de la généralisation. Il s'agit peut-être d'un atout, l'avantage qu'offre ce pays de pouvoir balayer toute tentation d'unification des mœurs, de ne pas réduire un peuple à quelques clichés. À un moment donné, peut-être qu'il vaut mieux se taire, chaque mot qui tente de qualifier ce pays le réduit.

Au retour, la demeure est plongée dans l'effervescence de la préparation du repas du soir. Sous les doigts des femmes, les galettes de Ramadan appelées *pide* prennent forme.

Nous mangeons ce soir comme les autres soirs avec les doigts, la nappe posée sur nos genoux devant une folle ronde de plats, de salades, d'aubergines farcies accommodées de grillades et de *çorba*.

Le repas fini, nous nous regroupons devant la télévision. La sociabilité alterne entre discussion et télévision regardée ensemble. De manière surréaliste, Tahsin zappe d'une chaîne à l'autre, ne laissant que quelques secondes à chaque fois en utilisant la télécommande. Et tombe inévitablement sur des chaînes cryptées de films pornographiques ou des pubs érotiques en clair pour des prestations téléphoniques ou Internet. Le zapping continue. Personne ne réagit. Tout le monde fait comme si de rien n'était. Nous sommes en famille. Est-ce ainsi que la sexualité est régulée ? La télévision est un objet public. Les gens ne l'ont pas dans leur chambre. Ce garçon n'est pas marié et n'est pas supposé faire de câlins avec quelque femme que ce soit selon la loi qui régit son groupe. Alors ? Il se tourne vers nous, d'un air d'ennui.

— Vous voulez regarder quelque chose ? Des clips ? MTV ?

— Non, ça va...

— Il va falloir tenir toute la nuit. Il y a un autre repas à trois heures du matin. Des crêpes. Voulez-vous le partager avec nous ?

— Oui, répond Isabelle, enthousiaste.

— Alors restez avec moi, je dois veiller pendant que les autres dorment.

— Nous sommes très fatiguées, dis-je en maintenant une distance.

Mais Isabelle insiste. Je lui chuchote :

— Tu es sûre ? Tu veux rester seule avec le beau prince qui cherche une femme ?

— Ne t'inquiète pas, il est gentil.

— Eh bien moi, je vais dormir.

Je prends congé et pars m'assoupir dans la pièce pourvue de deux divans qui nous est octroyée pour la nuit.

Je me réveille quelques heures plus tard en entendant Isabelle entrer dans la pièce pour se coucher. Peu après, une odeur de cigarette envahit la pièce. Je me retourne discrètement et constate dans un demi-sommeil que mon amie est assise dans ses draps et qu'à l'autre bout du divan se tient, lui aussi assis, le beau prince, en train de fumer une cigarette. Ils sont tous les deux silencieux. L'attente est pleine de tension. Je n'arrive pas à savoir ce qu'Isabelle veut. Mais elle reste assise. Si elle a besoin de moi, elle me réveillera, me dis-je, en gardant cependant un œil ouvert. Je n'en peux plus de ces situations compliquées que jamais je n'ai demandées. Finalement, l'odeur de tabac s'en va et j'entends Tahsin quitter discrètement la pièce.

29 septembre 2006
Le kangal de Hacıbektaş

Les crevaisons multiples ont transformé ma chambre à air en une femme prématurément vieillie, exsangue. À Kırşehir, où nous rendons une petite santé à chacun de nos vélos,

Uzak est aussi pourvu d'un autre pied et voit ses freins réglés d'une main alerte et sa selle, remontée. Je découvre, penaude, un autre levier de vitesses inconnu. Décidément. À la poste d'où j'envoie un paquet à mes parents, des lycéennes turques nous prennent en amitié, et dans leurs uniformes verts, forment une aimable garde rapprochée qui nous conseille sur les autres courses à effectuer dans la ville. Partagées entre timidité et audace, approchant, puis reculant soudain, effarouchées, elles expérimentent leur anglais. Elles nous font de grands gestes amicaux, en jetant à la ronde des regards ravis et fiers, lorsque nous nous remettons en route.

La nuit tombe de plus en plus tôt et nous voilà encore à pédaler, tandis que j'observe le ciel, le cœur pris par une rage intérieure entre peur et impuissance. Pour une raison qui m'échappe, ce jour-là, j'ai la soudaine crainte de rencontrer un kangal dans les ténèbres. Pourquoi ce jour et pas un autre ? Sans doute parce que la route que nous empruntons n'est pas une nationale et qu'en croisant les villages, souvent, nous entendons les chiens hurler après nous.

Nous nous arrêtons brusquement. Il fait complètement nuit, à présent. Soudain, une silhouette blanchâtre apparaît sur le bas-côté, inerte, musclée, canine. Un kangal ! Un kangal mort ! Et de fraîche date, semble-t-il, car sous la lampe torche tenue par Isabelle, qui s'approche aussitôt, il ressemble à une grosse peluche émouvante au poil doux. Pas une trace de sang ni de choc. Prunelle éteinte et pattes roidies, la gueule dans la poussière. Et pourtant, un véhicule a dû couper le fil de sa vie tantôt. Abasourdie que mon inquiétude s'évanouisse d'une manière si inattendue, je roule, troublée, devant Isabelle. Nous nous arrêtons à l'entrée d'une ville du nom d'Hacıbektaş, à l'enseigne d'un hôtel sobre tenu par un homme droit et aimable.

Cent soixante-troisième nuit. C'est la nuit, décor antique. Je recherche l'orichalque avec d'autres personnes. Parmi eux se trouvent des élèves de mon lycée…

Orichalque : métal mystérieux évoqué dans l'Antiquité par de nombreux Grecs, notamment Platon dans sa description de l'Atlantide[1]. J'en connais l'existence depuis que je suis enfant grâce à une bande dessinée de Jacques Martin, *Le Spectre de Carthage*, où Alix découvre que le métal est extrait de météorites et plus encore par le biais d'un dessin animé qui me marque encore : *Les Mondes engloutis*, scénarisé par Nina Wolmark. Prenant la forme d'un métal bleu indispensable à la survie d'un soleil artificiel, dans ce dessin animé, l'orichalque est dans mon imaginaire de la même nature que le Graal.

J'aimerais savoir ce qu'est mon orichalque. Je ne suis pas la seule. Mes proches aussi. Ils espèrent qu'une fois que j'aurai trouvé cet objet mystérieux qui me fait partir régulièrement loin de tous, je resterai, sagement, auprès d'eux. Ma mère m'a dit une fois, sur un ton angoissé, lorsque je suis revenue de trois mois de voyage en Asie du Sud-Est : « As-tu trouvé ce que tu cherches ? » ce qui voulait dire, je pense : « Resteras-tu, à présent ? » Ne s'agit-il pas d'une illusion ? J'ai le voyage dans le sang depuis que je suis bébé. Déjà, lorsque j'étais toute petite, combien de fois n'ai-je pas disparu dans les supermarchés en un battement de cils, partie à l'aventure découvrir je ne sais quoi… J'avais quatre ans. À douze, j'ai dit à mes parents, alors que nous dînions, que je ferais un jour le tour du monde. Personne ne s'en souvient sauf moi. Paroles d'enfant noyées parmi d'autres fantaisies sans doute. Faut-il vraiment « trouver » quelque chose ? La question revient en marchant et en roulant, lancinante. Mon père est chercheur au CNRS en sciences politiques. Il est surtout chercheur. Les gens lui demandent souvent : « Et tu as trouvé ? »

Inévitablement.

Alors : « Pourquoi ? » Si je le savais…

---

1. *Critias ou Atlantique*, Platon, IVe-Ve siècle av. J.-C.

Je ne savais pas que la ville où nous étions arrivées de nuit portait le nom d'un saint homme honoré de ce pays. Au petit matin, son *tekké*[1] nous apparaît comme un lieu de pèlerinage majeur d'Anatolie.

Le kangal mort de la veille fait écho à ce qu'il est dit des maîtres alévis : capables pour certains de se glisser dans l'esprit de leur animal favori, ils s'en allaient ainsi visiter les hommes. Hacı Bektaş aimait les colombes. Il est souvent représenté également avec un cerf et un lion blottis dans ses bras. Un mûrier sacré est adoré dans l'enceinte du couvent. Cet arbre auquel sont accrochés des bouts de tissu accueillant les vœux des pèlerins est décrit par Jacques Lacarrière, dans *La Poussière du monde*, avec une verve pudique. Son écriture à la fois épurée et éclairée narre l'errance d'un poète derviche majeur, Yunus Emré. Voilà le mûrier, donc. Nous sommes environnées de pèlerins musulmans embrassant l'arbre et ses feuilles. Un écriteau avertit de ne pas cueillir ces dernières.

Un escalier nous permet de descendre dans les lieux saints, sous l'œil vif du gardien, un Turc à la mine impénétrable, jusqu'à l'un de ces curieux endroits où sont exposés les effets du patrimoine soufi en même temps que des boucliers et des haches janissaires dans des vitrines. Car les janissaires, ces chrétiens enlevés par l'Empire ottoman pour servir dans l'un des corps les plus redoutables de son armée, étaient des bektaci – fervents de la doctrine de Hacı Bektaş ! Voilà qui est surprenant et me rappelle qu'à Dobrun en Bosnie-Herzégovine, le monastère abritait dans un musée autant la mémoire de ce héros serbe qui avait refoulé les Ottomans, que des œuvres religieuses orthodoxes.

Un groupe d'une douzaine de vieux et vieilles Turques dont la joie contraste avec leurs tailleurs et leurs costumes, dévalent gaiement les marches, menés par un vieillard vif,

1. Loge de derviches.

transporté, et nous dépassent pour se diriger aussitôt dans une enclave de la salle principale. Suivant leur trace, séduites par leur enthousiasme, nous découvrons une chambre circulaire au centre de laquelle se trouve un tombeau sobre, recouvert d'un drap blanc et chapeauté d'un tissu vert richement orné de calligraphies dorées. Les hommes et les femmes se sont agenouillés et prient les yeux clos devant la sépulture de celui qui se trouve être le maître des lieux : Hacı Bektaş.

Subitement, le guide se rapproche avec ferveur du sarcophage, puis posant les paumes sur le sol face à lui, en fait le tour vivement en murmurant, genoux et mains à terre, comme un bébé. Il est suivi aussitôt par les pèlerins, hommes et femmes, trottinant à quatre pattes dans leurs costumes dignes, me laissant bouche bée, certaine alors d'assister à l'une des plus belles choses de ce voyage. Isabelle est tout aussi sidérée.

Restant quelques minutes dans la pièce empreinte de sérénité, encore sous le choc, nous revenons enfin à la salle principale, où nous découvrons notre petit groupe de pèlerins agenouillé en cercle. J'ai le sentiment que nous arrivons au moment où démarre une prière. Décontenancées, nous restons debout, sans savoir comment nous tenir, lorsqu'une vieille dame du groupe nous fait signe de les rejoindre et de prendre place dans le cercle. Lorsque nous nous approchons, ils s'écartent. Le guide prie à haute voix. Les autres reprennent derrière lui. Isabelle dit un Notre Père, je crois. Et moi je ne sais plus, mais je prie certainement – à la vie et pour ceux qui m'ont demandé de prier pour eux à Jérusalem. Je n'y suis pas encore, ne sais pas même si j'aurai la force d'y arriver, mais emportée par la vague de volonté d'Isabelle, à moins que je ne m'y broie complètement, il est fort probable que j'arrive à bon port.

En ce moment harmonieux où chacun peut être côte à côte et avoir sa place sans être avec ou contre, un sentiment immense d'optimisme et de fraternité m'envahit. Nous nous prosternons en même temps que chacun, suivant la gestuelle adoptée par le groupe, jusqu'à ce que la prière s'achève. Lorsque nous sortons par ce cordon ombilical composé de marches jusqu'au grand air, les pèlerins viennent à nous et nous serrent la main et les bras chaudement, l'un d'eux nous donnant sa carte de visite, une autre nous invitant à embrasser le vieux mûrier. J'aperçois l'une des femmes boire l'eau de la fontaine sacrée, que couronne un lion hiératique. Isabelle se penche elle aussi pour boire de l'eau dans sa main. Triste, je n'ose l'imiter, de peur que l'eau soit insalubre. Je ne laisse plus rien entrer en moi depuis Havsa. Je ne suis plus perméable comme j'ai su l'être autrefois, jusqu'à devenir vibrante comme tout ce qui m'entourait.

Cependant, les vieux rieurs me donnent envie d'aller à Konya, berceau du soufisme que Filiz m'a invitée à aller découvrir, mais que nous avons supprimé de notre itinéraire peu après Istanbul. Je reviendrai une autre fois, me dis-je alors. Comme il est délicieux, à ce moment précis, de vouloir revenir en Turquie, ce pays qui me tue, que j'adore et que je hais comme jamais je n'ai aimé ou détesté un pays.

Nous sommes à la lisière de la Cappadoce, voilà qui est troublant. Je ne sais quelle valeur je dois attacher à ce mot magique que tous ont sur les lèvres, lorsqu'ils parlent de la Turquie. Je me suis bien gardée de me documenter sur le sujet. Je sais juste par mes proches que cette région est d'une beauté hors du commun.

Cent soixante-septième nuit. Je rêve d'une jeune fille aux trois yeux, d'un jeune cyclope et d'un autre garçon très grand et un peu débile, qui m'évoque un extra-terrestre. Je les rencontre dans un grand bâtiment et nous comparons nos cartes d'Europe et de Turquie. J'arrive à regarder la jeune fille aux trois yeux sans me sentir embarrassée. Elle doit avoir mon âge. Plus tard est dressée une grande table avec des baklavas séchés, de la viande, de la soupe. Une femme me dit qu'il faut terminer, mais personne ne le souhaite. Finalement, je cours en footing autour de la table avec une petite cuiller et attrape à chaque fois une lampée de soupe.

2 octobre 2006
Des collègues de route à Niğde

De vendeurs de pommes généreux en écoliers enthousiastes dans leurs petits uniformes bleus à col rond, sans une pause plus conséquente que quelques minutes, nous parcourons quatre-vingt-dix-sept kilomètres sur la nationale qui relie Avanos à Niğde. J'ai hâte de rencontrer Olivier et Rémi, dont j'ai suivi les aventures au travers de la *mailing list* de leur voyage. Leurs messages pleins de tendresse, d'humour et d'indignation ont été une saga qui m'a accompagnée tout au long de ce périple et qui m'a informée plusieurs fois, questionnée, souvent. Ils cheminent, une tente sur le dos, un tuba dans le sac, en intrépides jeunes hommes liés par l'amitié.

Des échanges de courriels ont eu pour résultat de nous donner rendez-vous à Niğde et d'amener les deux compagnons à opter pour le vélo pour la poursuite de leur voyage. Les réseaux électroniques ont alors transmis des conseils techniques vers des oreilles attentives, d'un cybercafé à un autre, jamais les mêmes – les nomades que nous sommes ont une utilisation des infrastructures publiques très assidue, des cybercafés aux bibliothèques. Je n'ai jamais autant aimé aller à la bibliothèque qu'en étant en voyage, y compris en France. Isabelle a ses monastères ; j'ai mes bibliothèques.

Dans une cabine téléphonique à l'entrée de Niğde, immeubles blonds, blancs et gris se présentant en ensembles disparates dont le nombre d'habitants semble conséquent, nous appelons donc au numéro que m'a transmis Olivier, celui de son hôte turc, Tülay, qui se trouve être un guide touristique.

Les deux amis testent un réseau numérique d'hospitalité mondiale, concept dont je n'ai jamais entendu parler jusqu'alors. Sur le modèle d'un aîné conçu dans les années 1970, Servas, ce réseau permet, grâce à l'instantanéité qu'offre la toile, d'entrer en relation avec des personnes du monde entier, qui se sont inscrites sur le site dans le but de donner et/ou de recevoir l'hospitalité.

Guettant deux visages juvéniles parmi les passants, j'aperçois deux garçons bronzés, l'un avec de grands yeux expressifs, Olivier, l'autre, cheveux châtain clair et visage fin, plus en retrait : Rémi. Rencontre étrange pour eux comme pour nous. Je suis heureuse de les voir, de mettre un visage sur notre correspondance électronique. Tout en marchant en direction de l'agence de tourisme de Tülay, Olivier me confie :

— Tu sais, ça nous a sidérés ce qui t'est arrivé. Nous avons tout le temps été reçus comme des rois en Turquie.

— Oui, vous êtes des garçons.

— J'ai enlevé ma boucle d'oreille en cours de route. Certains pensaient que nous étions gays. Et ils ont des problèmes avec ça. Un Turc qui nous a reçus nous a dit comme un secret : tu sais, j'ai un collègue qui n'est pas normal : il est homosexuel…

— Et vous avez parlé un peu de l'Arménie ?

— Oui.

Nous partageons un sourire complice, tous les quatre.

— Ils sont tendus, avec l'Arménie, hein…

La question de l'Arménie a le chic de provoquer des crises d'urticaire chez quasiment tous les Turcs que nous avons rencontrés les uns et les autres. Le raidissement qui s'opère lorsque les trois syllabes sortent de notre bouche a pour effet de nous inciter à aborder le sujet avec précaution. Parce que le problème, bien sûr, c'est que nous voulons savoir ce qui se passe à ce sujet. Mettez le mot qui va habituellement en France avec arménien : génocide. Et là, vous pouvez être sûr d'obtenir dans le meilleur des cas une diatribe sans fin, suspecte, car partagée par toute la population de manière péremptoire.

— Un génocide ? Pas du tout. Les Arméniens aussi ont tué des Turcs. C'était une guerre civile ! Et les Arméniens ont perdu. Il n'y a jamais eu de camps de concentration en Turquie comme avec les nazis.

Le gouffre dans lequel plonge la conversation dès qu'il est question d'Arménie me questionne forcément sur ces secrets entretenus à l'échelle nationale que je compare alors à l'évocation du régime de Vichy ou de la guerre d'Algérie pour les Français. La Turquie est décidément le pays qui me fait le plus réfléchir sur la notion de société, de nation, de peuple, de territoire...

Tülay doit avoir trente-cinq ans. Calme d'apparence et de silhouette mince, il est habillé sobrement, mais de façon décontractée. Ses deux collègues nous observent avec discrétion, semblant se douter du caractère insolite de la réunion de ces quatre voyageurs aux visages hâlés.

Comme il apparaît vite qu'il serait malvenu de dormir chez l'hôte d'Olivier et Rémi, ce dernier se propose de nous emmener tous les quatre à un hôtel, en bus, en laissant nos vélos dans l'agence.

Debout, nous accrochant aux lanières de cuir, Tülay nous raconte ses expériences liées à l'hospitalité numérique.

— Je reçois surtout des courriers d'Occidentaux, en fait. Des hommes, des femmes. J'espère bien pouvoir moi aussi visiter l'Europe. Ce que j'aimerais beaucoup voir, ce sont les forêts. Pour vous, c'est normal, mais moi qui habite ici où il n'y a pas de végétation, c'est un rêve. J'adorerais être guide dans le nord de la Turquie. C'est paradisiaque, près de la mer Noire : il y a du vert, il y a des forêts !

Et je me souviens alors que nous traversons des régions arides. Anatolie, Cappadoce et Taurus sont d'une splendeur bouleversante, mais ce sont des terres d'une grande sécheresse…

Le bus se gare subitement devant un feu tricolore. Le chant du muezzin retentit, puis s'éteint. Tous les passagers sortent, se pressant les uns contre les autres. Le conducteur aussi. Nous aussi. Le jour est fini, ils peuvent enfin fumer et manger. Les Turcs, sur le trottoir, sortent des paquets de cigarettes. Tülay attrape le sien fébrilement, tout en nous le tendant en premier lieu.

— Je fume ! Je n'en peux plus.

— Le conducteur aussi.

— Oui, c'est tous les jours comme ça pendant le Ramadan. C'est dur.

— Tout le monde fait le Ramadan ?

— Non, la moitié des gens. C'est ce qui se dit.

— Et toi ?

— Moi je ne le fais pas. Mais lorsque je suis à l'extérieur, j'observe la coutume. Et puis, il y aura mon père tout à l'heure au dîner. Je ne fume pas devant mon père, ça ne se fait pas.

La conversation se poursuit. Tülay parle autant aux hommes qu'aux femmes, ce qui est plutôt agréable. Il ajoute, avant que nous ne remontions dans le bus, dix minutes plus tard :

— Mais pour les étrangers, aucun problème. Même les Turcs n'ont pas vraiment d'ennuis. Certains mangent et fument dans la rue pendant le Ramadan, même si souvent, c'est un signe de rébellion. Ce n'est pas comme dans d'autres pays musulmans, c'est assez tolérant ici.

L'hôtel économique dans lequel Tülay nous emmène est miteux. Le fait d'être entourées de trois garçons est supposé nous garantir du regard sombre que l'hôtelier pose sur nous avec un air qui ne me dit rien qui vaille. Il n'aurait tenu qu'à moi, nous n'aurions pas mis les pieds là. Je ne sais pas ce qu'en pensent les autres. Je ne le leur demande pas. Comme c'est Tülay qui nous a trouvé cet hôtel, puisqu'il nous reçoit, je ne me vois pas demander à aller ailleurs. Tant pis. Nous posons nos sacs et nous nous en allons chez lui.

Sa famille nous accueille : oncles, grand-mère, patriarche, intimidés. Assis dans le salon, nous roulons des *pide* de Ramadan autour de l'inévitable et si délicieuse salade de tomates, concombres et oignons.

Rémi et Olivier connaissent eux aussi quelques mots de turc.

— J'ai commencé à apprendre le turc dans les villages qui bordent la frontière, en Bulgarie, dis-je.

— Ces minorités turques n'ont pas de chance d'habiter là, me répond Tülay. Les Bulgares ne sont pas très hospitaliers avec nous.

— C'est vrai.

— Les Bulgares ne se rendent pas compte, reprend-il. Sous l'Empire ottoman, ils pouvaient garder leur religion. Nous avons été bons envers eux, nous avons été tolérants. Et eux, ils nous renient maintenant, ajoute-t-il avec une moue où perce un peu de dépit.

Je pense à Ivan de Bulgarie et à d'autres. Les faits se rejoignent. Seuls les points de vue sont différents. Les pièces du puzzle s'assemblent.

Lahmacun, baklavas, çay !

Le tuba d'Olivier, magnifique objet itinérant, apparaît à la fin du dîner. Quand je pense qu'il le porte sur son dos depuis la France ! Aussi je demande avec des yeux ronds :

— Combien pèse-t-il ?

— Quatre kilos. C'est moi qui le porte entier et non démonté, bien sûr, mais Rémi est patient avec moi.

Évidemment, étant deux, ils se partagent le paquetage. Ils portent chacun plus de dix-sept kilos, de quoi me faire dresser les cheveux sur la tête. Ils ont le dos solide pour avoir marché plus de cinq mois ainsi !

Olivier pose les lèvres sur l'embouchure et entonne… une chanson silencieuse. Ce sont des souffles, rythmiques poétiques qui me plongent dans une douceur infinie. Pendant quelques minutes, la musique inattendue qui sort de cet instrument, prompte à déboucher les oreilles, est une île où reposer l'esprit. Je suis un peu moins sourde au monde pendant cet instant magique. Olivier et Rémi se sont connus sur les bancs de l'école. Je songe qu'il n'en est rien d'Isabelle et de moi. Nous n'avons jamais rien partagé d'autre que deux ou trois cafés à Paris.

Les deux amis nous ramènent à l'hôtel. Le tenancier leur parle en turc avec un sourire qui, je le vois bien, fait tiquer un peu Olivier. Mais…

La douche est à l'extérieur. Nous préparons nos affaires dans notre chambre, lorsque la poignée de notre porte s'abaisse soudain. Par les gros carreaux de verre déformé qui donnent sur le couloir, nous apercevons le haut de la silhouette d'un homme, sans doute l'hôtelier, qui tente d'ouvrir à nouveau, me tétanisant. Isabelle se lève et ouvre la porte calmement, entrant en discussion avec l'homme, tandis que j'évalue à toute allure la situation. L'homme s'en va d'un pas vif. Isabelle referme la porte :

— C'était pour nous dire qu'il y a des couvertures dans l'armoire. Tu vois, rien de mal.

— Ce type n'a pas frappé avant d'entrer, tu as remarqué ? Tu trouves ça normal ?

— Eh bien, il a sans doute essayé. C'est un homme. C'est humain.

Sur ces mots, elle quitte la chambre en short, jambes nues, avec sa serviette pour prendre une douche sur le palier. N'a-t-elle pas constaté que les Turcs, dans les hôtels, ont la fâcheuse tendance de laisser leur porte ouverte et de regarder dans le couloir ? Je ne prendrai pas de douche ce soir. Isabelle revient tranquillement. Rien à signaler. Je place une chaise contre la porte, glisse discrètement mon couteau sous mon oreiller et essaie tant bien que mal de dormir.

Au matin, la poignée de la porte de notre chambre est violemment secouée de nouveau, avec une vigueur qui me réveille en sursaut. Tout le bois en vibre. Livide, je bondis hors de mes draps et attrape mon couteau. L'hôtelier, car il s'agit de lui évidemment, secoue la porte encore brutalement en criant et part finalement. Je tourne enfin la tête vers Isabelle. Elle me regarde avec des yeux ronds, moi et mon couteau, et après un silence, laisse échapper :

— Mais c'est dingue, ça !

En cet instant précis, j'ai un moment de véritable panique. Isabelle semble trouver normal que l'hôtelier essaie d'entrer – c'est tout juste si elle ne justifie pas le droit pour les hommes d'user de violence. Sans le savoir, elle m'a poussée dans un abîme. Elle a dit « dingue ». Me voici taxée de folie – en un mot : j'ai tort. Suis-je réellement entrée dans une forme de folie ? Je me suis encore un peu plus effritée. Le plus étonnant est que je continue malgré tout ma route avec Isabelle. Nous sommes supposées voyager ensemble, mais nous vivons l'une et l'autre dans deux mondes parallèles dont les ponts sont rares et sautent parfois, dynamités par l'une ou par l'autre. Je ne peux plus rêver tranquillement durant ce voyage partagé. Cette nuit-là, je me souviens bien avoir rêvé avec intensité, pourtant, mais au petit matin, du fait de cet incident, je n'ai rien noté.

4 octobre 2006
Drapeau

Le Taurus fait place à des monts de rocailles parsemés d'oliviers.

Isabelle a aujourd'hui imposé sa volonté de faire un détour par Tarsus. Elle aspire à y partager une discussion avec Hélène, une sœur dont on lui a donné les coordonnées. De fait, quelques enclaves chrétiennes y existent toujours. À l'époque, je n'avais pas pleinement conscience de son si grand besoin de repères – et au même titre que je ne lui trouvais rien de rassurant au quotidien, elle ne trouvait en moi aucun réconfort quant à ses interrogations religieuses.

Alors qu'elle part devant, caracole avec bonheur, et accélère même, pressée d'arriver à destination, laissant une bonne centaine de mètres entre nous, j'observe une fois de plus avec un sentiment d'exaspération le drapeau français virevolter sur l'arrière de son vélo.

Des arguments de toute sorte ont fusé quant à ce drapeau lorsque, à nos retrouvailles à Istanbul, j'ai découvert, atterrée, qu'elle se refusait d'imaginer une seule seconde l'ôter de son vélo, alléguant une série d'arguments divers : « Ma famille me l'a offert », « Cela permet de montrer que nous sommes françaises, ce qui peut nous protéger », « Je suis fière de dire de quel pays je suis », « C'est un moyen de communication ».

Je ne vois de ce drapeau que son aspect guerrier, l'étendard que l'on vient poser dans le fief abattu sous l'assaut pour signifier qu'il nous appartient désormais. Tandis qu'une fois de plus je ne peux m'empêcher de songer à ces différences de discours entre Isabelle et moi, tandis que je pense à la manière dont glisse jour après jour en moi ce sentiment d'étrangeté vis-à-vis de ma compagne de voyage, le drapeau se détache soudain de ses sacoches dorsales dans la pente goudronnée que nous dévalons. Et Isabelle galope toujours devant moi. À la vitesse où nous allons, le drapeau est en quelques secondes loin derrière mon dos. Je crie, Isabelle ne m'entend pas et continue sa folle course. La mort dans l'âme, je m'arrête alors et me retourne. Un tracteur survient justement, très rapidement. Les roues du véhicule sont prêtes à écraser le drapeau. J'ouvre la bouche d'étonnement. Il est évident que le conducteur ne voit pas l'objet tricolore, occupé à me faire un signe enthousiaste. Il passe dessus. Je suis sidérée.

Le drapeau gît par terre. Lorsqu'il arrive à notre hauteur, j'aperçois le visage juvénile de mon libérateur : l'homme est passé en me décochant un sourire frais, plein de curiosité, inconscient du drame qui s'est passé sous les roues de son tracteur. Je me retourne vers Isabelle qui s'est enfin arrêtée. Je ne suis même pas sûre qu'elle sache qu'elle a perdu son drapeau. Il me semble bien que je suis la seule personne qui ait su ce qui était en train de se passer. Et je crois bien que c'est la raison pour laquelle je me suis moi-même surprise en remontant la rude pente et en ramassant le drapeau, dont la hampe seule était cassée, le tissu à peine sali. Le cœur pris en étau, je suis redescendue vers Isabelle et lui ai tendu l'objet. Elle m'a remerciée et a replacé le drapeau sur son vélo comme avant, avec cependant un regard où j'ai surpris une tendresse étonnée.

4 octobre 2006
Le voile de Bayramlı

La route reprise, ce sont des étendues blondes ponctuées d'oliviers que nous découvrons alors. Ces horizons méditerranéens accueillent de manière burlesque deux jeunes femmes au look ahurissant qu'éprouve jour après jour le voyage au long cours : lunettes noires et foulard dissimulant nos cheveux, chemisiers amples, rose fuchsia pour Isabelle, bleu délavé par le soleil pour moi. Mon pantalon bricolé à Istanbul ne laisse pas une trace de chair au grand air, sauf mon visage et mes mains (et encore, ces dernières sont protégées de gants d'haltérophile pour éviter les ampoules). Foulard mauve et lunettes bulgares à bas prix achèvent de me donner l'air de quelqu'un d'ailleurs, pendant qu'Isabelle porte sur elle des stigmates tout aussi innocents : nous sommes à la fois atroces et radieuses.

Nous voici dans les sommets de ce jour, il est seize heures et nous redescendons vigoureusement vers Bayramlı. Si vigoureusement que, alors que nous passons devant un vaste bâtiment de béton, un sac plastique s'échappe de mon cabas, s'envolant follement loin derrière nous. Je m'arrête. Isabelle fait de même et hausse les épaules. Nous sommes fatiguées.

Sur le bas-côté, quatre femmes sont en train d'activer un feu et nous regardent en riant. Je reviens une centaine de mètres en arrière attraper le sac plastique récalcitrant. Revenue à mon vélo, j'entends à nouveau les rires : les quatre femmes nous font signe de nous approcher et de nous asseoir. Elles portent des vêtements traditionnels de paysannes : pantalon bouffant à la coupe élémentaire, chemisier rustique de couleur pastel surmonté d'un foulard les recouvrant du front à la gorge.

Quelque chose en elles m'évoque immédiatement une forme de religion conservatrice, et je suis de fait sur mes gardes. J'ai immédiatement à l'esprit ce moment passé à Dobrun en Serbie au monastère orthodoxe, où je sentais bien qu'un mot de trop créait un curieux flottement, une rupture dans le réel, une étrangeté dérangeante pour les gens qui se trouvent devant moi. Je me demande alors si Isabelle a perçu cette émotion à l'identique, mais à voir comme ma compagne va de l'une à l'autre avec sa sincérité habituelle, il est clair que non. Aucune ne parle anglais. Nous bredouillons quelques mots de turc. « Ramadan », nous disent-elles en montrant leur travail. La matrone active toujours le feu. Elle s'appelle Gül. La femme la plus âgée a un air énigmatique, un peu dur, avec des yeux clairs. C'est sans doute la grand-mère. Elle pétrit une pâte dans laquelle elle enfourne des farces aux épinards ou à la viande. Des böreks ! Des deux adolescentes qui les accompagnent, l'une, Bilge, est timide, l'autre, Deniz, se montre pleine d'allant, un brin chipie. Nous nous asseyons, elles poussent vers nous des pâtés qu'elles font cuire. Je ne suis pas sûre de comprendre si elles nous les offrent pour plus tard. À Isabelle qui s'apprête à croquer dedans, je dis que je crois nécessaire de patienter. Mais les femmes nous signifient de manger tant que c'est chaud.

— Karen, arrête de photographier, sois avec nous, me dit Isabelle.

— Oui, oui, je réponds en continuant.

Isabelle est patiente avec moi, m'attend lorsque je prends des photos, mais là, il est vrai que l'appareil est un frein certain à la convivialité. De quoi discutons-nous alors ? Difficile de savoir, une fois de plus, car le fait de chercher des mots dans le dictionnaire pour nous comprendre compte davantage que le sens de ces mots. Même si la découverte du sens fait rebondir systématiquement cette communication, amenant le sourire et l'échange.

Isabelle me fascine : elle est comme un poisson dans l'eau. Elle qui a pour thématique « les mangeurs de pain » se retrouve devant le four, à fabriquer des pains de Ramadan. Et moi, je me sens juste bien, tout en me sachant gentiment plaisantée par les jeunes femmes étonnées de notre accoutrement.

Le soleil montre quelques signes de faiblesse, mais il est devenu très vite évident que nous allons dîner chez nos hôtes, et sans doute dormir aussi, dans ce lieu qui s'avère être une cimenterie. Vivre le Ramadan jour après jour est une porte d'entrée dans l'intimité des familles, et c'est une chance de vivre ce moment de contact. Mais s'il y a contact, il y a aussi parfois friction. Isabelle n'y tenant plus, vient de déclarer tout de go, sans me laisser le temps de réagir :

— Allez, Karen, je leur dis.

Et se retournant vers la matrone :

— Nous allons à Jérusalem. Kudus. Nous allons en pèlerinage.

Je baisse les yeux, désespérée. Un temps de silence. Court. Des exclamations fusent. Isabelle a dû voir mon air désemparé car elle me dit :

— Tu vois, ils sont contents. C'est une ville sainte aussi pour eux.

Qu'ai-je à dire : d'une part, il est trop tard, et de plus, effectivement, les femmes se mettent à discuter avec enthousiasme et intérêt. Jérusalem porte le nom de Kudus pour les musulmans. Isabelle a raison, cela ne suscite aucune animosité. Mais que dire du fait qu'elle m'a imposé cela, qu'elle a décidé pour moi, brisant notre pacte de concertation sur ce sujet brûlant. Avec un gros soupir, je constate cependant que la matrone se met à parler d'Allah et du Coran d'un ton docte, et pressens que cela n'a rien d'un sujet léger à ses yeux. Isabelle est inaccessible. Le dictionnaire à la main, elle est partie dans une discussion théologique avec la femme ; elle refuse de me voir ou de m'entendre ; ou tout simplement, elle est aspirée par son sujet de prédilection, qu'elle va peut-être pour la première fois partager avec une femme musulmane. Je finis par lui prendre le dictionnaire des mains, fouille parmi les milliers de mots qui commencent par P puis C et lui indique doucement les mots « prudence » puis « conservateur ». Je ne sais pourquoi je lui ai montré les mots plutôt que de les lui dire, mais je crois que cela m'a semblé alors le moyen le plus discret de signifier mon ressenti, sans doute parce que je voyais Isabelle dans quelque chose de si passionné que j'avais peur que ma réticence crée chez elle un sentiment de défiance qui puisse être aisément décrypté par l'assistance – et rompe une forme d'équilibre. Cependant la prudence s'imposait malgré tout. Isabelle me répond doucement :

— Tu crois ? Mais de toute manière, je ne suis pas inquiète, tu sais, des personnes conservatrices chez les cathos, j'en connais plein et je n'en ai pas peur.

Bonne réponse effectivement, car ces derniers m'inquiètent tout autant. Mais admettons, puisque Isabelle est à l'aise dans la situation, il ne me reste plus qu'à rester seule avec ma réserve, ce qui n'est pas nouveau depuis que nous partageons notre chemin. Elle, au contraire, peut me reprocher mon manque de légèreté, d'ouverture…

Et cela était vrai : maintenant que j'avais rencontré dans les yeux des hommes un monstre d'une sauvagerie sans nom et deviné dans ceux des femmes la possibilité d'un soutien à cette violence, ma main tremblait régulièrement à tout geste intrusif. Je vivais comme un déchirement les situations d'ouverture qu'Isabelle suscitait. Elle me plaçait sans le savoir dans la même brèche qu'elle à un moment où je n'avais plus d'armure et où le regard de bien des gens me montrait qu'ils voyaient qu'il y avait une blessure en moi où ils pouvaient aisément venir appuyer. J'étais si faible, je luttais si fort pour ne pas céder à la même sauvagerie que je sentais naissante dans ces regards. J'aurais été en France qu'il en aurait sans doute été de même. C'est le destin, je pense, des personnes qui ont vécu dans des lieux trop doux et protégés. Certaines violences n'existaient pas à mes yeux, je crois, avant mon départ. Je ne le savais qu'intellectuellement, et étais trop optimiste alors.

Pendant cet extraordinaire voyage de Paris à Jérusalem, j'ai découvert ce qu'était ce regard de mort dont m'avait parlé un ami militaire. Lorsque les gens s'apprêtent à tuer, ils ont ce regard-là, dépourvu de toute vie. Ce regard horrible de la personne qui s'apprête à commettre un acte qu'il sait être réprouvé par le groupe, ce regard je l'avais déjà vu une fois seulement chez un homme qui avait tenté de m'attraper dans le hall de mon immeuble à Paris, mais je l'avais mis sur le compte d'une pathologie. Il était alors clair que l'homme était fou.

À présent, je savais que nous étions tous susceptibles de céder à la folie et d'avoir ce même regard. Et je me souvenais tous les jours que Selma, à Jajce, en Bosnie, m'avait dit : « Tu sais, Karen, la guerre, personne ne pouvait y croire, même alors que les troupes étaient à trois jours de la ville, nous ne pouvions pas y croire. Et pourtant elle est arrivée et il y a eu tous ces morts. Et même à présent, nous ne savons toujours pas pourquoi et comment cela a eu lieu. Mais cela a eu lieu. Et maintenant, la seule chose que nous savons, c'est que la guerre peut survenir comme ça, sans raison, puisque nous l'avons vécue et vue. C'est très dur de savoir cela. »

Les böreks gonflent en se couvrant de taches dans le four tandis que les quatre femmes s'extasient de notre équipée en hochant la tête. Il est bientôt temps de manger et les femmes nous accompagnent dans leur maison, deux pièces de la cimenterie auxquelles on accède par un escalier extérieur. La matrone est la femme du directeur de cette entreprise familiale. Nous déposons nos affaires dans la pièce principale après nous être comme d'habitude déchaussées. Voici du *çay*, des tapis, un divan, l'hospitalité turque nous est devenue à présent plus familière, et toujours aussi surprenante par sa spontanéité amicale. Après avoir pris une douche, nous buvons le thé lentement tandis que les femmes défilent pour venir nous voir.

Il est l'heure de la prière. Les deux aînées placent les tapis à terre, dans l'orientation de La Mecque. Deniz est partie, Bilge nous sourit et nous invite timidement de la main à rester. Ce sera là l'unique fois de ce voyage où nous verrons les femmes musulmanes accomplir un rite quotidien dans sa forme intime. La prière ne dure que quelques minutes. Leur ferveur sous la voix du muezzin m'émeut : ces femmes sont tout entières à leurs pieuses prosternations.

C'est l'heure de dîner, maintenant, nous rejoignons les hommes, nous retrouvant à une douzaine au moins autour de plusieurs tables à l'extérieur, à côté de la cuisine de la cimenterie remplie d'une ribambelle de plats en tout genre, à s'en lécher les babines. Les hommes sont curieux à notre endroit. L'un d'eux, un camionneur d'une cinquantaine d'années, a exactement le profil du genre de personnes qui m'ont rendue méfiante en route. Sauf que là, forcément, en famille, il est charmant, quoique exprimant un certain dépit quant à la manière dont il a pu être traité en tant qu'immigré en Allemagne. Il me semble avoir compris qu'il nous traitait avec une hospitalité qu'il n'a jamais eue dans ce pays. Et que répondre, il a tellement raison – l'immigré est toujours maltraité, et les Turcs et les Arabes font particulièrement les frais du rejet en Europe occidentale (mais pas seulement). Y a-t-il une forme de vengeance à nous traiter avec hospitalité pour nous donner une leçon, chez cet homme ? Qu'importe après tout.

Autour de la table, les hommes sont plutôt du type brun d'Anatolie, mais l'un d'eux a le type asiatique, avec ses yeux bridés. Cela me rappelle cette surprise, une fois arrivée à la frontière : j'y avais déjà observé une grande variété de types physiques.

Après le dîner, nous nous retrouvons à nouveau entre femmes. L'espiègle Deniz sort soudain deux pantalons sombres, deux pantalons de travail comme elle en porte. Il s'agit de ces pantalons rustiques, qui sont confectionnés très rapidement, à l'image des pantalons de pêcheurs, avec un élastique à la taille, tandis que le pantalon bouffe au niveau des chevilles, retenue là également par deux élastiques. Nous enfilons joyeusement les vêtements qui nous sont tendus, puis les foulards qu'elles y ajoutent en s'esclaffant. Comme nous n'arrivons pas à les mettre, Gül ajuste celui d'Isabelle, d'un blanc pur, et la matronne, le mien, motifs blancs sur fond violet, orné de perles. Les adolescentes applaudissent, en éclatant de rire, ravies. Les autres hochent la tête en nous félicitant. Elles nous montrent la glace. C'est drôle, difficile de nous reconnaître dans ce miroir : nous pourrions, dans ces habits, avoir le sentiment d'être un peu caméléons. Est-ce que, ce faisant, nous avons fait un pas de trop ? C'est pour vous, c'est un cadeau, nous disent les femmes.

Isabelle montre du doigt avec intérêt ce qu'elle sait être la calligraphie du premier verset du Coran. Elle entame une comparaison entre le Coran et la Bible en en montrant les cousinages :

— Un seul Dieu, dit-elle en dressant un doigt de sa main.

Et elle commence à énoncer les premiers mots des deux livres sacrés. Gül hoche la tête et sa physionomie devient soudain solennelle. Elle se lève et nous demande de répéter après elle la première phrase du Coran, la main levée. Ce que nous faisons joyeusement. Puis la deuxième phrase. Je vois Isabelle s'assombrir. Je continue. Troisième phrase. Isabelle s'arrête. Je demande, un peu inquiète de son revirement :

— Isabelle, il se passe quelque chose ?

— Tu ne vois pas ? Elle nous fait répéter le Coran derrière elle, elle veut nous convertir.

— Et alors ? On s'en moque !

— Moi pas.

— Arrête, tu plaisantes ? Tu crois qu'on se convertit en disant quelques mots, franchement ?

— Mais c'est ce qu'elle pense être en train de faire !

Je continue de répéter les fameuses premières lignes du Coran en entier derrière Gül, en pestant intérieurement de l'aspect trouble qu'a pris la situation en quelques secondes. Diantre, ce n'est pas faute d'avoir averti. Il est tard, l'heure de nous coucher. Nous avons le divan principal, l'autre divan étant pour l'aînée. Les autres dormiront par terre.

Cent soixante-dixième nuit. Mes parents me disent qu'il leur a été difficile de me (re)joindre en Italie par le biais d'Internet. Je leur réponds qu'il est compliqué de donner rendez-vous à des gens pendant qu'on est en voyage. Une espèce de tension survient. Plus tard dans ce même sommeil, c'est la nuit, et je me dissimule. Un homme gigantesque me repère...

Il est bel et bien question de difficultés de communication dans ce rêve.

5 octobre 2006
L'état d'esprit de Tarsus

Isabelle porte le foulard blanc au départ, le lendemain matin. Cela lui donne un air très beau, mais je m'inquiète du sens de ce voile et lui fais remarquer qu'il semble peu anodin de le porter alors que nous roulons. Et elle de sous-entendre une fois de plus que mes inquiétudes sont sans objet. Pourtant, je n'en démords pas intérieurement : ce foulard blanc est porteur d'un sens qui nous échappe. Et je ne souhaite bien sûr pas être porteuse d'un discours qui n'est pas sous contrôle en portant des attributs que nous ne connaissons pas. J'insiste, en invoquant volontairement une référence propre à Isabelle, pour ne pas laisser passer cette histoire de foulard à la trappe. Déjà qu'on a un drapeau français, alors…

— Isabelle, lorsque nous serons à Tarse, demande à sœur Hélène le sens de ce foulard. Elle saura.

J'erre entre les ruines sous verre supposées être des morceaux épars de la demeure de saint Paul. Je m'ennuie. Je tente vaguement de lire les panneaux qui pourraient me convaincre de rectifier un peu mon avis définitif sur ce personnage. Mais j'ai hélas lu deux fois le Nouveau Testament quelques années auparavant pour écrire mon mémoire d'histoire médiévale, et rien de ce que narrent les panneaux ne me le rend plus sympathique. Difficile d'oublier le rôle de la femme proposé par ce monsieur. Et tout ce beau monde de me dire qu'il était de son époque. Certes, mais alors pourquoi le rendre exemplaire ? Je me vois déjà taxée de naïveté, de féminisme de bas étage. Oui, c'est vrai, j'ai une exigence, pour moi les êtres d'exception le sont lorsqu'ils cessent d'être de leur époque. Ce sera pour une autre fois.

J'écoute plutôt les touristes parler entre eux, vois trois visites guidées défiler, en profite pour écouter parler allemand et anglais. Ils ont tous plus de cinquante ans, plutôt soixante, issus des classes moyennes ou de la bourgeoisie, a priori beaucoup d'enseignants et de personnes cultivées. Isabelle survient enfin. Elle est un peu pâle et ce n'est pas le fait du foulard blanc, car elle l'a ôté en cours de route. Je ne me souviens plus si elle me dit ceci sur les ruines, ou tandis que nous quittons Tarse, mais elle se tourne vers moi avec une voix que je ne lui connais pas et a l'air choquée :

— J'ai demandé pour le foulard et tu avais raison, cela veut dire quelque chose. Cela veut dire que je suis vierge et que je cherche à me marier.

Sa peine est si grande que je n'ai même pas l'idée d'avoir quelques mots triomphants. Elle reprend, et je sens de la colère monter chez elle :

— Pourquoi ont-ils fait cela ?

Et je me pose la même question, car cela me paraît dangereux. Cependant sœur Hélène, remise dans le contexte, m'a l'air bien énervée pour une sœur supposée être une référente. Isabelle reprend sur un ton où je commence à percevoir une colère froide qui m'effraie :

— Sœur Hélène m'a dit que c'était difficile d'être chrétiens ici, que l'État turc les empêche d'être tranquilles. Nous continuons d'être persécutés.

Ce « nous » me fait bondir, et je vois bien que les possibles pour apaiser cette subite douleur d'Isabelle sont bien maigres. Maladroitement, je préfère l'inviter à un peu de circonspection, car je crains que sœur Hélène n'ait été tentée d'emporter Isabelle dans sa propre aigreur.

— Ce serait bien de valider cette information, dis-je.

Pourtant je vois bien qu'Isabelle a décidé que l'information reçue un peu plus tôt était véridique. Voilà qui ne me semble pas simple du tout : maintenant, ma compagne de voyage a une animosité qui se développe de manière alarmante. Elle ne se sentait pas à l'aise, et vient de choisir la colère plutôt que de rester perdue. Cette transformation en l'espace de quelques heures me laisse sombre. Je ne souhaite pas de mise en danger.

5-7 octobre 2006
Les rencontres et les pertes

Adana est une ville de ciment plate que nous traversons d'une traite, ne nous arrêtant pas même une minute devant les minarets colossaux d'une mosquée surdimensionnée : la cité est polluée, peu agréable et ne nous revient guère, ce jour-là.

Sous la lumière des hauts lampadaires accompagnant la nationale, nous arrivons de nuit à Ceyhan, ville de taille moyenne dans laquelle nous découvrons vite un modeste hôtel. Il n'est pas tellement tard, quelque chose comme vingt et une heures, mais lorsque nous garons nos vélos près de la réception à l'invitation aimable des hôteliers, je me surprends une fois encore à ressentir ce petit soulagement à arriver enfin à l'étape. J'aime ordinairement méconnaître l'endroit où je vais m'endormir le soir. Cependant, quand pointe la fin de l'après-midi, la question de l'hébergement survient doucement, et les heures avançant, avec toujours plus d'insistance. Je n'ai jamais éprouvé d'inquiétude, car à force de chercher, il est habituel de trouver. Mes sentiments relèvent plutôt de : va-t-on passer une soirée tranquille ou devoir chercher encore longtemps ?

Alors que nous attachons nos vélos en bas de l'escalier, la voix d'une femme s'exclame en français :

— Non mais c'est pas vrai !

Nous nous retournons aussitôt pour voir descendre les bras grands ouverts Josy, puis Robert.

Leurs visages familiers ont gagné en couleur : les longs cheveux blonds de Josy, attachés en une queue-de-cheval, sont d'autant plus lumineux en contraste avec son visage devenu brun après ces cinq mois passés sous le soleil. Robert lui aussi a les yeux éclaircis par l'intensité du bronzage. Nous tombons dans les bras les uns des autres : Josy ! Robert ! ça alors ! Nous les savions arrivés à Istanbul bien avant que nous ne quittions la grande cité turque. Dire qu'ils ont traversé l'Anatolie entièrement à pied, avalant jour après jour chacun des kilomètres de ces espaces lunaires !

Devant un dîner joyeux de baklavas, partageant tout autant les gâteaux dégoulinants de miel que les nouvelles des autres voyageurs en route, nous apprenons qu'ils ont également rencontré Rémi et Olivier en Anatolie.

— Comme c'est drôle, quand même ! dit plusieurs fois Josy.

Ce qui est étrange, dans cette rencontre inopinée, est que nous convenons n'en être pas vraiment surpris, tant elle est une évidence. Nos exclamations expriment le sentiment que le monde n'est pas si grand et que le hasard y joue un rôle de toute beauté.

Nous nous embrassons le lendemain d'une vive étreinte de voyageurs persuadés de se retrouver au retour.

La route quitte Ceyhan pour nous transporter vers de petites montagnes sèches qui mènent, pentues, à quelques villages rudes puis à un peu de plat jusqu'à Dörtyol. Isabelle est de plus en plus tendue. Je reste sur le qui-vive quant à ce sentiment de défiance et de trahison qu'elle éprouve, alors que je suis moi-même si imperméable au monde. Durs sont ces moments – et tristes. Je ne comprends pas plus sa peine qu'elle ne saisit la mienne.

Je réalise à Dörtyol que j'ai égaré mes carnets de rêves et mes livres, en fouillant mes sacoches pour les retrouver. Ahurie, je défais mes affaires plusieurs fois, les range à nouveau pour les rouvrir puis m'arrête finalement, laissant une sensation de vide m'envahir. Des objets, j'en ai perdu, bien sûr. Le dernier en date, et d'importance, a été le couteau réalisé par mon ami Hubert spécialement pour ce voyage. Mais mes carnets de rêves sont précieux.

Ayant une bonne mémoire, je crains moins de perdre un journal de bord. Cependant, il s'agit là de la mémoire de soixante jours de ces virées nocturnes au sens obscur mais plein de pertinence. Je ne me souviens pas de mes rêves comme je me souviens des événements de mes journées. Il est rare d'arriver à garder en tête le souvenir quotidien des songes pour bien des raisons, dont la plupart m'échappent sans doute. Celle qui me vient à l'esprit est que leur découpe « insensée » les rend plus difficiles à se remémorer.

Avec le sentiment bizarre d'être amputée d'une partie de ma vie, je m'assois sur le lit et baisse la tête : je ne sais plus quoi faire, comme si j'avais perdu toutes mes facultés d'analyse et tout mon courage. Je n'ai même pas photographié les pages de ce carnet, alors que je l'ai fait pour les autres pour éviter des cas comme celui-ci.

Isabelle, qui perçoit très vite la gravité de cette perte, prend les choses en main et m'emmène voir notre hôtelier, expliquant à ce dernier la situation comme elle le peut. Lui appelle un ami qui parle mieux anglais. Ils téléphonent à l'hôtel de Ceyhan avec l'aide d'autres Turcs présents. Au bout du fil, il lui est répondu quelles chambres n'ont pas encore été faites, qu'il faut attendre cinq minutes pour monter à l'étage. Les carnets sont bien là ! Soulagée, je propose d'aller les chercher le lendemain à Ceyhan, malgré l'entrave symbolique que représente le fait de revenir sur mes pas.

Cent soixante-douzième nuit. J'annonce à mes parents que je viens d'obtenir une mission pour aller sur la lune.

8-9 octobre 2006
Chez les Alaouites à Antioche

Journée caniculaire sur une route plate, avec la mer sur notre droite, malgré plus de verdeur émanant des vergers d'orangers. À une pause pour avaler une *çorba*, je casse quelques olives avec une vieille femme qui commente d'un ton mi-rieur mi-moqueur mon désir d'apprendre.

Quand je tape sur les olives, que je vois leur chair verte se déchirer en une petite plaie, j'éprouve comme une étrange satisfaction, celle d'effectuer une tâche simple. Il suffit de casser ces olives, puis, insiste la grand-mère jusqu'à ce que je comprenne, de les noyer dans de l'eau salée et de les enfermer dans un bocal. En faisant ainsi mariner les olives dans le sel, il est alors possible de les conserver. Un mois, me dit-elle encore. Les oliviers omniprésents dans notre paysage quotidien me ramènent à Homère, à Troie, que nous n'avons finalement pas visitée, en bifurquant vers l'Anatolie.

Hatay, Antakya, Antioche. Cité dont le nom résonne avec tant d'acuité car longtemps disputée entre les empires orientaux et occidentaux. Nous ne sommes plus très loin de la Syrie, à présent.

Nous traversons Hatay de part en part à la recherche de la grotte de saint Pierre, de crainte qu'il ne soit trop tard pour la visiter. Il émane de la ville une surprenante tension – sous une apparence de calme. Sur la route, un adolescent en scooter nous sourit avec un signe de la main. Une jeune fille cramponnée à ses hanches pourrait être autant sa femme que sa sœur ou sa cousine. Ils nous invitent à les suivre aussitôt jusqu'à la grotte, qui lorsque nous arrivons, est fermée.

Le jeune homme s'appelle Fatih. Garçon délicat, il a une stature frêle, souriant tout en restant un peu sur le qui-vive. La jeune fille est sa sœur et porte le nom de Fadia. En contrebas de la grotte se trouvent des maisons aux façades inégales et aux balcons desquelles du linge est étendu. Un bazar de bois et de ferraille traîne dans la rue, contre les murs. Une rivière coule le long de la rue, charriant des détritus.

— Nous habitons dans ce quartier. Voulez-vous dîner avec notre famille ?

Après avoir accepté, ravies, nous suivons nos deux hôtes, qui freinent régulièrement pour ne pas nous semer.

Dans le quartier qu'ils nous ont montré du doigt, populaire, les habitants nous observent passer de leur porte ou de leur balcon, avec des regards intenses, mettant mal à l'aise Fatih, qui répond aux questions qui lui sont posées un peu sur la défensive. Gracile, il détonne un peu avec cet environnement âpre. Nous arrivons face à une boutique close par une grille, que Fatih ouvre avec une clef.

— Vous pouvez laisser vos vélos dans l'atelier de mon père. Il est charpentier.

Fadia nous chuchote :

— Lorsque vous arriverez et verrez ma mère Zineb et mon père Ishak, dites : « *Salam alikoume.* » Et s'ils le disent avant vous, répondez-leur : « *Alikoume salam* », d'accord ?

Lorsque nous entrons dans la demeure de nos hôtes, nous sommes accueillies par une ribambelle de jeunes femmes et par la mère de Fatih.

— *Salam alikoume*, disons-nous aussitôt.

— *Alikoume salam*, répond-elle, étonnée.

Fadia me fait un clin d'œil.

Lorsque le père vient et dit « *Salam alikoume* », nous répondons de nouveau :

— *Alikoume salam.*

Et il prend aussi une mine surprise qui me ravit. Ce charpentier, homme aux épaules solides, a lui aussi des traits doux, comme son fils et le restant de la famille.

« Allah est grand ! » La voix du muezzin se fait entendre.

— C'est l'heure. Nous pouvons dîner.

Avec un peu de hâte, les plats sont apportés par les jeunes femmes, qui rient de leurs gestes pressés. Le pain est distribué, pour être roulé autour de légumes. Le festin commence.

Zineb porte la main à son cœur en touchant l'épaule de Fatih : elle est très fière de son fils. À dix-sept ans, il souhaite partir en France pour y poursuivre des études. Nous lui donnons nos coordonnées, l'invitant à nous contacter s'il vient à Paris, mais intérieurement, malgré la sympathie que j'éprouve pour la famille, je me demande si tout cela est vrai ou si à chaque rencontre avec des étrangers, la maman ne dit pas cela pour assurer des points de chute à son fils. Qu'importe, j'espère pouvoir aider Fatih s'il vient en France. Pour le reste…

Fadia, quant à elle, est en train de coudre son trousseau de mariage : des linges blancs brodés avec soin et que nous montre sa mère avec fierté.

— Elle est prête à se marier.

Le père, Ishak, se tait avec un air serein depuis qu'il est arrivé. Sa discrétion est pareille à celle que j'ai déjà observée auparavant en Turquie dans les familles, mais aussi en Bosnie-Herzégovine et en Serbie dans les régions musulmanes. Je me demande alors si dans les maisons, ce sont les femmes qui accueillent toujours, ou s'il est tacite qu'étant nous-mêmes des femmes, ce sont nos hôtesses qui se doivent d'assurer l'accueil. Ishak se lève finalement pour prendre congé. Lorsqu'il est parti, le reste de la famille a un petit air d'excuse.

— Il va prier, me dit Fatih.

Puis :

— Nous aussi nous croyons en saint Pierre et en Jésus.

— Ce sont des alaouites, tu crois ? me demande Isabelle.

— Aucune idée. C'est quoi, les alaouites ?

— Une minorité qu'on trouve entre autres à Antioche.

Alaouites. Fatih nous explique plusieurs notions, que je comprends mal, du fait non seulement de la langue, mais aussi du caractère inhabituel de la croyance des alaouites, qui sont une secte musulmane. Ce n'est que bien plus tard, après le voyage, que j'en apprendrai davantage sur les âmes des nosaïris, ces lumières qui faisaient l'éloge de Dieu, mais qui en se révoltant chutèrent sur terre par incarnation. Aux nosaïris sont dédiés des espaces sacrés, sanctuaires ou lieux naturels. La famille de Fatih vit près du sanctuaire de saint Pierre, qui représente pour les alaouites l'une des incarnations sur terre au même titre que Jésus, Seth, Abel, Joseph, Ali et les imams jusqu'au onzième.

La multiplicité des croyances au sein de l'islam est si agréablement déroutante. Un musulman doit se retrouver tout aussi dépassé que moi en découvrant les schismes et les multiples sectes du christianisme.

9 octobre 2006
Une frontière redoutée

Dans un premier temps, la route qui glisse vers Reyhanli est plate, encadrée de champs moutonneux. J'arrête mon vélo pour me pencher sur de petits nuages blancs surmontant les tiges brunes et sèches. Du coton. Les journaliers, en relevant la tête de leur cueillette, me rappellent la lecture d'un roman lu avant mon départ : *Le Pilier* de Yaşar Kemal, qui narre l'épopée d'une famille de saisonniers anatoliens se mettant en marche pour des semaines en direction de la plaine d'Adana afin, peut-être, d'y trouver du travail dans le ramassage du coton. Je suis une fois encore saisie par le labeur des métayers. Des cueilleurs d'olives s'échinaient ce matin également, sur le chemin menant à la grotte de saint Pierre. Un homme se cambrait sur une échelle, tous muscles tendus, en fouettant avec l'aide d'un bâton les branches d'un haut olivier, pendant que les femmes s'empressaient de ramasser de grandes brassées d'olives. Dans le geste de l'homme, j'apercevais autant un curieux passage à tabac qu'un certain respect. Dans les gestes des femmes, autant un désir de possession qu'une tendresse infinie.

Après des terres brunes, parfois d'un orange très foncé, nous passons sous des arbres roux et verts, selon des nuances délicates qui nous sont nouvelles en Turquie et qui me laissent espérer de la Syrie bien des beautés. Voilà belle lurette que je ne songe plus à l'état du soleil. Oui, il fait chaud, mais pas au point de nous dévisser de nos selles. Surviennent les premières montagnes, et avec leurs silhouettes arides, l'envie d'une pause au calme pour déjeuner sur le bas-côté, dans les hauteurs.

Je ne suis toujours pas à l'aise à l'idée de manger le midi devant des locaux en plein Ramadan. Pause, donc. Cependant une jeep militaire s'arrête, à peine avons-nous commencé à déguster notre pitance. Deux jeunes soldats en descendent et nous désignent les environs d'un geste large du bras. Ici, c'est interdit de s'arrêter, nous sommes dans une zone militaire, répètent-ils plusieurs fois avant que nous ne remontions en selle.

J'ai découpé la veille des pans de ma carte pour éviter que la destination de Jérusalem soit une preuve contre moi et m'empêche de passer en Syrie. Isabelle et moi appréhendons toutes deux cette frontière. Nous avons ouï dire que certains pèlerins avaient arrêté leur voyage là, faute d'avoir pu convaincre les douaniers et malgré des visas en bonne et due forme.

Peu après la ville frontalière de Reyhanli, une file ininterrompue de poids lourds se profile dans le lointain, portant une, parfois deux longues remorques. Isabelle propose avec un enthousiasme contagieux :

— Faisons un pari. Combien d'après toi ?

— Combien de quoi ?

— Combien de camions allons-nous dépasser avant d'arriver à la frontière ?

— Disons quarante.

— Je dis cinquante.

Isa gagne : après avoir filé sur le bitume le long des grandes carcasses de métal arrêtées, il apparaît qu'au moins soixante-dix poids lourds sont ainsi pétrifiés dans l'attente. Leurs conducteurs et compagnons de route ont installé des chaises et tables pliables, mangeant, buvant, écoutant la radio, affalés la bouche ouverte, endormis. L'un d'eux fume au narguilé. Les camionneurs nous regardent passer, abasourdis, toutes sortes d'émotions défilant sur leurs visages, le plus souvent franchement amusées. Des invitations fusent. Nous refusons en hochant énergiquement la tête, un vague sourire aux lèvres. Ces mêmes camionneurs qui étaient si pénibles sur la route ont perdu de leur sombre virilité en descendant de leur camion pour rejoindre leurs compatriotes. Sur nos vélos, nous allons plus vite qu'eux et nous dévalons la route joyeusement vers le poste frontière.

Là, c'est la cohue. Il règne ici une ébullition inouïe, que j'hésite à prendre dans un premier temps pour un mouvement de foule inopiné. Dans le brouhaha et la foule d'yeux qui se posent sur nous avec un intérêt indéfinissable, un jeune Turc vif nous hèle, en proposant de s'occuper de nos papiers. Je refuse illico. Hors de question que le passeport aille dans des mains inconnues autres que celles d'officiels. Isabelle, plus laxiste, obtient son tampon la première, aisément. Quelques minutes plus tard, me voici également devant les maîtres tamponneurs. Ni sympathiques, ni déplaisants, ils me rendent mon passeport immédiatement, avec une rapidité inattendue. Un homme vient nous proposer le change, nous refusons. Nous quittons la multitude, pressante, en cinq minutes, le cœur battant de quitter la Turquie pour la Syrie.

QUATRIÈME PARTIE

BRISURE INTÉRIEURE

JÉRUSALEM

Octobre 2006
Frontière de Mille et Une Nuits

Entre les deux postes frontières, nous filons dans des travées taillées dans un plateau granitique, que je ne peux m'empêcher de prendre en photo. Isabelle rugit :

— Karen, mais qu'est-ce que tu fais ? C'est la frontière !

— Oups, désolée, c'était tellement beau…

La route fait encore de nombreux lacets jusqu'au poste d'entrée en Syrie.

Nous traversons deux villages. Autour de nous, la terre de ce qui semble être des champs est retournée et sale. Des moutons et des chèvres maigres paissent parfois en semi-liberté sur des terrains vagues. Le niveau de vie des Syriens apparaît immédiatement inférieur à celui des Turcs.

La nuit se met à tomber, et il devient certain que nous n'arriverons pas à Alep ce soir. Les premières bâtisses blanches à terrasses nous apparaissent également : je n'arrive pas à croire que nous sommes en terre arabe. Nous demandons ici et là où nous pouvons trouver un hébergement. Un vieux Syrien nous propose de boire le thé chez lui avec sa famille. Pour dormir aussi ? demandons-nous. Il répond par la négative, offusqué. Nous reprenons alors la route.

10-14 octobre 2008
Alep la magnifique

L'arrivée à Alep par la nationale s'avère dans un premier temps paisible, ponctuée par intermittence par de grands panneaux insistants avec des portraits de l'actuel président syrien, Bachar el-Hassad, qui y a un drôle d'air rêveur, des traits presque doux qui contrastent avec la dureté politique du pays.

Mais en approchant du centre, nous nous glissons dans une cohue sans nom, un chaos de métal et de klaxons à travers lequel nous zigzaguons, moi, fascinée, retrouvant l'Inde et cette inertie si particulière qu'il faut adopter pour éviter la crise de nerfs. Car si je trouve quelque chose d'incroyablement joyeux et juvénile dans ce vacarme, Isabelle souffre le martyre, d'autant que ses freins lâchent complètement à ce moment-là.

Mettant pied à terre, nous marchons en direction du vieux centre comme on le fait toujours en pareil cas. Où est le centre ? Je demande le chemin ici et là. La rue est remplie d'une multitude de taxis jaunes, bondés autant par les passagers habituels que par ceux qui semblent être les amis des conducteurs. En m'adressant à ces derniers, j'enregistre mentalement que ces derniers, enthousiastes à notre égard, me semblent plutôt gaillards.

Des charretées de fruits augmentent l'encombrement de la route et des trottoirs à l'approche d'un marché couvert. Un petit camion avec des caisses de grenades klaxonne. Nous traversons le souk, nos vélos au côté, suscitant la curiosité et les sourires, mais dérangeant aussi les livreurs qui passent en trombe.

C'est à l'église de la place Farhat que nous avons rendez-vous avec Dominique, un jeune homme délicat aux cheveux courts et à la barbe noire. Il partage un appartement avec son colocataire Lionel dans le quartier musulman, choix volontaire de leur part, dans leur souhait d'amitié christiano-musulmane. Tous deux sont à Alep en mission par le biais de la Fidesco, pour laquelle ils donnent des cours de français. Cet organisme lié à la communauté de l'Emmanuel envoie des chrétiens catholiques en mission humanitaire dans les pays du Sud. La situation est nouvelle pour moi : pour la première fois de ce voyage, j'ai affaire à des expatriés, et qui plus est, issus du même milieu qu'Isabelle, de ces « bonnes familles » versaillaises que je n'arrive pas à comprendre et pour lesquelles j'éprouve de la défiance alors que je les connais si peu.

Dominique nous accueille à bras ouverts. Son hospitalité, des plus aimables, nous fait découvrir Alep durant trois jours. Il nous invite notamment à rencontrer des référents locaux chrétiens de plusieurs obédiences, et pas seulement catholiques.

Le jeune homme nous mène également à un Point-Cœur pour découvrir l'action de ce relais mondial ayant pour objet de favoriser le lien dans les familles et d'accueillir les enfants et toutes les personnes qui se sentent rejetées. Situé dans un quartier défavorisé de la ville essentiellement musulman, le local est chaleureux, empli de couleurs et de cris joyeux d'enfants. Je suis dans un premier temps touchée par l'existence de ce lieu, mais après avoir observé davantage autour de moi, je ressens cependant une perplexité certaine en voyant des crucifix et des symboles catholiques partout sur les murs et sur les meubles.

— Comment font les musulmans ou les juifs ou les autres minorités – voire des athées – pour venir ici lorsqu'ils sont en détresse ? dis-je à l'une des jeunes femmes présentes, qui dédie plusieurs mois de sa vie au Point-Cœur. S'ils ne vont pas bien, ils pourraient ne pas se sentir invités, non ?

— C'est un lieu catholique, me répond-elle en hésitant, mais avec des yeux étonnés comme si je venais de Mars.

Je prends des crayons et des feutres, m'agenouille par terre et me plonge dans le dessin avec délectation, en compagnie d'une marmaille admirative. Lorsque je me relève, je suis heureuse d'avoir eu ma part de repos et de créativité et pose le regard sur les dessins des autres enfants accrochés au mur. Parmi eux se trouvent de nombreuses représentations de Jésus-Christ. Malaise. Non pas du fait des représentations du Christ en soi. Mais si les personnes qui viennent ici sont en détresse, il me semble aisé d'étendre l'influence de la religion qui en propose les bienfaits, de réaliser un échange pour lequel les personnes en peine n'ont pas le choix, étant dans une forme de survie.

Sentant l'indignation m'envahir, je pense alors : j'ai des préoccupations de riche. Les gens qui viennent ici, comme dans les ONG de manière générale, ne se posent sans doute pas ce genre de questions ; ils trouvent ici un réconfort réel. Le reste, le sentiment de se retrouver sous influence, semble un détail tant que certaines questions de survie ne sont pas réglées. D'autres que moi diraient sans doute avec raison : c'est déjà ça. Mais j'ai beau tourner le problème dans tous les sens, je ne m'y fais pas.

Cent soixante-seizième nuit. Dans une rue de Syrie où je me trouve en présence d'autres personnes, à l'intérieur d'une voiture, j'aperçois soudain deux véhicules avec plus d'une dizaine d'Arabes dans chacun d'eux, qui s'arrêtent à quelques mètres de là, face à nous. Deux hommes en sortent, furieux, et sentant venir un grand danger, je demande à notre conducteur de démarrer sur-le-champ. Effectivement a lieu alors une bataille rangée d'une violence inouïe. Me retrouvant tout d'un coup au volant du véhicule, je vois des corps ensanglantés dégringoler sur la route, nous dépassant comme sur des luges. Horrifiée, je tente d'éviter de rouler dessus, mais j'ai le sentiment de passer par-dessus un bras. Plus tard, je me trouve dans un grand couloir à l'intérieur d'une usine, en compagnie d'hommes et d'une femme portant des gilets fluorescents avec des bandes réfléchissantes. D'autres hommes et des femmes nous arrivent pan-

telants, blessés ; je dois leur faire le bouche-à-bouche alors qu'ayant oublié le contenu de mon brevet de secouriste, je ne sais plus combien je dois réaliser d'influx d'air et de poussées sur la poitrine. Je suis très angoissée.

Les moustiques s'avèrent d'une grande cruauté durant la nuit. Comme je ne souhaite pas tuer d'êtres vivants volontairement, je me replie dans les draps, en vain. Les insectes font un tumulte comme jamais je n'en ai entendu, bourdonnant à tue-tête, jusqu'à ce qu'Isabelle enroule une revue et tape à grands coups sur les murs de notre chambre.

Durant une balade d'une journée dans les souks d'Alep, nous allons d'un quartier à un autre, fascinées par l'ébullition âpre que nous y découvrons, bien loin des marchés couverts d'Istanbul, presque aseptisés en comparaison avec ceux de la grande ville syrienne.

Les martèlements des artisans de cuivre se font écho dans une allée loin des remugles du quartier boucher où de gigantesques quartiers de viande sont suspendus à de solides crochets entre des guirlandes d'intestins. La ferraille parfois s'échappe aussi de certaines échoppes de « hardware », boulons, pièces de métal en tout genre, chaînes également suspendues en grosses grappes, qui derrière l'apparence de chaos, révèlent un ordonnancement qui a sa logique. Plus tard, nous apercevons des soudeurs rigolards qui travaillent au chalumeau sur des frigos, leur atelier ouvert sur la rue. Ce pays laisse voir ses viscères dans un gigantesque éclat de rire. Dans une bassine blanche un peu sale, j'observe longtemps les mains d'un Syrien rincer à l'eau claire des intestins qui, après avoir été étirés, ont pris une teinte albâtre d'une transparence troublante. Ils sont ensuite gonflés à la bouche et forment des entrelacs qui les font ressembler à une œuvre abstraite de toute beauté ou à ces sculptures de ballon réalisées par les clowns pour les enfants.

Dans une ruelle, apercevant un homme abattant un long fouet sur des peaux de mouton, je me rappelle que derrière cette douceur, il ne faut pas oublier qu'à Alep une personne sur cinq travaille pour le gouvernement et qu'il est délicat de poser des questions de politique aux personnes que nous rencontrons, sous peine de les mettre en danger. Ils n'ont pas le droit de voter contre le gouvernement en place.

Cent soixante-dix-septième nuit. Je marche le long d'un sentier sur lequel m'assaillent subitement un chien beige et un renard pelé. J'avance vers eux en faisant mine de les frapper avec un grand bâton. Abattant ce dernier plusieurs fois sur l'échine du vieux renard, j'en éprouve une joie secrète. Le chien disparaît. Le renard s'affaisse et, lorsque je m'agenouille et le palpe, je constate que je l'ai frappé à mort. À plusieurs endroits de son poitrail, sa peau est devenue transparente et laisse voir ses viscères. Le renard, lorsque je l'effleure ainsi, a un gémissement de souffrance mais retombe à nouveau dans un état de mort. Je m'emploie alors à lui faire un massage cardiaque. Et il revit.

Dernier jour à Alep. Il nous faut repartir le lendemain, sinon, nous n'y arriverons jamais. Dominique nous guide jusqu'au monastère de saint Siméon le stylite sur le plateau granitique. Dans le taxi qui nous mène vers ces somptueux escarpements rouges et gris, j'admire la façon dont Dominique et notre conducteur se lient d'une franche camaraderie, suite à un malentendu qui aurait dû créer une fermeture de part et d'autre : le chauffeur de taxi ayant menti comme c'est souvent le cas à cause de l'agacement que suscitent les étrangers peu au fait de la valeur de l'argent dans le pays, Dominique lui confie en arabe qu'il travaille à Alep, ce qui fait venir le rouge aux joues de notre conducteur. Mais notre hôte prenant à la rigolade la petite fourberie, l'autre, ému, lui tend la main amicalement.

À l'entrée du monastère, j'aperçois avec joie les sacs à dos posés contre la billetterie par-dessus lesquels des gilets jaunes fluorescents à bandes réfléchissantes ont été accrochés ; je me hâte d'entrer dans le site, cherchant du regard les silhouettes de Robert et Josy. Je les rejoins presque en courant, Isabelle sur les talons. Embrassades ! Le hasard ! La providence !

En revenant du monastère, souhaitant me connecter dans un cybercafé pour relever mes courriers électroniques, je m'aperçois que je n'ai pas accès au site qui les héberge. Le jeune homme qui tient l'endroit me dit alors :

— Normal, ce site est censuré en Syrie. Mais comme tu es étrangère, ne t'inquiète pas, je vais le débloquer tout de suite.

Je le vois alors cliquer sur la souris puis constate que le site auparavant bridé est apparu sur mon écran en quelques secondes. En lisant mes messages avec impatience, cherchant ceux qui émanent de Yann, j'ai un demi-sourire à la pensée de ce à quoi je viens d'assister, tout en me rappelant que tout ce que je vais écrire sera peut-être lu par le ministère de l'Intérieur syrien. Il n'est donc pas question de parler de politique ni de Jérusalem.

Dans la rue empruntée pour revenir chez Dominique, un panneau représentant un grand pingouin jovial entouré de caractères arabes observe d'un œil malicieux la multitude de passants pressés entre des tourbillons de tissus colorés et les gaz d'échappement des voitures qui filent, tonitruantes. Il s'agit du totem de Linux, ce système libre codé par des milliers de programmeurs du monde entier. De voir ainsi à Alep cet animal de dessin animé libéré de toute emprise me fait rire de joie.

Avant de partir, nous faisons réparer les freins du destrier d'Isabelle. Dominique, en voyant le drapeau français attaché fièrement sur le panier de celui-ci, laisse paraître sa surprise, puis nous priant de patienter quelques secondes part chercher… un drapeau syrien ! Nous voici avec deux drapeaux à présent, je n'en reviens pas.

— Mets-le aussi sur ton vélo, dit-il en le tendant à Isabelle. Les Syriens vont adorer !

Il me faut donc accepter deux drapeaux, mais je soupire secrètement de soulagement, car ces drapeaux couplés signifient bien autre chose que le drapeau français tout seul.

14-17 octobre 2006
Désertion de l'espoir entre Alep et Homs

À la platitude morne de la route longeant le désert s'ajoute une sensation de saleté et de grisaille, accentuées par des bouteilles de plastique poussiéreuses, des ordures en tout genre et des animaux crevés.

Car nous croisons toujours chaque jour de la charpie de chiens, de chats et autres. Les cadavres, lorsqu'ils ont séché longtemps au soleil, laissent voir des amas d'os dans des flaques de poils qui épousent le bitume.

La route est ponctuée de camionneurs insistants et de panneaux publicitaires vantant selon le cas les bienfaits du Baas ou une soupe de légumes déshydratés.

Le manager du Nile Resort à Ma'Arat An'Numan nous offre la nuitée au matin, alors que nous reprenons nos vélos dans le local qui lui a été dédié. Ce petit parc d'attractions aquatiques doté d'un hôtel avait été l'unique hébergement trouvé sur le chemin.

Cent quatre-vingt-unième nuit. Un homme noyé se trouve dans une grosse piscine ou rivière. Il a le crâne chauve, avec des reflets verts. Je le « transforme » dans ma baignoire pleine d'eau. Puis enlève l'eau. L'homme devient un enfant, toujours cadavérique, et reprend vie, ce qui me laisse inquiète car c'est un mort vivant. Un jeune homme cultivé survient. Je l'ai rencontré à la bibliothèque municipale où il voulait m'offrir un café, que je refuse, arguant que je dois m'occuper du noyé. Il veut me réinviter. Je suis gênée. Il me dit qu'il cherche un hôtel. Je lui indique celui des Balkans, économique, à Nantes. Plus tard je suis avec plein de gens. Alerte rouge. L'endroit où nous louons va être emporté par les eaux – le ciment se fend. J'emporte mes affaires à temps.

Pédalant contre la pluie et le vent, nous sommes dépassées de plus en plus par des Bédouins à moto, en tuniques, sandales et keffieh rouge et blanc. Regardant parfois le lointain djebel avec envie, je continue d'apprendre l'abécédaire arabe, tentant en vain de relier les lettres entre elles sur les panneaux de villes. Dans le désert proche, nombreuses sont les tentes de nomades. Un motocycliste bédouin, alors que je pédale sur le goudron avec application, me dépasse et range son véhicule à deux cents mètres de là. Il s'en va dans un bosquet d'arbustes à quelques mètres du bas-côté et me fixe longuement. Lorsque je suis proche de dépasser le point où il se trouve, il retrousse sa robe grise et s'accroupit pour uriner, les fesses à l'air. Abasourdie de sa tentative d'approche, je regarde droit devant moi et accélère, constatant que j'ai définitivement perdu mon humour.

Un peu plus tard, en m'arrêtant sur l'autoroute, j'aperçois sous un pont de béton à côté d'un arrêt de bus un épais molosse approcher une jeune femme bédouine et la vieillarde fripée, mais alerte, qui l'accompagne. Alors qu'il avance, prompt à la violence, leur premier réflexe est de se baisser pour saisir une pierre. Le chien détale illico. En se retournant, la jeune femme a un éclat vivace dans les yeux.

Je ris devant le panneau d'Homs. H…M…S. Je viens de comprendre mon premier mot en arabe. Je ris, faute de pouvoir danser. Chaque fois que je m'arrête pour attendre Isabelle, je m'attends à ce qu'une voiture ou un camion s'arrête à ma hauteur.

La Mort d'Ivan Ilitch. Flamboyante et délicate, cette nouvelle est le dernier ouvrage que je risque de lire en chemin jusqu'à Jérusalem. Je mets une intensité à lire chacune de ces lignes qui tiennent de la prière. Au plus fort de la tourmente, intérieure comme extérieure, j'y trouve une paix indissoluble.

17 octobre 2006
Monastère troglodyte

Les quatre-vingt-dix kilomètres qui séparent Homs de Mar Moussa sont des étendues de désert – très belles sur la fin de la journée, mais froides et noires lorsque le soleil a disparu de l'horizon. C'est que nous avons, je ne sais comment, réussi à laisser se dissiper la lumière, arrivant à Baalbek de nuit.

Errant dans la petite ville déserte pendant le repas de Ramadan, nous trouvons cependant de petits guides pour nous montrer la direction de Mar Moussa. Ces derniers laissent échapper quelques cris étonnés car, disent-ils, Mar Moussa est à quinze kilomètres de là.

Cinq ? demandons-nous, prenant leur chiffre comme une erreur de compréhension ou d'évaluation.

Non, quinze. Un épicier nous indique lui aussi l'autre bout de la ville, que nous traversons à coups de pédales las. De nouveau égarées, nous nous adressons donc à un Bédouin longiligne dans un costume usé, qui nous précise en quittant son air hiératique, la route à prendre. Celle-ci est éclairée pendant deux cents mètres par de petits lampadaires puis semble s'arrêter subitement avec la lumière. En face de nous, la route plonge dans le désert, la nuit devenue noire et le froid.

Sous le dernier lampadaire est accroché un panneau annonçant Mar Moussa à quinze kilomètres de là. Isabelle, qui comme moi s'est arrêtée, enfourche son vélo de ce geste volontaire que je lui connais bien et s'apprête à s'enfoncer dans la nuit en disant quelque chose du genre « allons-y » ou « en avant » :

— Non, mais tu plaisantes, là, dis-je aussitôt d'une voix exaspérée. C'est le désert, Isabelle ! Il n'y a pas de lumière, il fait nuit noire ! C'est le désert ! LE DÉSERT ! Et toi tu veux foncer dans le désert durant quinze kilomètres ? Mais c'est de la folie !

À ce moment précis, il est hors de question pour moi de l'accompagner dans cette aventure dangereuse et inutile. Certes, cela fait bien longtemps que je ne suis plus dans mon aventure, mais dans celle d'Isabelle. Certes, je suis devenue une accompagnante qui ne sait plus trop si elle fait les choses de son plein gré. Mais tout de même !

Sur ma droite, la dernière maison de la ville est illuminée. Alors je reprends, d'un ton résolu :

— ... Et je ne vais pas dans le désert ! Je vais plutôt demander aux gens de cette maison où on peut dormir. Peut-être qu'ils auront envie de nous accueillir ?

Je lâche Uzak, marche d'un pas vif vers la ferme, appelle comme d'habitude à haute voix en entrant dans le jardin. Un chien aboie. Je secoue nerveusement la poussière inévitable de la journée sur le perron. La maison est alertée. Deux femmes et un homme en sortent, le visage profondément étonné. Comme ils parlent anglais, je leur dis notre souhait de nous rendre à Mar Moussa et le fait que la nuit nous ait surprises. Ils nous font entrer dans la véranda de leur demeure.

— Vous ne pouviez pas tomber mieux. Nous sommes syriaques et mon frère est justement curé de Baalbek. Comme il parle français, nul doute qu'il pourra vous aider et vous héberger pour la nuit. Vous ne devriez pas partir dans le désert ainsi.

— C'est dangereux, ajoute l'une des femmes avec une mine un peu effrayée.

— Oui, c'est dangereux, confirme notre premier interlocuteur.

Et toutes les femmes de secouer la tête en riant, nous regardant, attendries, comme des enfants intrépides, pendant qu'il part chercher un téléphone…

Le frère du curé syriaque parle quelques minutes dans le combiné avant de me le tendre. Je respire un bon coup :

— Bonjour, nous sommes deux voyageuses en pèlerinage depuis la France. Nous ne savons pas où dormir et votre frère nous a dit que vous pouviez peut-être nous héberger.

— Oui… Non… Ce n'est pas si simple, vous comprenez. Mais venez chez moi, vous irez demain à Mar Moussa.

— Comment faisons-nous pour venir ? Nous avons des vélos…

— Mon frère vous emmènera. Pas de problème.

Sauf que ce coup de fil ne permet pas de savoir ce qui va se passer quant à l'hébergement.

Chez le curé qui nous reçoit dans un vaste appartement cossu, une femme plus âgée se tient debout patiemment. Le curé a de l'embonpoint, une barbe blanche, des yeux bleus, une poigne molle. Nous restons les bras ballants un laps de temps indéterminé jusqu'à ce qu'il nous fasse asseoir et nous annonce qu'un taxi va nous amener finalement à Mar Moussa. Isabelle et moi restons interloquées. Pourquoi être passées chez lui, alors ? Tout cela semble bien compliqué. Isabelle, qui est plus amène que moi socialement, même dans la plus grande fatigue, en profite pour discuter des rites syriaques avec lui – et confie notre destination finale à Jérusalem.

Lorsque le taxi arrive, notre curé insiste pour nous accompagner à Mar Moussa – et insiste d'une manière qui me déplaît pour que nous revenions le voir au petit déjeuner le lendemain matin. Je pressens chez lui des velléités politiques. Sans compter que lorsque nous effleurons le sujet de l'islam en Syrie avec lui, il tient des propos on ne peut plus discourtois et ouvertement prosélytes.

En chemin, j'admire la dextérité de notre chauffeur pour tenir la route non éclairée jusqu'au monastère et j'ai l'impression d'avoir alors échappé à une sale histoire, en hurlant « Halte-là ! ». Et le curé de confirmer :

— Vous savez, le désert, il ne faut pas y aller la nuit, c'est mal fréquenté.

— Par les hommes ? dis-je. Du brigandage ?

— Oh non, par les bêtes sauvages. C'est dangereux parce qu'elles rôdent.

Obnubilée depuis deux mois par la problématique du danger humain, je n'y avais même pas songé !

Après avoir quitté notre chauffeur et notre hôte, puis abandonné nos vélos en bas des marches, nous affrontons la rude montée qui mène au monastère troglodyte, dont la silhouette se découpe dans la nuit opaque. Avec tout le silence dont nous sommes capables – car à cette heure-ci, moines et moniales dorment – nous arrivons jusqu'aux hospitaliers.

L'endroit, semblable à un campement de bois, de tentes et de pierre, est enchanteur dans sa simplicité. Le brassage de personnes ici est international. Certains viennent pour une journée, d'autres pour six mois. Le chantier est permanent. La personne charismatique qui permet à ce lieu d'exister, le père Paulo, est souvent en voyage et est d'ailleurs absent ce soir-là. Cette douceur, ce rapport paisible entre hommes et femmes que j'entrevois dans les échanges entre les hospitaliers m'émerveillent… Un grand chat s'étire avec langueur. Je le caresse longtemps, percevant en lui une royauté qui me donne envie de rester.

Le lendemain en me levant, le désert sous le jour apparaît dans sa splendide aridité. Depuis que je suis partie d'Istanbul, je trouve véritablement une quiétude ici, durant ces quelques heures, et l'arrachement est grand quand il me faut quitter dès le matin suivant cet endroit hors du commun, où j'ai le sentiment de me sentir chez moi.

18-19 octobre 2006
Chacun va devoir apprendre un certain temps

Il est déjà onze heures. Isabelle insistant pour prendre les petites routes traversant le désert, je finis par lui rétorquer, exaspérée :

— Tu as vu l'heure à laquelle nous partons ? Nous ne savons pas combien de kilomètres séparent Baalbek de Maaloula. Ce n'est pas indiqué sur notre carte. Vu ce qui s'est passé hier, je ne trouve pas ça raisonnable.

Mais une fois de plus, elle insiste. Et une fois de plus, je cède. Comment se fait-il que je me laisse emporter dans les folies d'Isabelle ? Cela continue d'être un immense mystère.

Fort heureusement, la route est de toute beauté. Cela aurait été un tort de ne pas pédaler sur ces petites routes bleues dans ces paysages de désert lumineux, parfois véritablement dorés.

Une voiture s'arrête sur le bas-côté, comme surgie des années 1960. Le curé de Baalbek se penche vers la vitre comme un personnage de cinéma. Il a une « gueule » avec ses cheveux blancs, son ventre rebondi, sa soutane sombre, au volant de cette voiture d'un autre âge, sur une route sinuant dans le désert.

— Vous devez absolument passer à Saidnaya, dit-il d'un ton qui se veut convaincant. Allez voir la mère supérieure de ma part. Dites-lui bien que c'est moi qui vous envoie. Et à Maaloula aussi. Je connais bien une supérieure qui vous fera un très bon accueil.

De nouveau, à l'insistance qu'il met à nous dire de venir de sa part, je pressens, sous des couverts qui se veulent sympathiques, des enjeux de pouvoir qui nous échappent. Je n'aime pas ce curé, mais lui suis redevable de nous avoir donné bien des informations sur les cultes de la région et les villes chrétiennes des alentours. Il nous précise notamment que l'araméen est encore parlé par quelques vieux à Maaloula, mais que les jeunes eux parlent l'arabe et préfèrent apprendre plutôt l'anglais, même si certains d'entre eux commencent à réapprendre l'ancienne langue pour des raisons identitaires.

Prenant la direction de Maaloula, nous apercevons au loin la silhouette d'un cycliste qui nous fait signe sur la route. En nous rapprochant, nous découvrons un Occidental portant des vêtements empoussiérés et des grosses lunettes de vue rondes. Allemand, ce cycliste vient du Liban.

— Tu viens du Liban ? Est-ce vraiment possible d'aller là-bas sans avoir de problèmes avec les militaires ?

— Je n'ai eu absolument aucun souci.

Il a un regard vague, des traits du Nord, un sourire gêné. Quelque chose de pataud chez lui me surprend, mais sans doute en reflet de moi-même. La conversation s'arrête aussitôt : nous n'avons rien à nous dire et nous quittons sans être arrivés trouver une réelle communication.

La route s'envole soudain, puis redescend selon une pente insensée. Enfin, quittant l'une de ces boucles goudronnées, nous apercevons l'avant-poste de Maaloula, un monastère et un hôtel. Nous avalons hâtivement sous quelques regards circonspects les dernières centaines de mètres jusqu'au monastère Saint-Serge.

Un peu plus tard, nous voyons le soleil se coucher. Malgré mes indignations, le timing a été bon. Dînant dans un petit restaurant, c'est l'heure du bilan que nous aurions dû faire à Alep. Je dis tout ce que j'ai à dire. Isabelle aussi. Quelque chose de satisfaisant semble en sortir. Isabelle me confie qu'elle n'a jamais voulu m'écouter et qu'elle s'en rend compte ; cela me met un peu de baume au cœur, suffisamment pour penser qu'alors, nous pouvons continuer jusqu'à Jérusalem ensemble. Quelque chose me chagrine cependant. Je ne saurais plus vraiment dire quoi, mais il me semble que certains éléments crus du réel restent niés par Isabelle. Mais je prends le parti de laisser tomber, d'autant que le morceau qui m'a le plus touchée durant ce voyage, *Everybody's Gotta*

Learn Sometimes des Korgis, le morceau de Nicolas, passe juste à ce moment précis de notre conversation à la radio, comme un signe.

Voici ce que je comprends des paroles. « Change ton cœur. Regarde autour de toi... change ton cœur. Cela va t'élever. Et aie besoin de ton cœur, comme un soleil couchant. Tout le monde va devoir apprendre. » C'est un phare. C'est ce que j'ai voulu dire avec ce voyage. Je suis consciente alors que, sauf si je trouve la force de rectifier quelque chose qui m'échappe encore, elle restera une chanson qui ne chante pas pour moi. Elle marque peut-être ma défaite.

19-22 octobre 2006
Marie de Damas

Une cinquantaine de kilomètres séparent Maaloula de Damas. Sur la route qui s'est élargie, les grandes roues de deux parcs d'attractions bordant la route forment des myriades de couleurs vives, au loin, sans que je puisse distinguer s'ils sont publics ou privés. Si proches de ces zones compliquées de frontières, ces parcs d'attractions semblent des mirages. De plus, les manèges ne fonctionnant pas, ils participent à une certaine atmosphère de désolation.

À Damas où nous arrivons sans les inévitables encombrements de toute entrée d'une capitale à vélo, nous partons sur les traces de l'Institut français, qu'une jeune Syrienne nous désigne d'autant mieux qu'elle-même prend des cours dans cet établissement. Cheveux mi-longs et d'un noir brillant, elle a un visage rond et des yeux un peu tristes. Elle ne porte pas de voile et est accompagnée d'un garçon du même âge, l'air réservé. Je lui propose alors gaiement de venir boire un café avec nous, mais elle a un recul perplexe, avant de nous donner, après un moment d'hésitation, rendez-vous à dix-huit heures sur les marches de l'Institut. Son manque d'enthousiasme me fait presque regretter ma proposition, tandis que nous roulons à quelques pâtés de maisons de là, en direction du quartier des routards, pour y chercher un hôtel.

Avec ses enseignes annonçant des cours de calligraphie arabe, ses habituels cybercafés et ses marchands de friandises et de jus de fruits frais, le quartier est facilement reconnaissable, semblable à tous les quartiers routards de la planète… Cette nuit, nous allons dormir sur les toits, cernées par les bruits de la ville, me dis-je en savourant d'avance l'assoupissement sous les étoiles. À nous les voûtes célestes arabes et les légendes de Shéhérazade !

Marie, à ma grande surprise, nous attend sur les marches et nous invite aussitôt à manger un gâteau et une boisson à la buvette très branchée de l'Institut français où discute joyeusement une jeunesse issue de milieux sans doute relativement aisés. La mixité m'étonne, maintenant que je suis si habituée à voir hommes et femmes séparés, sauf au repas du soir en famille.

Notre interlocutrice, vingt-trois ans, est une chrétienne orthodoxe et travaille comme employée de banque sur la mise en route du système de carte bleue, encore à un état embryonnaire dans cette banque syrienne. Son français est assez bon, ce qui nous facilite les choses car nous bénéficions ainsi d'une multitude d'informations sur Damas. Elle rêve de voyager en France, nous dit-elle, puis après une demi-heure de discussion, ajoute :

— Venez chez moi. Ma famille et moi serons très heureux de vous accueillir.

— Nous avons déjà notre hôtel pour ce soir.

— Alors, je peux vous accompagner demain dans Damas, si vous voulez.

Cent quatre-vingt-cinquième nuit. Je m'enfuis du fait d'un grand danger d'extra-terrestres qui ressemblent à ceux de La Guerre des mondes. *[...] Isa et moi sommes en train de dormir dans nos duvets, sur la route. Lorsque je me réveille au matin, j'aperçois un camionneur qui tente de nous approcher, un poster érotique à la main. Derrière lui se trouvent des amis à lui, tout aussi sombres. Furieuse, je me défais de mon sac de couchage, le couteau à la main. Mais une jeune femme à un balcon regarde complaisamment le camionneur, qui finalement se dirige vers elle.*

Au musée national de Damas, le jour suivant, je demeure longtemps étonnée par une fresque représentant Moïse, debout à côté d'un puits d'où sortent des cordons ombilicaux reliant chacune des maisons d'Israël. Dans son dos, le chandelier juif est plus grand que la taille des personnes se trouvant sur le seuil des maisons, les bras levés. Je suis si étonnée de la beauté vertigineuse de cette fresque, dans ce pays où l'hostilité vis-à-vis d'Israël est si vivace que, prenant mon stylo, je m'emploie à en réaliser un croquis dans mon carnet de rêves.

Selon le souhait de notre amie syrienne, nous la rejoignons à la banque où elle travaille. À peine la porte franchie, malgré les regards étonnés que suscite notre dégaine, deux tasses nous sont tendues. Marie est fière, mais un peu intimidée. Ses collègues, majoritairement des femmes, ont entre vingt-deux et vingt-huit ans. Tout en nous regardant avec tendresse, elles restent sur le qui-vive. J'observe le front de notre amie devenir sombre alors que son supérieur la convoque et semble lui donner des instructions. Elle a ce même front que j'ai vu tant de fois en entreprise et qui m'a fait décider, malgré les belles heures passées à mon dernier travail, que je ne reviendrai jamais travailler dans un contexte de ce genre, tant que je n'aurai pas une assise certaine pour rester à distance des relations de domination et de soumission qui régulent l'entreprise. Marie sous-entend en quelques mots échangés plus tard les difficultés que tous éprouvent ici vis-à-vis de la hiérarchie, puis nous présente deux collègues qui lui sont particulièrement chères : Souria et Sabine. De petite taille, toutes deux sont minces et ont un visage ciselé ; la première, fragile, a de longs cheveux et un regard mélancolique ; l'autre, avec ses boucles cuivrées, sourit en toutes circonstances avec franchise.

Dans un restaurant du quartier chrétien de Bab Touma où nous nous rendons toutes les quatre, Marie évoque sans toujours en être consciente la domination familiale sur la vie des jeunes et la puissance du religieux, chrétien, musulman ou autre. La latitude de mouvements est moins grande dans cette société-là que dans la nôtre – en tout cas, dans le milieu où évolue notre amie.

— Moi aussi j'aime voyager. Je sais très bien qu'il est dangereux d'être une femme en voyage. Une fois, j'ai quitté Damas, en faisant du stop. C'est encore plus dangereux pour moi que pour vous, car je ne suis pas une étrangère.

— Je me sens parfois comme en prison ici, me confie Souria. Je suis allée en Suisse une fois. Je suis heureuse lorsque j'y pense – et j'y pense souvent. J'aimerais tellement y revenir.

Souria ne semble pas vouloir se marier, malgré le fait que cette institution semble dans leur milieu et de manière plus générale en Syrie une « obligation » qui protège les femmes de l'opprobre – ou est-ce moi qui ai mal interprété ? Il est si difficile de saisir les nuances en parlant dans notre propre langue, mais dans la situation présente, avec notre anglais imparfait, les tenants et les aboutissants de la conversation sont parfois difficiles à saisir avec finesse.

Lorsque deux garçons se joignent à nous pour prendre un verre et font la bise à chacune, j'ai tellement l'habitude de voir hommes et femmes séparés depuis la Turquie, dans la sphère publique, que je reste sur le coup de la surprise, un peu gênée.

Avant de nous quitter, ayant prié Marie de nous traduire en arabe une inscription que nous pourrons tendre sur notre chemin pour recevoir de l'aide, celle-ci s'applique à écrire sur un papier ligné :

« Bonjour, nous nous appelons Karen et Isabelle. Nous sommes deux touristes françaises. Nous sommes venues à vélo de Paris et allons jusqu'en Égypte, au Caire. Nous voyageons pour la paix entre les peuples et contre la xénophobie. Nous cherchons un hébergement sécurisé et économique. Pouvez-vous nous aider ? »

Je souhaite continuer le périple plus loin que Jérusalem jusqu'au Caire, depuis qu'Isabelle m'a rejointe. Je compense le fait de continuer à vélo et d'avoir changé mes plans à Istanbul par la décision de repousser à plus loin la destination initiale. À Damas cependant, observant avec fascination les arabesques tracées par Marie, l'évidence de ma fuite en avant par peur du regard de l'autre, au pays, m'apparaît comme étant une partie non négligeable de mon choix, et le désir d'arriver au plus vite à la fin de ce périple s'impose avec force.

22 octobre 2006
Kalachnikov, bananes et grenades

La sortie de Damas est étrange, aisée, même. Sous un ciel gris, la route s'avère d'une monotonie irréelle. Dans un entrelacs surréaliste de routes, un homme d'allure peu recommandable qui, ayant profité d'une pause où nous déjeunons loin des regards, arrête sa voiture, en sort en nous parlant familièrement d'un air qui ne m'inspire rien qui vaille, et ouvre son coffre pour en sortir vivement non pas une arme, comme je le crains soudain, mais des pittas, quelques fruits et une boîte de Vache-qui-rit. Il nous les offre avec un gros rire, avant de revenir à son siège de conducteur et de démarrer. J'en suis suffoquée de surprise.

Plus tard, à un barrage, des militaires nous font signe de descendre de selle. Leurs visages, qui se veulent amènes, me rappellent ce que m'a dit Marie au sujet des soldats syriens. Avec leurs statures de fauves qui se retiennent tout juste, ils nous offrent des bananes – non, ce n'est pas une blague – et nous proposent de venir boire le thé au commissariat. Je refuse gentiment, mais tout net. Ils insistent.

— Impossible, dis-je, il est tard, nous devons continuer notre chemin.

Ils abandonnent en plaisantant.

Peu après, alors que je roule à bonne allure, un homme apparaît sur le bas-côté, brandissant une kalachnikov. En riant, il me fait signe de m'arrêter pour le rejoindre, lui et des compagnons hilares, assis sous un toit bricolé à boire du thé. Le garçon n'étant pas très menaçant mis à part sa kalachnikov, je continue à pédaler sans m'arrêter et lui fais signe en souriant :

— *Hello hello, no, no time !*

L'homme éclate de rire gaiement.

— Ça alors, ça fait un drôle de choc de voir une arme, on n'est pas habituée, dis-je peu après à Isa.

— Une arme ?

— Oui, le type avait une kalachnikov, tu n'as pas vu ? dis-je en pressentant que la réponse d'Isabelle ne va pas me rassurer.

— Non, ce n'est pas possible, je n'ai rien vu.

Elle dit ça avec si peu d'étonnement et de passion que je la suspecte alors de ne pas croire un mot de ce que je viens de dire – cela renforce mon sentiment d'être dingue à ses yeux, pas bien dans ma tête, et peu digne de foi. Je vais finir par la croire si cela continue.

Lorsque j'évoque parfois des souvenirs de la première partie de mon voyage, elle me regarde avec des yeux où perce un certain doute. Une fois, j'ai parlé de Darko et de ses collègues marins et elle m'a dit :

— Ah bon, tu as vraiment dormi chez ces marins ?

Le fait qu'Isabelle ait remis en cause ce que j'avais vécu avait été alors une violence de plus, que je n'arrivais pas à désamorcer. Si, effectivement, quiconque aurait eu peine à croire tout ce que je racontais en voyant mon état permanent de méfiance, il faut bien constater que quelque chose de pervers s'est installé entre nous. Je me demande si mon amie ne souhaite pas vivre à présent ce que j'ai expérimenté durant la première partie de mon voyage. Cependant je ne suis plus aussi apte à l'ouverture qu'auparavant – je suis allée trop loin, jusqu'à m'abîmer. Et Isa désire cette ouverture si fort qu'elle a décidé, inconsciemment je le pense, de passer outre et de m'emmener dans son aventure, ce que j'accepte pour une raison qui m'échappe encore.

Les panneaux à la gloire du Baas, qu'ils soient flambant neufs ou décrépis, deviennent de plus en plus nombreux, jusqu'à atteindre un pic à l'entrée de Dara, ville frontalière importante et semble-t-il village d'athlètes, à en lire les panneaux. Rendues au centre, nous découvrons une atmosphère un peu lourde et des regards quelquefois insistants. Et surtout, nous n'y apercevons pas une seule femme ! Un Syrien rondouillard transportant deux garçonnets à l'arrière de sa moto nous informe de l'absence d'hôtel ouvert ce jour-là puis, après réflexion, nous propose de nous héberger et de nous inviter à dîner pour le dernier jour du Ramadan en Syrie.

— Ta femme sera d'accord ? demandons-nous.

Sous-entendu : « Tu as une famille, tu as une femme ? »

Il rit – bien sûr, il a compris que nous tenions à ce qu'il y ait des femmes à la maison – ou il rit que nous demandions si sa femme sera d'accord. Oui, bien sûr il a une femme, d'ailleurs ces deux enfants sont ses fils.

Nous roulons donc tant bien que mal avec le peu d'énergie qui nous reste, derrière la moto vrombissante, jusqu'à un lotissement de maisons syriennes en béton. Rami est camionneur de métier. La soirée réunit toute la famille alentour ainsi que des amis. Accroupies dans une pièce carrée sur des tapis, sous le regard incrédule de ses proches, nous observons le petit ballet de personnes qui vient nous dévisager avec sympathie ou indifférence. Durant un instant où nous nous trouvons seules en présence des femmes, je crois deviner de la part de l'une d'elles des remarques désobligeantes à mon égard, unique ombre à cette soirée. Je note une fois de plus que les couples font chambre à part lorsque nous visitons la demeure. Nous dormirons dans la chambre des parents car ils continuaient à regarder la télé dans la pièce principale.

Cent quatre-vingt-huitième nuit. Je me trouve avec Isa dans les profondeurs d'un cargo, où le climat d'insécurité est pesant. Des hommes y traînent. Étant à demi aveugle, je n'entrevois que leurs jambes lorsqu'ils passent, ce qui m'angoisse beaucoup. Je décide de quitter l'endroit et remonte, laissant là Isa, pour laquelle je suis inquiète. Elle m'appelle peu après, me disant qu'elle veut me voir.

23 octobre 2006
La fêlure du Jourdain

L'un des jeunes fils revient avec le genou écorché, le visage craintif, alors que nous sommes en train de boire un café pour le petit déjeuner. J'écris alors dans mon carnet hâtivement, de peur de perdre les souvenirs de la nuit. Le garçonnet s'est blessé profondément, suite à sa chute. Les parents nous font signe que tout va bien, mais Isabelle insiste pour mettre de la Bétadine et un pansement sur le genou tremblant de l'enfant.

Une fois l'incident passé, je reprends avec application l'écriture de ce rêve qui nous fait apparaître Isabelle et moi en situation de voyage. La femme de Rami, qui m'observe avec intérêt, tend la main pour que je le lui laisse voir. Zut, je n'aurais jamais dû écrire devant eux. Je n'écris jamais en public pour éviter ce genre de situation. Dans les pays de culture musulmane, par ailleurs, j'ai l'impression qu'il est tacite qu'en temps que voyageur, il est de bon ton d'être sans secret. J'hésite, cherchant mentalement si j'ai dessiné dans ce quatrième carnet des scènes susceptibles de m'attirer son courroux. Dans le troisième, j'ai notamment dessiné un buste de Salammbô, selon la description de Flaubert. Les images défilent dans ma tête, sans que j'ose parcourir les feuilles devant nos hôtes.

— Donne-lui, me dit Isabelle.

La femme me prend elle-même le carnet des mains et l'ouvre avec une curiosité non feinte. Elle s'arrête soudain sur une page, qu'elle montre à son mari. Je tends le cou et constate, horrifiée, qu'il s'agit de la fresque, recopiée dans le musée de Damas, de Moïse et des douze tribus.

— Beaucoup de problèmes avec Israël, dit Rami à voix basse.

L'ambiance reste plombée un temps. Rami propose de nous accompagner jusqu'à la frontière, lui à moto, nous à vélo. Je sens chez lui une hâte et doute que l'incident du carnet de voyage y soit complètement étranger.

Avant d'arriver à la frontière, nous passons au change transformer nos liras syriennes en dollars chez un Syrien au visage de fouine qui n'inspire pas confiance ; mais je n'arrive pas à savoir si je suis la seule à l'avoir remarqué ou si Rami et Isabelle font semblant. De manière prévisible, les dollars que nous récoltons sont loin de ce que nous avons donné. Je le fais observer, et à la mine sombre que prend l'homme, répondant aux rides soucieuses de notre hôte, à l'air perplexe d'Isabelle qui semble n'avoir rien à faire de tout cela, je vois bien qu'il serait déplacé d'insister.

À notre arrivée à la frontière, l'homme nous fait ses adieux avec chaleur tout autant qu'avec soulagement, puis nous quitte prestement sur sa moto poussiéreuse. Je ne peux m'empêcher d'être en colère. À quoi rime tout ça : un jour Isabelle négocie pour quelques centimes, et le suivant, lorsque l'arnaque est de l'ordre d'une nuit d'hôtel, elle n'en a cure. Je ne comprends plus rien.

— Je n'ai pas voulu intervenir, parce que Rami nous a donné l'hospitalité et que je ne voulais pas le mettre dans l'embarras.

— Mais ce n'est pas cohérent, tu ne vois pas que ce n'est pas cohérent ?

— Et puis, si je négocie, c'est un peu par jeu.

— Par jeu ? Je ne négocie pas par jeu, je négocie parce qu'on négocie tout ici, et que l'argent n'est pas un jeu.

Pour finir, je négocie parce que les gens te méprisent si tu ne négocies pas.

Mais Isabelle n'a sans doute pas complètement tort sur cette histoire d'hospitalité. Notre hôte avait l'air si mal à l'aise. J'en ai honte. Je sais si peu de chose de la Syrie et de ses logiques souterraines si complexes à appréhender. Avec une facilité déconcertante, on peut mettre une personne ou une famille en danger, en tant qu'étranger. Et je me sens si bête avec cette histoire de carnet de rêves. Isabelle ne me fait pas une seule remarque à ce sujet.

À la frontière, la sortie de Syrie est aisée. L'entrée en Jordanie est théoriquement facile. Nous nous mettons d'accord pour affirmer lors du très prévisible interrogatoire que nous partons faire du tourisme en Égypte. Personne n'est dupe. L'homme qui me rend mon visa semble même un peu en colère. Et pourtant, que lui dire, si nous souhaitons passer ?

Le visa jordanien est le visa le plus économique que j'aie jamais acheté, en plus d'être le plus rapidement acquis. Ces détails administratifs empêchent des gens de voyager. Ce si misérable tampon décide des déplacements ou des arrêts. Cela est si absurde ! Et si étrange d'être privilégiées une fois de plus.

Nous sommes en Jordanie et à l'avant-dernier jour avant notre arrivée à Jérusalem. Nous suivons un désert brun, un peu décevant jusqu'au djebel, splendide, soudain ! Devant des montées épuisantes, je mets souvent pied à terre. Isabelle peine encore plus que moi.

Des cyclistes italiens foncent sur la route, et dans leurs équipements sportifs moulants et fluorescents, ils forment un escadron extra-terrestre sur le bitume. Nous aussi sommes des extra-terrestres, me dis-je soudain. Puis aussitôt : mais moins qu'eux, sans me rendre compte une seconde de la gaminerie de cette pensée. Découvrant sur le bas-côté une petite échoppe constituant une halte propice pour un café avec quelques fruits, nous voyons arriver des cyclistes un peu perdus, en retard sur leur peloton.

Une bande d'enfants de huit à treize ans se jette en riant des pierres. Je regarde avec appréhension les Italiens repartir innocemment, puis se faire canarder par les moutards. Aucun des adultes présents ne réagit. La mère des enfants les regarde en coin avec ce que je perçois comme étant de la complaisance. L'homme qui s'occupe de l'échoppe est d'âge moyen, le visage un peu rond, les yeux presque collés à ses lunettes. Quand je le regarde, abasourdie, il détourne les yeux. D'autres cyclistes passent et les mômes remettent ça. Un Italien resté avec nous raconte que cela leur arrive souvent, malgré la protection officielle du roi et de la reine de Jordanie.

D'ailleurs, les cyclistes ont deux gardes du corps en voiture pour les protéger. Régulièrement, ces derniers doivent s'arrêter pour aller trouver les parents des petits délinquants et les gronder. Nous montrons les mômes au marchand, qui finit par crier mollement sur eux, ce qui fait cesser les pierres et nous permet, après avoir acheté quelques denrées, de ne pas recevoir de projectiles.

Un peu plus haut dans une montée considérable qui me fait mettre pied à terre durant deux kilomètres, nous retrouvons notre peloton d'Italiens arrêté à côté d'un énorme bus, où attendent certains cyclistes, l'air morne.

En nous arrêtant pour les saluer, un homme en caleçon et tee-shirt sportif regarde mon vélo, qu'il attrape sans me demander mon avis et soupèse avant d'annoncer :

— Ce n'est pas bien, c'est trop lourd, on ne peut pas faire de vélo avec ça.

Je hausse les épaules et apprends aussitôt de sa propre bouche qu'il a arrêté la route le jour même du fait d'une tendinite.

— Quand avez-vous commencé ?

— Il y a trois jours.

J'ai du mal à ne pas éclater de rire.

24 octobre 2006
Les restes de la guerre des pierres

Nous serons au pont King Hussein cet après-midi. Et arriverons alors à Jérusalem !

Toutes les deux à cette heureuse pensée, alors que nous roulons vivement sur le bitume, je vois soudain s'immobiliser deux garçons et une fillette entre huit et dix ans sur l'autre versant de la route. Nous regardant avec un intérêt inquiétant, ils se baissent illico pour ramasser une pierre dans chaque point. Sentant le coup venir, j'avertis Isabelle, qui se trouve à plusieurs dizaines de mètres derrière moi, et fais une embardée, en voyant une pierre grosse comme un demi-poing m'arriver dessus. Une seconde pierre survient, que j'évite encore. La troisième manque de m'atterrir sur le crâne. La perfection avec laquelle les muscles des enfants se déploient ainsi que la précision du tir me laissent pantoise. Si les projectiles devaient m'atteindre à la tête, vu la force avec laquelle ils sont lancés, il me paraît évident que je serais assommée. Une fois hors d'atteinte, je me retourne pour voir ce qu'il advient d'Isabelle. Elle a arrêté son vélo juste devant eux. Je tords le cou, sidérée, l'apercevant qui leur parle sur un ton adapté à une classe de CM1. Les gamins s'arrêtent et la regardent avec attention, un peu intimidés… Quelques secondes passent pendant lesquelles j'entends au loin la voix d'Isabelle sermonner les gosses. Je me retourne encore une fois pour les voir se rebaisser à nouveau pour attraper des pierres qu'ils brandissent illico dans sa direction, sans savoir si ma compagne de voyage a vu qu'elle se faisait bombarder.

Le paysage change peu après : quelques maisons d'un hameau s'égrènent, avec des jardins généreux, les fleurs jaillissant sur la route hors des barrières. Fuchsia, rouges, violets. J'en ai le souffle coupé !

D'humeur chantante entre les montagnes ocre en pierre austère et cette vallée qui s'étire dans sa verdeur, je freine et en fais part à Isabelle, qui me dit en riant :

— Mais tu ne sais pas ? C'est la vallée du Jourdain !

Le Jourdain ! Non, je ne savais pas, heureuse une fois encore de la rencontre inopinée avec des lieux magiques. Je reprends la route gaiement, fredonnant en tournant la tête à droite et à gauche, écarquillant les yeux comme je l'ai peu fait ces derniers jours. Ma rêverie est interrompue par l'arrivée brutale de deux molosses. Je pédale à toute vitesse sur le ruban goudronné, sentant les mâchoires furieuses sur mes talons. J'en hurlerais de frousse si je n'avais pas besoin de tout mon souffle pour pédaler plus fort. Les chiens s'arrêtent enfin. Je tourne la tête pour avertir Isabelle. Je la vois déboucher au loin, lui fais de grands signes, lui montre les chiens, un peu paniquée du mauvais sort qu'ils risquent de lui réserver. Message reçu : elle met pied à terre et avance doucement. Et les chiens ne la regardent qu'à peine, presque distraitement.

As Salt est la dernière ville importante avant notre arrivée à la frontière. La vision des fils barbelés qui délimitent les territoires occupés me fait prendre conscience de ces terres si proches de nous, me remémorant les leçons de géographie de collège et de lycée. J'essaie de me remémorer quelques dates en vain, aucune référence livresque ne me revient, sauf quelques mots qui persistent, musicaux, comme Intifada, si joli et horrible. As Salt, donc, nous accueille avec tension, et les regards qui nous observent sont sans aménité. Région frontalière sous tension. Qu'est-ce qu'ont vu les gens à la télévision pour nous être si désagréables ? Fin du Ramadan ?

Cherchant notre chemin dans l'une des rues principales, une bande de petits garçons de six à treize ans se met à nous harceler, avec des pétards et des airs de jeunes fripouilles. L'un d'eux tente même de prendre mon vélo, non pour le voler, mais pour l'enfourcher et jouer avec. Cependant il s'en empare avec violence et je le dégage sèchement d'une poussée sur l'épaule qui le déséquilibre. Il me regarde sans comprendre, mais me lâche. Suis-je bête, il s'agit du jour des enfants aujourd'hui. Houspiller ainsi le garçon ne se fait sans doute pas en ce jour, mais je n'en ai cure. D'ailleurs, tous me laissent instantanément tranquille. En revanche, Isabelle a décidé de leur parler comme à l'école, malgré mon insistance pour qu'elle les envoie paître comme je l'ai fait. Et les gamins deviennent aussitôt un troupeau de petits monstres. J'entends un bruit violent. Un pétard. Puis d'autres. Les mômes les lancent autour de nous, volontairement. Nous passons devant une épicerie. Je m'en vais rejoindre l'homme qui la tient et déploie la carte devant lui en lui demandant la direction à prendre. Il parle anglais justement.

Un pétard plus fort que l'autre et le ton énervé d'Isabelle me font me retourner : mon amie a l'air furieuse, tandis que les gamins s'enfuient en riant. Un pétard a atteint son sac et l'a brûlé, y faisant un trou. L'épicier me dit tout bas qu'il ne peut pas gronder les mômes et qu'il en est désolé. Je hausse les épaules et lui montre la carte à nouveau, sur laquelle il m'indique la route de sortie d'As Salt. Nous devons rebrousser chemin et revenir au début de la ville, où nous redemandons notre chemin à des soldats. Et nous nous enfuyons d'As Salt, n'en retenant que des mauvais souvenirs.

En revanche, de manière agréable, nous ne faisons plus que descendre et ce, jusqu'au pont King Hussein. J'ai ôté de mon porte-monnaie les monnaies syriennes, tout ce qui pourrait rappeler la Syrie, sauf mes carnets de voyage, en espérant que les Israéliens n'iront pas jusqu'à lire mes rêves en français. Au pire, me dis-je, je leur montre la fresque de Moïse qui a justement posé problème en Syrie. Mais, me dis-je abattue, j'ai dessiné un Saladin victorieux sur la page en regard. Je me demande s'il ne faudrait pas cesser ces carnets de voyage. Ils font tellement partie intégrante de moi que j'oublie qu'ils peuvent être compromettants. Ne vaudrait-il pas mieux ne rien écrire, ne rien photographier ? Pourquoi pas ne rien me souvenir pour être une idiote parfaite, en complète sécurité ? En attendant nous roulons. Nous traversons la ville qui précède la frontière. Les gens que nous y rencontrons ont comme un masque. Mais nous y voici enfin. Enfin ! En fin d'après-midi, nous serons à Jérusalem !

Erreur ! Le garde-frontière nous arrête. Il se montre perplexe lorsque nous lui disons vouloir rouler à vélo. Il appelle son supérieur. Non, il faudra prendre le bus. Mais auparavant, nous devons passer au guichet pour tamponner nos passeports. Quelques questions nous sont posées à chacune séparément dont les réponses sont vérifiées par recoupement.

Lorsque nous revenons vers le garde-frontière et que nous lui montrons nos passeports, il nous annonce :

— Ce n'est pas possible aujourd'hui : la frontière ferme à quinze heure trente. Et il est seize heures.

Soudain exténuée, j'insiste :

— Nous voudrions passer aujourd'hui, n'est-il pas encore temps ?

— Peut-être que c'est encore possible, mais c'est trente-cinq dollars, dit le militaire avec une mine satisfaite.

Isabelle se ferme, tandis que nous discutons entre nous.

— Combien de dollars avons-nous sur nous ? dis-je.

— Je ne veux pas donner de bakchich, décrète-t-elle.

— Alors où dort-on ?

— Pas question de bakchich.

Avec un soupir, je reviens vers le garde-frontière :

— Il n'y a vraiment rien à faire ?

— Non, rien à faire, sauf si vous avez le pass VIP.

— De quoi s'agit-il ?

— Patientez, je vais demander.

Il reste quelques minutes au téléphone avant de tendre le doigt dans la direction d'un large bâtiment qui, dès lors que nous pénétrons dans le hall, apparaît comme un lieu accueillant des personnes au porte-monnaie plus garni que le nôtre, au vu de l'accueil de l'homme qui nous reçoit : costume, petites lunettes et des manières délicates, un peu méprisantes. Au regard dont il nous dévisage de la tête aux pieds, nous savons que nous ne nous verrons pas délivrer de pass VIP. Nous ne sommes pas du même monde, visiblement…

Nous restons désemparées un moment. La ville frontalière n'a pas d'hôtel. Le dernier bus en partance vers Amman vient visiblement de partir. Je ne crois pas une seule seconde que quelqu'un aura l'audace de nous héberger ici. Et nous ne pouvons pas dormir sur place, car le poste ferme la nuit.

Nous réussissons finalement à convaincre le conducteur d'un car vide qui retourne sur Amman, accompagné de deux amis. L'un d'eux nous demande si nous sommes russes… Je lui réponds que nous sommes mariées et il nous lâche. Dans la capitale jordanienne, qui n'est qu'à quarante kilomètres de là, l'ambiance est à couper au couteau. Je ne jette qu'un coup d'œil distrait aux splendeurs de la ville, la nuit étant tombée, et ne rêve plus que d'être au lendemain. Aucun souvenir de mon équipée onirique de la nuit, au lever, sauf qu'il y est question de frontière.

25 octobre 2006
Une si longue journée

Avec une mine excluant toute discussion, le garde jordanien annonce que le transport en bus pour le passage de la frontière est obligatoire. Avant de nous diriger vers le contrôle, Isabelle blêmit :

— Karen, j'ai gardé dans mes bagages le drapeau syrien que m'a offert Dominique à Alep.

Les mots me manquent. Passer la frontière israélienne avec un drapeau syrien… Je crois que j'ai dû prendre un air soudain absent, car Isabelle est prise de panique pour deux. Je me reprends cependant et dis :

— Isa, laisse-moi une minute pour réfléchir.

Puis :

— Va le déchirer aux toilettes en petits morceaux et tire la chasse.

Isabelle s'exécute aussitôt. Lorsque je la vois partir en catimini, je dois avoir le cœur qui bat autant qu'elle. Les drapeaux n'ont cessé de ponctuer mon voyage, souvent avec des relents propres à m'indigner. Je ne les aimais déjà pas avant mon départ. J'en suis complètement dégoûtée à présent.

Ma compagne, revenue vers moi, n'en mène pas large, ce qui atténue un peu la fureur qui a eu le temps de s'éveiller peu à peu en moi en sa courte absence. Je ne fais aucune remarque, ce qui, parfois, est pire que tout, mais s'avère là d'une autre nature : il est urgent de franchir la frontière. Nul besoin de nous encombrer d'émotions superflues.

Le bus nous apparaît, salvateur. J'aime ce bus. En plaçant nos vélos et nos sacoches dans le coffre, je constate que nos montures en métal paraissent plus lourdes que de coutume. À l'intérieur du véhicule, des hommes et des femmes, essentiellement des Arabes, sont assis sagement sur leur fauteuil ou fument des cigarettes en silence. Nous démarrons enfin, passant par-dessus le fameux le pont King Hussein, que nous avons été attentives à mémoriser depuis deux jours à l'occasion de nos réponses aux gardes-frontières. Je me concentre maintenant pour nommer le pont selon le nom usité par les Israéliens, pont Allenby, lorsque nous serons interrogées de l'autre côté. Je n'ai pas la moindre idée de l'importance de ce détail, mais sait-on jamais, avec le tampon syrien sur nos passeports, mieux vaut montrer patte blanche.

Octobre 2006
Jérusalem enfin !

Nous arrivons sur un parking où un flot de voyageurs fébriles et disciplinés obéissent aux ordres donnés par des militaires israéliens des deux sexes en uniforme vert. Le visage contracté, mitraillette à la hanche, ils dirigent la foule avec des voix tendues. Les airs durs des femmes me frappent. Outre qu'il est rare d'en voir en uniforme avec un fusil, je ne peux m'empêcher de rester stupéfaite devant leur extrême jeunesse et leur grande beauté, comme si l'armée avait fait un casting pour les affecter à la frontière. Nos vélos posent un problème, m'annonce l'une d'elles, qui nous demande alors de les démonter.

— Avec quoi ? dis-je en guise de réponse.

— Si vous ne le faites pas, vous ne passez pas.

— D'accord, mais donnez-nous de quoi les démonter, nous n'avons pas de matériel.

La conversation tourne en rond. Elle appelle une matrone en uniforme qui aussitôt secoue la tête négativement : non, on doit démonter. J'insiste. Elle appelle un officier, la trentaine, presque âgé parmi toutes ces silhouettes juvéniles en uniforme. Il est évident qu'il a fort à faire, si bien qu'il donne son autorisation pour que nous passions à travers les portails de sécurité à condition de dégonfler les pneus.

Nous arrivons enfin au service de l'immigration. Dans la file d'attente, nous répétons avec Isabelle ce que nous allons dire à l'interrogatoire. Après réflexion, il nous semble préférable de nous présenter ensemble. Concernant l'objet du voyage, la question est plus délicate. Nous tergiversons plus d'une demi-heure avant de conclure que mon amie n'est pas plus apte au mensonge – par principe – que moi, par incapacité. Nous présenterons notre voyage tout simplement comme un pèlerinage chrétien, ce qui permettra d'expliquer les tampons syriens sur nos passeports.

Isabelle est la première à être appelée à l'un des guichets. Mon tour vient peu après dans une autre file. Derrière la vitre, le visage de la jeune fonctionnaire s'assombrit lorsqu'elle feuillette mon passeport, et elle me demande alors en anglais avec un gros accent :

— Tu es allée en Syrie ?

— Oui.

— Pourquoi ?

— Je devais passer par là, car j'étais à pied, pour mon pèlerinage.

Elle me répond d'un ton courroucé quelque chose au sujet de la Syrie. Son accent anglais étant véritablement à couper au couteau, j'ai du mal à la comprendre et décide de profiter de la situation pour prendre un air désemparé.

— Je ne comprends toujours pas, je suis désolée, dis-je avec une petite grimace. Je suis française, mon accent est très mauvais.

— Pourquoi vas-tu à Jérusalem ?

— Pèlerinage. Pour prier. Je suis chrétienne, dis-je en joignant les mains.

— Que vas-tu faire en Israël ?

— Je vais à Jérusalem pour mon pèlerinage.

Elle hoche la tête en regardant son ordinateur.

— Tu dors où ? Un hôtel ?

— J'ai des amis israéliens qui m'accueillent.

— Tu as leur nom ?

Je sors un numéro, ainsi qu'une adresse et un nom. Jérusalem-Ouest. La femme note tout méthodiquement. Elle poursuit, martelant la même question :

— Et où vas-tu ?

Je répète :

— Jérusalem.

— Tu vas à d'autres endroits ?

— Non, c'est le terme de mon pèlerinage.

— Tu repars en avion ?

— Oui.

— Tu as le billet ?

— Non, pas encore, je le prends à Jérusalem.

— Tu as eu des contacts avec des gens en Syrie ?

— Non.

— Où as-tu dormi ?

— Dans des hôtels.

— Tu as rencontré des Syriens ?

— Non, que des Européens. Des expatriés.

Et l'entretien continue ainsi pendant une demi-heure. Je me retiens à la fois de trembler et de répliquer vertement. Je ne saurais dire avec précision quelles sont les méthodes de recoupement et de sape, mais elles me déconcertent, moi qui n'ai jamais été interrogée de la sorte. Isabelle aura eu droit aux mêmes questions, sans doute.

L'Israélienne me rend finalement mon passeport agrafé avec un papier d'une teinte inhabituelle, sur lequel une inscription en gros caractères, péremptoire, ne me dit rien qui vaille. En tendant le cou, je constate que les voyageurs passant la ligne de démarcation qui les fait sortir de la zone de contrôle ont des papiers d'une autre couleur. Aussi ne suis-je pas étonnée du nouvel interrogatoire auquel me soumet cette fois un homme, à qui j'ai du mal à cacher mon humeur excédée. Mais il finit par me laisser partir. Isabelle est libre aussi. Nous sommes passées ! Mais pas question de reprendre la route à vélo, nous prévient un jeune soldat au sourire amusé. Il faut prendre un taxi. Nous insistons. Le soldat appelle un collègue. Discussion. Il se tourne à nouveau vers nous :

— Non, c'est dangereux. Alors prenez un taxi d'ici pendant quinze kilomètres jusqu'à Jéricho et continuez les trente-cinq kilomètres à vélo jusqu'à Jérusalem. Et attention, vous savez, ça monte drôlement.

Un immense ras-le-bol me submerge alors :

— Isabelle, allons en bus de la frontière jusqu'à Jérusalem, je n'en peux plus de tout ça.

Il ne tiendrait qu'à elle, je crois que ma compagne de voyage aurait l'énergie d'aller jusqu'à Jérusalem depuis Jéricho, mais elle décide de se ranger à ma proposition. Depuis quatre heures que nous nous trouvons à la frontière, nous nous sentons si proches du but qu'il nous faut à présent arriver à destination.

Une heure de bus. Je regarde défiler le désert, le nez collé sur la vitre sale du minibus. Constatant le rude dénivelé, je regrette encore moins ces derniers kilomètres motorisés. Tant pis pour le symbole. Les panneaux indiquant Jérusalem se multiplient jusqu'à la pancarte annonçant l'entrée de la ville. Lettrage bleu sur fond blanc. Ensemble harmonieux de demeures ocre clair, que l'on croit bâties en terrasse, Jérusalem, aussi belle que mythique, est semblable à la vision intime que j'en avais.

À la gare centrale de la porte de Jaffa, nous descendons dans un tourbillon de foulards, de silhouettes pressées, écoliers, adultes, vieux, dans une atmosphère un peu crasseuse et poussiéreuse. Quittant la station, marchant à côté de nos vélos, nous longeons la route à la recherche du mont des Oliviers dans le but de frapper à la porte des Bénédictines, selon la proposition d'Isa. Le chemin est âpre, dans Jérusalem-Est. En observant autour de moi, je ne vois sur les visages que colère et peur larvées. Une bande d'enfants et d'adolescents palestiniens portent des pistolets en plastique, qu'ils brandissent dans notre direction. L'un d'eux me vise, alors que je me retourne vers lui. Je le fixe du regard une seconde, puis reprends ma marche, espérant qu'il aura lâché l'affaire. Je sens un claquement sec en pleine nuque. Une boule en plastique tombe par terre. Gagné !

Peu après, j'aperçois une autre petite bande bruyante qui frappe un ânon avec des cris excités. Le garçon qui tient le plus gros bâton est juché sur l'animal résigné et tape dessus en riant. Quoi ? Jusqu'au bout, les animaux seront donc malmenés ? Après avoir marché le long de cette ligne ensanglantée par les cadavres d'animaux pendant six mois, j'assiste donc à un paroxysme à Jérusalem ? Qu'est-ce qui se passe ici ? Réaliser à quel point ces gamins ont la tête fracassée me donne envie de pleurer.

Au mont des Oliviers, le climat de tension est également pesant. En cherchant une épicerie du regard pour demander mon chemin, j'aperçois des jeunes hommes portant des jeans décontractés en train de jouer au billard et m'approche d'eux. Au ton qu'ils prennent pour me montrer la route, un je-ne-sais-quoi de provocateur qui attire les regards des autres Palestiniens de l'autre côté de la rue, je me rends compte alors que ce sont des colons israéliens et m'en veux d'avoir commis une bourde pareille, à peine arrivée.

Aucun lit de libre chez les Bénédictines. La sœur qui nous en informe en est désolée et nous indique au loin la Maison d'Abraham, à Ras al-Amud. Je n'en peux plus, je suis désespérée. Après avoir longé l'ancien cimetière juif, nous nous perdons un peu, puis trouvons enfin la colline. La clef d'un bungalow nous est confiée par un hospitalier. Nous déposons nos bagages. Je m'assois sur le petit lit du préfabriqué.

Je suis à Jérusalem.

Cent quatre-vingt-quinzième nuit. J'essaie d'échapper à un être inquiétant qui ressemble à Robocop. Puis je joue à un jeu de cartes du genre Magic[1] *où nous nous lançons des sortilèges,*

1. Jeu de cartes opposant deux joueurs ou plus au cours d'un combat de sorts. Ce best-seller est sorti dans les années 1990 et a provoqué une nouvelle vague de ce type de jeux.

avec des règles que je ne comprends pas. Le garçon avec lequel je joue me dit que j'ai triché, ce qui n'est pas le cas et me met en colère. Je me sens impuissante.

26 octobre-1er novembre 2006
Visite au Christ

Nous nous rendons en premier lieu au mur des Lamentations. Les hommes prient d'un côté, les femmes de l'autre. Des papiers jaillissent de la roche. Pliés plusieurs fois sur eux-mêmes, ces papiers écrits par des milliers, des millions de personnes peut-être, se recroquevillent dans les interstices de la muraille, ciment de syllabes en toutes langues. Il y a tant de monde qui se presse là, parfois donnant du coude, qu'il semble impossible d'effleurer le mur avec l'âme sereine. Pourtant, je constate que nombre de femmes, les cheveux parfois couverts d'un fichu, paraissent se plonger au plus profond d'elles-mêmes, les yeux ouverts ou clos, abaissant le front vers le sol puis le relevant au ciel par intermittence, emplies de ferveur.

Au Saint-Sépulcre auquel nous arrivons après avoir traversé le souk de la vieille ville, nous préférons nous arrêter sur le seuil. Entrer en plein après-midi serait peut-être ôter une douceur à la rencontre, selon Isabelle. Nous observons donc les foules disparaître à l'intérieur de l'édifice. Les querelles des clergés orthodoxes et chrétiens pour le contrôle de l'espace sacré ont donné lieu à un statu quo des plus plaisants : la clef du Saint-Sépulcre est gardée par un musulman.

Nous nous levons tôt le lendemain pour nous glisser dans l'édifice. Je me sens alors dans un état étrange, partagée entre l'émotion de me trouver dans le lieu dit du tombeau du Christ et l'envie irrépressible de m'enfuir, car la foule me fait peur : les gens se doublent dans les files d'attente et se lancent des regards dénués d'amour, tandis que les gardiens, des moines orthodoxes baraqués, houspillent les pèlerins avec agressivité, semblables à des chiens de garde abrutis.

Abasourdie par la puissance de Jérusalem, tremblante de l'énergie qui s'en dégage pour le plus beau et le plus horrible, portant avec moi tout le voyage et une plaie toujours ouverte, sans pouvoir vraiment partager cet immense sentiment contradictoire d'affolement et de bonheur, ce fardeau entier du périple plus lourd que n'importe quel sac rempli de briques, je cherche des yeux l'endroit où me sentir bien dans ce lieu d'exception. Je décide pour la première fois de mon existence d'aller voir un confesseur, de lui dire que j'ai mal de ne plus croire afin de trouver un soulagement à cette peine qui m'anéantit sans connaître sa véritable nature. Chez les chrétiens catholiques – puisque tout est si compartimenté, même devant le tombeau du Christ – ce jour-là, la permanence est tenue par un Italien francophone. Cet homme d'allure froide que j'ai le sentiment de déranger pour des billevesées, me fait signe de m'exprimer après m'avoir fait asseoir. La gorge nouée, je prends mon courage à deux mains :

— Bonjour, mon père…

Je m'interromps. Il me regarde avec un étonnement impatient. Je me reprends :

— Je viens pour une confession. Je ne sais pas trop quoi faire. Je ne me suis jamais confessée en fait, alors je ne sais pas comment ça se passe.

— Tu ne t'es jamais confessée ? Tu veux dire que tu n'as jamais reçu l'onction ? répond-il avec un air détaché que son accent italien rend plus dur encore, par contraste.

Je ne réponds rien. Je ne sais pas quoi répondre. L'onction ? Parle-t-il du baptême ? Oui, je suis baptisée. Mais pourquoi me pose-t-il cette question ? Avant que j'aie rien pu dire, il poursuit :

— Alors je ne peux pas te donner la confession. La confession, c'est pour les chrétiens.

— Ah bon ?

— Oui, désolée, tu comprends ?

— Je ne sais pas, dis-je, désemparée.

Je me lève en titubant. Voici donc la dernière trahison. L'ultime rejet. Il reprend cependant :

— Si tu le souhaites en revanche, nous pouvons discuter.

Et la mort dans l'âme, avec un sentiment d'humiliation absolue, je réponds d'une petite voix :

— Merci.

Le confesseur se cale dans son siège, porte les mains en dessous de son menton, et dit :

— Qu'y a-t-il alors ? Pourquoi viens-tu me voir ?

Je lui explique à quel point je trouve la ville violente. Je ne peux alors pas lui dire à ce moment précis ce que j'ai perdu, car je ne le sais pas encore. En réponse, il me dit que le Christ aussi avait de la peine et de la colère au sujet de Jérusalem et de ses habitants. Je suppose qu'il dit cela à tout le monde, mais qu'importe, de manière inattendue, il devient possible d'avoir le droit d'être en peine.

Je quitte le Saint-Sépulcre, partagée entre soulagement et révolte – cet homme m'a exclue car je ne faisais pas à ses yeux partie de l'Église chrétienne (et cela semblait alors la seule Église valable à ses yeux) ; je n'avais donc pas le droit de recevoir la confession que je lui avais demandée. J'étais venue à lui en ouvrant mon cœur, prête à tenter de croire à nouveau que l'Église soit davantage que ce que j'en pensais depuis que j'étais en route, mais non, jusqu'au bout, même en me découvrant au plus fort de l'épuisement, le dernier coup était tombé.

Gethsémani, Golgotha, Béthanie, tombeau de saint Lazare, monastère Saint-Georges, Via Dolorosa, École biblique de Jérusalem, déambulations dans les souks, mont des Oliviers, pavé, pavé, pavé. Les noms des lieux défilent devant mes yeux faiblement ouverts, pas aussi grands que je le voudrais, mais assez pour me permettre, doucement, de revenir à moi, de retrouver malgré tout cela le sens de la rêverie. Malgré l'affichage sauvage de la carte géographique des génocides arméniens en Turquie, malgré les graffitis, les exhortations en arabe bombées en vert, malgré un coup de feu, enfin, porte de Damas – mais était-ce vraiment ça ou un simple pétard ? – il est possible d'aimer manger un demi-poulet enveloppé dans une galette de pois chiches, le tout arrosé d'un verre de jus de grenade.

Car c'est bien un autre genre de violence dont je me sens témoin à Jérusalem. La tension qui émane de la ville est considérable, pire peut-être que celle que laissent entrevoir les reportages diffusés sur les chaînes de télévision françaises. Peur et haine s'expriment ainsi de manière invisible, accablante. Et ce qui est fou, c'est qu'à écouter un certain nombre de voyageurs, Jérusalem serait une ville paisible. Chaque fois que les gens se regardent avec crainte ou avec haine, il naît quelque chose d'horrible, une résultante sombre qu'il faut surmonter. Dans leurs yeux, que je vois passer de la vie à la survie, il semble que le pardon soit un possible, mais dont la naissance est difficile, malgré les efforts de part et d'autre. Hélas, il y a vraiment un côté et un autre, et le mur qui se construit n'en est que la hideuse et déroutante expression. J'entends un intellectuel israélien dire à une conférence que peut-être il est nécessaire d'édifier ce mur pour pouvoir le détruire et grandir. Je ne connais rien à sa situation ici, je ne vois que la tristesse qui en découle. Et même si je ne sais rien des motifs, des causes, du contexte, je me sens partie prenante de cette peine.

Le matin au lever, la saturation onirique ne me fait prendre le stylo que parce que j'ai acquis une sorte de discipline, à la manière des musiciens exécutant des gammes quotidiennes, même lorsqu'ils sont sans désir. Je ne jette pas même un regard à aucun de mes rêves, alors. Je ne fais que les écrire mécaniquement, referme le carnet et estime avoir réalisé ma part de labeur. Je ne dessine plus, mais prends plaisir à couper et encoller des bouts de papier que je trouve sur mon chemin.

Jérusalem-Ouest. Nous marchons jusqu'à Yad Vashem. Il manque quelque chose d'important à cet endroit dédié aux victimes de la Shoah. Mais quoi ?

Cent quatre-vingt-dix-septième nuit. Je me trouve dans une ville syrienne, où je suis en train de courir avec d'autres Occidentaux dans une ruine en hauteur. Nous avons peur, car nous devons fuir des snipers afghans armés de bazookas. Un garçon devant moi se montre plein d'audace et je m'attends à le voir mourir d'une seconde à l'autre. Un bus se trouve là, subitement. Nous nous y engouffrons. Plus tard, je me trouve dans une chambre d'hôtel et me déshabille, puis me rends compte que le rideau est ouvert et que des femmes m'observent. Je rabats la tenture.

1er-6 novembre 2006
Trajectoires erratiques à Jérusalem

Un petit cheval blanc, dans une rue, à l'Est, se tient dignement devant une boutique, tandis que les voitures passent complaisamment. Les boucles brunes d'un enfant qui court sont un écho à la crinière albâtre du cheval immobile.

J'observe quotidiennement, avec une pointe d'inquiétude, le soleil s'éclipser doucement, le soir venu. Je n'aime pas rentrer entre chien et loup à Jérusalem-Est, sentant le regard des hommes et des enfants qui se pose avec plus d'acuité sur moi lorsque je passe dans la rue qui monte à la Maison d'Abraham.

Je n'ai jamais réussi à entrer dans la grande mosquée. Pourtant nous sommes aussi à Kudus. Chaque fois que je souhaite m'y rendre, je me présente en dehors des horaires imposés pour la venue des touristes.

La ville est sainte pour les trois monothéismes. Elle le devient pour moi aussi, à mon insu : énergisante, déprimante, elle se révèle en pleins et en vides. Au souk, on peut acheter des kippas, des keffiehs, des croix et des rosaires dans les mêmes échoppes. Cela agace certains, d'accord, mais est-ce que les touristes ne servent pas malgré eux de passeurs ou d'agents de la paix ?

Les mots sont porteurs ici tout de suite d'une connotation qui prend parti à notre insu. Utiliser le mot « Israël » est un peu comme sortir une bombe. Parler de la Palestine comme d'un pays l'est tout autant. Alors j'évite de parler. Si j'osais dire Israël-Palestine ou Palestine-Israël, je me sentirais mieux, mais cela ne serait pas encore assez. Dans quel pays suis-je, alors ? Je suis à Jérusalem. Cela est une maltraitance très fine faite à l'esprit, de n'avoir pas le droit de nommer la terre de ses pères selon le mot qui nous sied. Chaque fois que je songe aux maux que je ne fais qu'entrevoir, moi touriste de passage, j'espère que les gens auront un jour envie de se découvrir les uns et les autres, que les populations souffrantes préféreront aller de l'avant plutôt que d'opter pour la vengeance.

Cent quatre-vingt-dix-huitième nuit. Je suis en route, à pied, dans des contrées difficiles, non loin de l'Afghanistan, en compagnie d'Adrien, qui est complètement insouciant. Je lui reproche d'être de nouveau trop chargé et de faire n'importe quoi, ce qui le rend triste. Plus tard, je lis une mauvaise carte amenée par quantité de touristes qui ont surgi en voiture et se mettent à camper. J'écoute de la musique dans un juke-box. [...] Je suis chez moi, où je me coupe un doigt de la main gauche. Je le fais car le doigt est supposé malade, mais je m'aperçois qu'il ne l'est plus, peu après. La sensation est étrange, mais ne me fait pas souffrir. Je montre le doigt à ma mère, sous plastique.

Nous foulons le pavé de la vieille ville quotidiennement, nous rendant à l'heure du déjeuner à la porte de Damas pour manger un houmous au *foul* ou aux pignons proposé par les petits restaurants populaires du quartier musulman. La crème de pois chiches est un régal avec l'huile d'olive. Le *foul*, ce sont des haricots cuits déposés par-dessus. Le tout se mange avec des pitas chaudes. De nouveau nous achetons du jus de grenade. Et tandis que j'entends le bruit des grains concassés dans la centrifugeuse, je me remémore une grenade fendue entre les doigts d'Isabelle en Jordanie.

Je me rends tous les jours à un cybercafé du vieux centre, lieu boussole, car je me perds tout le temps dans le souk, mais finis toujours par m'y retrouver grâce à son enseigne près d'un étalage d'olives noires et vertes.

Mis à part les touristes, je ne vois que des garçons – des jeunes hommes, des enfants et des adolescents. Les jeunes hommes chattent ou utilisent la téléphonie gratuite tandis que les enfants et les adolescents se mitraillent dans des jeux de combat, surtout *Counter Strike*. Tout le monde y joue sur la planète, mais je ne constate dans ces cybercafés de Jérusalem aucun jeu massivement multijoueurs, comme ailleurs. Il ne s'agit pas d'en tirer des conclusions hâtives, cependant, cela m'incline à penser que jouer à un jeu massivement multijoueurs suppose d'avoir une idée du futur, de se dire que l'on va pouvoir jouer encore de nombreuses heures « en sécurité ».

Dans un premier temps, Isabelle et moi continuons de partager le quotidien quasiment en tout. Mais très vite notre rapport à Jérusalem ne s'avère plus être le même que durant le voyage. Je suis troublée par la vision de la violence que je perçois jour après jour dans les comportements à l'est comme à l'ouest de la ville. Ma compagne me regarde d'un air un peu embarrassé : nous ne ressentons pas les mêmes choses. Un sentiment de solitude totale se diffuse alors à toute vitesse. Nous n'avons plus la nécessité de vivre les choses ensemble – ce qui nous liait tant, bien sûr. À présent que la notion d'indispensable s'est évanouie, nos chemins bifurquent. Nous partageons toujours le même bungalow, faisons même quelques activités communes, mais nombreux sont les indices qui jour après jour fleurent la rupture.

Deux centième nuit. Pas de souvenirs.

Je note en marge de ce rêve en rouge : « Rien à signaler. On va tous crever. »

Deux cent deuxième nuit. Je me trouve en compagnie d'Isabelle dans une ville semblable à Jérusalem, où le danger est tout le temps latent. Nous nous réfugions avec nos vélos dans un immeuble, sur une terrasse. Apercevant des mitraillettes et un fusil de sniper, je recule et cours en disant à ma compagne hébétée de s'enfuir. Je cherche des caches tandis que nous filons à perdre haleine, aux abois, car j'aperçois les hommes qui nous recherchent. Je tente de nous dissimuler, en vain. Adrénaline. En cours de route, pour une raison qui m'échappe, je m'aperçois qu'il nous faut retrouver des affaires qui se trouvent dans une tombe. Nous partons en quête de l'endroit. Je suis très nerveuse, car je sens qu'il est vraiment dangereux de faire ce choix, mais me sens impuissante. Finalement, nous traversons un cimetière gigantesque, semblable au vieux cimetière juif de Jérusalem, avec ces mêmes cailloux empilés sur les pierres tombales. Mais c'est dans un bar branché avec des néons que nous trouvons une dalle d'ornementation orientale qui recouvre un corps et nos affaires. La course-poursuite continue.

6-12 novembre 2006
Plongée dans l'enfance à Eilat

Isabelle revient d'Abou Gosh, changée, avec une expression vindicative, qui répond peut-être à une certaine froideur de ma part. Nos chemins se séparent vraiment.

Elle a rencontré à ce monastère bénédictin une autre pèlerine, Nicole, qui doit avoir soixante ans et a effectué le chemin à vélo. Nos rapports ne sont pas très cordiaux, surtout lorsqu'elle affirme que la route est tout à fait fréquentable pour une femme seule, puisque elle-même l'a parcourue intégralement ainsi. Je me mords alors la langue pour ne pas lui rétorquer qu'accomplir ce voyage à pied et à vélo sont deux choses différentes et que, par ailleurs, nous n'avons pas non plus le même âge.

Cela n'est pas suffisant pour éteindre ce sentiment d'avoir perdu quelque chose d'essentiel. Je n'ai plus foi en l'humain. D'ailleurs, j'ai peur, j'ai froid et l'hiver arrive. Alors j'achète un bonnet au souk. Et pendant qu'Isabelle s'en va vers sa transformation, je décide de quitter à nouveau Jérusalem pour me glisser dans l'eau de la mer rouge à Eilat et réaliser un rêve d'enfance : plonger avec des dauphins.

Je pars.

À Eilat, lorsque je me rends à la gare routière pour prendre un bus qui passe par Massada et la mer Morte, je n'ai guère le cœur à faire du tourisme. J'ai envie de rentrer. Il est tôt. La gare routière est quasi silencieuse. Les gens s'y déplacent doucement, le visage un peu hagard suite à leur courte nuit. Ils chuchotent. Un soldat en service dort dans son uniforme vert contre son fusil à même le sol dallé, la nuque appuyée contre un mur de céramique rouge vif. Il doit avoir vingt ans. Une jeune barbe brune encadre ce visage pénétré d'un sommeil d'enfant. Le cœur battant, je m'approche de lui. Ce garçon, me dis-je sans oser respirer, est d'une beauté bouleversante parce qu'il dort. Je m'accroupis et prends une photo en tremblant. Puis une autre. Il ne se réveille pas. Pourvu qu'il dorme encore longtemps.

Le dernier songe s'inscrit sur mon quatrième et dernier carnet. Je me force à écrire les dernières lignes :

Deux cent cinquième nuit. Je suis dans les ruelles avec une amie, et nous nous apprêtons à aller en classe. Je me rends compte que je n'ai pas appris mes leçons et que je ne suis même pas allée en cours. De plus, il fallait faire des dossiers pour l'histoire-géographie et les mathématiques. Et rendre l'un des résultats en forme de code-barres sculpté le long d'une banane. J'espère que le professeur ne demandera rien.

Là, je me mets en grève des rêves. Je ne fais pas forcément sur le coup le lien entre ces histoires de mathématiques qui se retrouvent d'un rêve à l'autre. Je cesse juste d'être scribe de mon aventure onirique. Je cesse même de me souvenir. Si je le pouvais, je descendrais au souk acheter des fleurs de lotos[1] à un vieux musulman pour me glisser dans la tiédeur sans passé ni futur des compagnons d'Ulysse. À la place, je repose mon stylo.

Deux jours plus tard, sur le seuil de la Maison d'Abraham, nous nous regardons les yeux brillants avec Isabelle, en compagnie des autres hospitaliers. L'heure est aux adieux. Pendant mon absence, un autre pèlerin est arrivé à la Maison d'Abraham, un jeune homme châtain clair qui a toute ma sympathie et qui est parti avec de fortes aspirations spirituelles. L'émotion d'Isabelle est si palpable lorsque nous nous séparons que j'en oublie moi-même d'être triste, la serrant contre moi.

Nous nous reverrons.

---

1. « Dès qu'ils eurent mangé le doux lotos, ils ne songèrent plus ni à leur message, ni au retour ; mais, pleins d'oubli, ils voulaient rester avec les lotophages et manger du lotos. Et, les reconduisant aux nefs, malgré leurs larmes, je les attachai sous les bancs des nefs creuses ; et j'ordonnai à mes chers compagnons de se hâter de monter dans nos nefs rapides, de peur qu'en mangeant le lotos, ils oubliassent le retour », Homère, *L'Odyssée*, traduction de Leconte de Lisle, chap. X, p. 84-105.

Épilogue

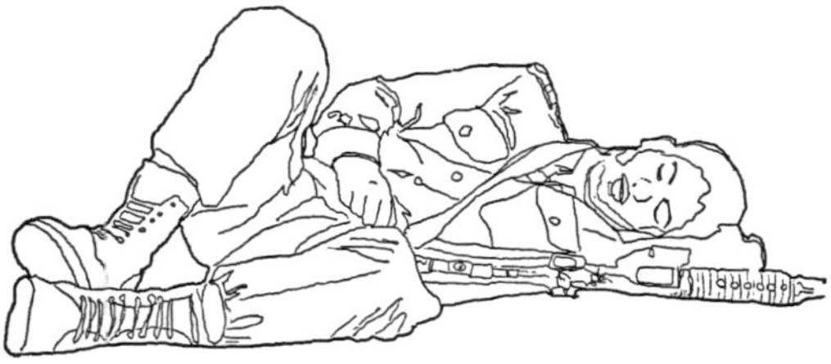

15 novembre 2006
Bruxelles

Les jours passent à Bruxelles. Je me repose. Me reconstruis aussi. Doucement. Un peu. Il m'est difficile d'accepter entièrement le choc, le fait que je n'aille pas bien, que je me sois recroquevillée. J'ai peur des gens à présent. J'ai l'impression, lorsque je suis dans la rue, que les personnes mal intentionnées voient immédiatement cette blessure que je sens depuis Istanbul, qu'elles se donnent du coude et disent : « Regarde cette fille : elle sait qu'on sait, et elle a peur de nous. » Je me sens horriblement complice de leur possible violence, complètement désarmée par cette secrète connivence qui s'établit entre nous. Je me sens idiote aussi : il va me falloir des mois pour me remettre, tout cela parce que je ne me suis pas respectée.

Retour à Paris. Je suis contente de voir mes amis et de retrouver mon amoureux. Les retrouvailles sont joyeuses, malgré un léger décalage. Nous habitons ensemble à présent. Je devais rentrer plus tard, alors il n'a pas eu le temps de ranger. C'est un capharnaüm.

Parler du voyage s'avère très douloureux. Les gens me demandent nécessairement :

— Et alors, la Turquie ? Maintenant, tu sais, pour l'Europe ?

Moins que jamais. Je suis partie pour voir par mes propres yeux. Je veux bien dire ma joie ou ma colère – souvent les deux. Mais me risquer à un jugement de valeur comme je m'y sens incitée est insupportable, d'autant que la tentation m'est grande d'entrer dans un rejet complet de l'Orient, que je sens prêt à éclore en moi. Le vernis a sauté. Me voici enfin devant la possibilité de ma propre violence – une extrémité que je n'avais jamais envisagée !

Une solitude d'une espèce inconnue m'étreint.

Je me force cependant à parler de certains sujets qu'il me semble alors vital d'aborder. J'ai le sentiment que je n'ai pas le droit de me taire au sujet des dangers que recèle le voyage pour une femme seule. Cela me fend le cœur. Jamais je n'ai voulu cela.

Moi qui partais avec le désir d'un dépouillement de l'esprit, je ne savais pas que j'allais être dépouillée de mon trésor, du moteur essentiel sur lequel reposent toutes mes expériences de la vie, extrêmes ou non. Je n'ai plus pour moi alors la passion, j'ai perdu ma capacité d'amour. Je pense avoir été au bout du dépouillement le plus violent qui puisse m'être imposé : je suis devenue durant plusieurs mois un être sans vie, un zombie.

Je tente de tenir le coup, mais me désintègre seconde après seconde. Misérable, j'ai perdu le goût de la vie, je me sens trahie par les hommes, par les femmes, par les étoiles. Je mange, je dors, je discute, je tente d'avoir du bon temps, je vis comme je tricote : je fais mes devoirs jour après jour en continuant de respirer. Je n'ai plus, de mon intériorité, qu'une boucle lancinante, un disque rayé sur le moment de ma vie où Ahmed m'a tuée. Les épousailles avec une partie du monde, qui ont fini par me déborder, m'ont été funestes.

Des nouvelles d'Isabelle m'arrivent en décembre par courrier électronique : elle a décidé de rester là-bas, dans un monastère de Bethléem. « Je ne savais pas comment te l'annoncer… » Je m'imagine, en lisant Isabelle, que ma compagne de voyage n'a pas osé me le dire parce qu'elle avait peur de ma colère. Je suis au contraire si heureuse : ses aspirations la portent tant vers la prière, qu'une vie séculière me paraît plus apte à la blesser qu'à la rendre heureuse. Pourquoi Isabelle a-t-elle craint de me confier cela ? Et, avec un soupir, je pense alors que peut-être nous ne nous comprendrons jamais.

Elle vient peu après en France. Lorsque nous nous retrouvons place de Clichy à Paris, Isabelle est stupéfiante de beauté. Elle avait embelli pendant le voyage, mais là, il est certain que l'entrée au monastère la transforme complètement, comme si ses traits avaient trouvé une forme finale, s'étaient fixés dans une maturité belle et pleine de promesses.

Épuisée, je pars dans les Caraïbes me reposer. En vain. Puis je pars au Japon rejoindre Jérôme pendant la floraison des sakuras à Kyoto. L'émerveillement y est grand, mais la fatigue demeure. Cinq jours après mon arrivée dans l'ancienne capitale du Japon, l'épuisement psychique est tel que je me pose la question de repartir par le premier avion. Physiquement, depuis que je suis revenue de Jérusalem, je fais du sport une heure par jour. Parfois plus. La forme est excellente sur ce plan. Mais pour la tête, je n'arrive toujours pas à exprimer la fêlure qui demeure.

Cette chose que j'ai perdue près d'Istanbul est revenue soudain une nuit. Il était trois heures du matin, j'étais dans mon lit, prête pour entrer dans le sommeil, et mon cœur s'est allumé de nouveau si fort que j'ai bondi du matelas et suis allée jusqu'à notre bureau où Yann travaillait encore :

— C'est revenu ! Je suis très heureuse !

— Qu'est-ce qui est revenu ?

— Ce truc, là, que je n'avais plus depuis mon voyage, que j'avais perdu.

Je ris joyeusement, bondissant dans la pièce. Yann se tourne vers moi et m'observe avec acuité :

— Tes yeux sont un peu dilatés, tu es sûre que ça va ?

— Oui ! J'ai retrouvé cela en moi !

— Et c'est quoi ?

— Je ne sais pas comment le définir.

— Essaie.

Je ne sais toujours pas le définir. Comme si mon cœur était resté emplâtré si longtemps. Comme si une certaine tension s'étiolait enfin peu à peu. Je ne sais toujours pas le définir, mais cela ne m'importe plus.

Et l'interrogation revient, toujours plus tenace : quel est mon droit à l'existence et quelles sont les limites spatiales dans lesquelles j'ai le droit de m'inscrire ? Ce que raconte le corps est une part de notre discours. Par notre seule présence, nous signifions quelque chose.

La prise de conscience de mon propre corps comme médium s'était déjà faite avant de partir, mais elle n'en a pris que plus d'acuité en chemin : qu'est-ce que je raconte en existant ? Partir en voyage à pied, cela raconte quoi ? En voyageant en tant que femme seule, qu'est-ce que je signifie alors ? J'entrevois alors deux strates de communication : la première, la plus importante et le message le plus structurel, est que je suis une femme d'Europe de l'Ouest. La seconde est ce que je disais aux personnes rencontrées. Ma simple présence en tant que femme occidentale a questionné en profondeur les gens que je rencontrais. Et eux me transformaient également par leurs paroles et leurs façons de vivre.

Plus que jamais à présent, je considère qu'il est essentiel de prendre en compte cette particularité du voyage : nous sommes des êtres sensuels. Notre corps a des mots pour le dire, parfois à notre insu, ce qui peut nous mettre en danger.

Pourtant, il s'agit bien du cœur du voyage : dans mon rapport charnel au monde, j'ai le désir de me rendre perméable aux choses tout autant que de m'y dissoudre. Il m'arrive de me demander si les ennuis que j'ai pu avoir n'étaient pas liés à une confusion entre ce désir allégorique et le pragmatisme de certaines rencontres.

Voyager a quelque chose de l'acte d'amour avec le monde. Ce peut être une forme d'érotisme. Je m'abandonne à cet amour lorsque je marche. Je lâche prise. L'insémination a lieu : je me laisse pénétrer par l'univers. Ce faisant j'ai le sentiment que mon corps ramasse poussière, vent, pluie et devient le creuset de quelque chose qui m'échappe, mais qui a trait au fait d'être vivant.

Cela me rapproche des cieux aussi et me renvoie au sentiment de revenir à une matière primordiale, faite de poussières d'étoiles et de comètes, qui projetée à travers les tempêtes de la vie, se transforme, en phases successives, jusqu'à espérer devenir quelque chose de l'ordre du joyau, débarrassé de scories inutiles. Quittant les représentations de la sexualité, cela échappe aux regards et à la pensée, mais cette relation charnelle au monde est présente comme un désir du monde et d'imprégnation totale, d'osmose.

D'ailleurs, le signe distinctif des pèlerins et voyageurs sur le chemin de Compostelle est la coquille Saint-Jacques. Je me demande si les pèlerins, alors qu'ils portent un symbole relatif à la sensualité et à la naissance, en revendiquent cette interprétation.

En me confrontant au masculin de manière si violente, je me suis désintégrée puis reconstruite en devenant « autre ». Ma transformation aurait pu s'arrêter à une haine des hommes – par chance, cela n'a pas été. Je n'ai cessé de faire des efforts dans la direction d'une intégration de la violence comme une réalité de ce monde. Cela ne suppose pas que je trouve le machisme acceptable pour autant.

Quand finira donc ce voyage ? Lorsque j'ai fêté mes trente ans le 16 avril 2008, il était toujours délicat de savoir quand devait se clore cette aventure. Il aurait été tentant de faciliter la tâche à chacun en disant qu'à Jérusalem, le voyage s'achevait. Ou au moment où je prenais l'avion à Tel-Aviv pour retrouver les miens.

J'ai donné cependant quelques conférences cette année-là, et j'ai aimé cela ; enfin, j'avais l'impression d'avoir quelque chose de précieux à dire et le sentiment que je me serais empoisonnée si je m'étais tue. Cela m'a beaucoup surprise : je n'avais alors pas l'intention d'écrire de peur de tomber dans un bégaiement sans fin.

J'ai changé. Le monde m'a changée. Il me semble que, par un mouvement paradoxal, j'ai à la fois grandi à l'intérieur de moi-même, et rétréci dans le monde. Nicolas Bouvier dit qu'il maigrit lorsqu'il voyage. Il est bon de pouvoir reconnaître dans les mots de quelqu'un d'autre quelque chose que l'on ressent si fort.

Il a fallu attendre presque trois ans pour que la raison du voyage en soi m'apparaisse. J'espère que la durée du travail laborieux permettant de se transformer dans un contexte social normal pourrait être réduite dans le temps, dans un autre cadre : celui du voyage.

Voici à quoi j'aspire lorsque je pars à l'aventure.

Voici ce que je recherche.

Voici mon orichalque.

Je suis mon propre creuset.

Annexe 1

Procédures de transcription des rêves

En amont du départ je me suis fixé des exigences : cette équipée de Paris à Jérusalem a comporté une caractéristique inhabituelle, à savoir la notation quotidienne de mes rêves durant sept mois. C'est la raison pour laquelle je précise ici la méthode de transcription.

Je me suis imposé la démarche suivante : lorsque je m'éveillais le matin, je notais mon rêve dans un premier temps, laissant un espace vide au-dessus des notes du jour et en dessous du rêve précédent. Les rêves ont cette curieuse manie de se dissiper tels des nuages qui s'effilochent, donc je donnais la priorité à leur remémoration. L'état de mes émotions durant les rêves était noté avec la plus grande précision possible. D'autre part, j'ai pris soin de ne jamais me censurer dans leur retranscription, malgré les étrangetés ou impudeurs que j'y découvrais. Puis je complétais l'espace vide qui correspondait souvent à sept ou huit lignes par le contexte de la veille : événements de la journée précédente en y retraçant les rencontres qui m'avaient touchée plus particulièrement, réflexions ou émotions qui me paraissaient elles aussi d'importance.

Puisqu'il fallait impérativement transcrire les rêves au réveil, cela nécessitait la mise au point de repères et impliquait une organisation matérielle pour pouvoir passer à l'acte en sortant encore étourdie du sommeil. Mon premier réflexe était de prendre mon stylo et mon carnet disposés la veille à portée de main. Dans mes premiers jours, après avoir noté d'une écriture abominable mes équipées nocturnes, j'ai constaté soit que je n'arrivais à me relire qu'avec peine, soit qu'il était éprouvant de lire des pattes de mouche. Par conséquent, j'ai changé de procédure : je me suis mise à écrire au crayon pour repasser après dessus à l'encre et à la plume. La tâche est devenue si fastidieuse que j'ai décidé de noter sur un papier brouillon les différents points du rêve pour les rédiger au propre dès que j'aurais les idées plus claires. Trouver la méthode est, comme pour toute aventure, un enjeu fondamental.

L'usage des rêves

Lorsque j'étais dans le vif de l'action, c'est-à-dire plongée dans le quotidien du voyage, jamais je n'ai relu mes notes ou mes rêves. Cela était au-dessus de mes forces. En prendre note revêtait déjà un aspect épuisant, alors les relire… L'ennui avec les rêves, c'est qu'ils sont si pleins de sens qu'il y a quelque chose d'éprouvant, comme une claque dans la figure, à se mettre en route pour les analyser.

Dès lors, mes rêves n'ont pris réellement leur sens qu'avec l'écriture de cet ouvrage. Je suis restée presque trois ans à mitonner dans mon jus. Avec ces rêves, j'ai écrit un premier jet, auquel j'ai adjoint mon ressenti. Puis je suis arrivée à une impasse. L'ensemble de mes commentaires quant aux rêves sont donc des réflexions post-voyage, avec presque trois ans de recul. Cependant il ne s'agissait pas de faire l'énorme travail d'analyse de ces rêves pour cet ouvrage, même si j'ai été tentée de céder à cette illusion, pointée par Déborah Sorel. Ce travail, qui prend un temps conséquent – sans doute plusieurs années – viendra sans doute plus tard.

Choix des songes

J'ai opéré une sélection arbitraire de mes rêves. Certains ont été écartés car ils ne me semblaient pas apporter quelque chose d'amusant ou d'intéressant. Par ailleurs, dès le moment où l'on a pris l'habitude de noter ses rêves, force est de constater que certaines parties sont très sexualisées. Cela représente presque un tiers des rêves que j'ai notés. Cela ne signifie pas pour autant qu'ils aient trait à la sexualité, mais je les ai ôtés par pudeur. Donc ne croyez pas voir l'intégralité de mes notes oniriques dans cet ouvrage : j'ai fait une sélection arbitraire de ce qui me semblait le plus notable, et il est à parier que j'en ai éludé certains des plus intéressants, sans compter les liens qui m'échapperont, d'autant qu'il me faudrait des mois, des années pour y arriver.

À la différence des événements de la journée que je peux me rappeler même des années après, je n'ai pas de souvenirs de mes rêves si je ne les ai pas pris en note. Cela est important. Un peu comme lorsque je n'arrive pas bien à prononcer un mot que je découvre et, du coup, ne m'en souviens plus. Deux ou trois fois, je me suis remémoré les rêves que j'avais oubliés et que, par conséquent, je n'avais pas pu transcrire. Leur souvenir m'est revenu en écho dans un autre rêve plus tard… ou était-ce un sentiment de déjà-vu ? J'ai suivi mon intuition en tentant de ressentir avec précision si j'avais ou non fait ce rêve dans le passé. Par exemple, il me semble bien avoir rêvé de manière prémonitoire à certaines de mes belles ou funestes rencontres de chemin. Mais alors, comment pouvais-je le savoir ? Pour terminer, j'ajouterai que j'ai éprouvé le sentiment qu'il existait différents types de rêves. Certains songes ont un caractère subtilement « autre ». Malheureusement, je n'ai pas eu la présence d'esprit de noter ce caractère-là dans mes carnets, faute de mots pour décrire ce sentiment fugace.

Annexe 2

2006, le voyage de Paris à Jérusalem

France : 17 avril-8 mai
Allemagne : 8-13 mai
Suisse : 13-17 mai
Autriche : 17-24 mai
Italie : 24 mai-17 juin
Slovénie : 16-27 juin
Croatie : 27 juin-2 juillet
Bosnie : 2 juin-23 juillet
Serbie : 23 juillet-7 août
Bulgarie : 7-31 août
Turquie : 31 août-9 octobre
Syrie : 9-23 octobre
Jordanie : 23-25 octobre
Jérusalem : 25 octobre-12 novembre

Remerciements

Je tiens à remercier :

Sœur Isabelle pour ses recherches dans ses notes et sa chère décision de laisser visible notre relation à travers ce livre.

Mes parents, ma sœur Éva et mon compagnon Yann Minh pour leurs lectures approfondies et leurs corrections.

Octavie Piéron et Laurent Bramardi pour leur dévouement et leur plongée courageuse dans le chaos de mes mots.

Déborah Sorel pour ses corrections et ses remarques dans le texte alors qu'il se trouvait dans son état le plus brut.

Gaële de la Brosse pour sa bienveillance et tout ce qu'elle sait.

L'éditeur de ce livre, Christophe Rémond, pour sa confiance et sa patience. Ainsi que toute l'équipe des Presses de la Renaissance, notamment Anne Bouillon et Séverine Courtaud.

Marie Brunel pour ses relectures assidues au dernier moment.

Et pour leur soutien et leurs lectures : Aurélie Taupin, Réjane, Françoise Collet, Catherine Deschamps, Patrick et Fouzia Receveur, Vincent Radix, Édouard Kloczko, Mathilde Jegou, Thomas Bidaux, Thierry Falcoz, Nicolas Van Achter, Mathieu Desport et Laurence Piegeard, Marie-Aude Matignon et Mareike Post, Mike Deschamps et Stéphane Bernard, Vincent Imperiali et Jean-Francois Bouchard.

Mes compagnons de voyage : Isabelle, toujours, Adrien Cascarino, Jérôme Boulbès, Lucile Haute et Nicole Meeier.

Les voyageurs Robert et Josy Fontana, Olivier Germain Noureux et Rémi Echinard, Édouard et Mathilde Cortès, Nicole Potier, Jérôme Mouterde, frère Cyril, André Weill, François-Xavier de Villemagne, Sylvain Tesson et ceux qui se sont lus au travers de mes mots.

Pour leur soutien moral et logistique :

Durant le voyage : Didier Rougerie et Sandrine Gestin, Hubert de Lartigue, Jessica Mulligan, ABM et la Mairie de Paris.

Durant l'écriture : Christine Rosso, Marie-Thérèse Rennotte et Caroline Ovaert.

Et je remercie vivement ceux qui m'ont accueillie – et parmi eux, en particulier : Filiz et Nicolas Cluzeau, Şirin Yilmaz, Safak, Stéphane et Julia Hercot, Jean-Yves et Valérie Kervévan, Nicolas et Muriel, Valia et ses parents, Marie-Thérèse et ses parents, Manon et ses frères, Robert, Gisèle, Hana et sa famille, Tanja, Mirjana, Taduana, Jovan, Dvbrak, Srdja et ses parents, Sladana, Marin, Mitho, Miljan et sa famille, Miloš, Obrat, Süleyman, Eugénie et sa famille, Semita, Merve, Ebru et Halise, Bistra, Muamer, Hana, Indira, Merkin, Hülya, Mehmet, Turgut, Şakir, Döne, Erkan, Candan, Damla, Yağmur et Ceyda, Ibrahim, Zahide, Hinde-Abdo, Gülbahar et Beyazip, Helena, le père Patak et les moines du monastère de Dobrun, Danica, Djordje et sa famille, Radu, Haruša, Vidoika et sa famille, Azra, Zumreta et sa famille, Duja, Vera, Branka et Mirjana, « Jasko » et « Milan », Martina et Alma, Renata, Nataša, Zeliko et leurs amis, Duško et ses collègues, François et Gaultier, Lidia Marie, Dragan, Kasim, Niko, Paula, Milena, Ana et Jozko, Zoé, ainsi que ses amis et ses collègues, l'exarchat de Sofia, les hospitaliers et les sœurs de la Maison d'Abraham, les sœurs d'un certain monastère de Bethléem, Roman et Marie et leur famille, David et Fafa.

Et tous ceux dont je ne sais pas le nom – ou l'ai perdu.

Cet ouvrage a été imprimé en France par

CPI
Bussière

à Saint-Amand-Montrond (Cher)
en avril 2009
pour les Éditions Presses de la Renaissance
12, avenue d'Italie
75013 Paris

Composé par Nord Compo Multimédia
7, rue de Fives, 59650 Villeneuve-d'Ascq

N° d'édition : 481. — N° d'impression : 091185/1.
Dépôt légal : avril 2009.